U0506786

維摩詰所說經

〔后秦〕鳩摩罗什 译
〔后秦〕僧肇 等注
杨丹 点校

上海古籍出版社

图书在版编目(CIP)数据

维摩诘所说经 /（后秦）鸠摩罗什译 ；（后秦）僧肇等注 ；杨丹点校. -- 上海 ：上海古籍出版社，2024.9(2025.6重印). --（国学典藏）. -- ISBN 978-7-5732-1332-7

Ⅰ. B942.1

中国国家版本馆 CIP 数据核字第 20247R8P36 号

国学典藏

维摩诘所说经

[后秦]鸠摩罗什　译

[后秦]僧肇　等注

杨　丹　点校

上海古籍出版社出版发行

（上海市闵行区号景路 159 弄 1-5 号 A 座 5F　邮政编码 201101）

（1）网址：www.guji.com.cn

（2）E-mail：guji1@guji.com.cn

（3）易文网网址：www.ewen.co

上海展强印刷有限公司印刷

开本 890×1240　1/32　印张 11.25　插页 5　字数 216,000

2024 年 10 月第 1 版　2025 年 6 月第 2 次印刷

印数：3,101—5,200

ISBN 978-7-5732-1332-7

B·1418　定价：52.00 元

如有质量问题，请与承印公司联系

电话：021-66366565

整理说明

《维摩诘经》，又名《维摩诘不可思议解脱法门经》《佛说维摩诘经》《维摩诘所说经》《说无垢称经》，另有《维摩诘不思议经》《不可思议解脱经》《净名经》等名。

维摩诘，是梵文的音译，又译作"毗摩罗诘""维摩罗诘""毗摩罗诘利帝"等，简称"维摩"，意译为"净名""无垢称"等。僧肇曰："微远幽深，二乘不能测，不思议也。纵任无碍，尘累不能拘，解脱也。"鸠摩罗什曰："维摩诘，秦言净名。""自本而寻，则功由净名。原其所由，故曰'维摩诘所说'也。"经中"维摩诘"以"净名"为名。隋慧远在《维摩义记》中说："维摩诘者是外国语，此方正翻名曰'净名'，随义傍翻名'无垢称'。良以其人法身体净，妙出尘染，内德既盈，美响外彰，寄名显德。"僧肇总结说："以法名经，所以标榜旨归。以人名经，所以因人弘道者也。"

维摩诘，在经中被称为法身大士，由东方妙喜国化生于娑婆世界，以居士身份，居住在毗耶离城，为娑婆世界众生说法，以使娑婆世界的苦难众生脱离苦海。鸠摩罗什说："欲显其淳德以泽群生。"因此维摩居士称自己有疾，借诸大菩萨、弟子等问疾之机，为众生说不思议解脱法门，以平实之语，广弘大乘菩萨道。

此经从古至今共有七种译本，现存三种译本，即三国吴支谦译《佛说维摩诘经》二卷，后秦鸠摩罗什译《维摩诘所说经》三卷，唐玄奘译《说无垢称经》六卷，至今皆收藏于《大正藏》第十四册。三种译本都是十四品，但译文有别。三种译本中，尤以鸠摩罗什译本流传最广。

鸠摩罗什于后秦弘始八年(406)重译《维摩诘经》，由于鸠摩罗什精通梵汉两种语言，译文既有散文的优美，又有辞赋的工整，为后世修学者所推崇。僧肇在本书序言中说："什以高世之量，冥心真境，既尽环中，又善方言。时手执梵文，口自宣译，道俗虔虔，一言三复，陶冶精求，务存圣意。其文约而诣，其旨婉而彰，微远之言，于兹显然矣。"

自公元188年东汉严佛调译出《古维摩诘经》，一千八百多年来，此经对中国文化的影响甚为深远。以中国文学史上的影响为例，《维摩诘经》不仅影响了魏晋诗文和唐诗，甚至影响了整个中国古代文学史，自隋唐以来，关于《维摩诘经》的绘画、雕刻、戏剧、变文，更是不胜枚举。

《维摩诘经》也是对中国佛教影响最大的佛经之一，几乎每个宗派都有关于《维摩诘经》的注疏。欧阳竟无在其所作的《维摩诘所说经品目》中说："若能熟读此经，常识自足，而后深入诸门，读《大般若经》入般若门，读《华严经》入普贤门，读《楞伽》《深密》诸经入瑜伽门，读《大涅槃经》入涅槃门，然后融会贯通，知释迦一代大乘之教。"

本书作者包括鸠摩罗什及其弟子僧肇、道生、道融等。

鸠摩罗什(344—413),龟兹人,罗什尚在母胎时,其母“慧解倍常”,有人说,必定是身怀智子。罗什七岁随母出家,从师学经论,九岁从盘头达多学习杂藏和《阿含经》,年纪虽小,但已声名远扬。罗什二十岁时,即已博读大小乘经论,名闻西域。僧肇在他所著的《肇论》之《般若无知论》中说:“秦乘入国之谋,举师以来之。意也,北天之运数其然也。”姚兴弘始三年(401),罗什被迎入关内,并主持译经。据《出三藏记集》记载,鸠摩罗什从姚秦弘始四年到十五年(402—413)间所翻译的佛教经典,有三十五部二百九十四卷,涵盖经律论三藏。由于鸠摩罗什梵汉皆通,把汉语的美感和佛经的深义结合得恰到好处,所译佛典在后世几乎成了各个学派、宗派的主要经典依据。

罗什寿命将尽时,与众僧告别:“因法相遇,殊未尽伊心,方复后世,恻怆何言!自以暗昧,谬充传译,凡所出经论三百余卷,唯《十诵》一部未及删烦,存其本旨,必无差失。愿凡所宣译,传流后世,咸共弘通。”

鸠摩罗什弟子三千,著名者数十人,有什门“四圣”“十哲”之美誉。其四位高徒——僧肇、僧叡、道生、道融,被称为“关内四圣”或“什门四圣”。

僧肇(384—414),少时家贫,才思敏捷,后见《维摩诘经》,于是出家,后投入鸠摩罗什门下受业,共入逍遥园译经。《肇论》是僧肇的重要著作。在写出《般若无知论》后,罗什对僧肇说:“吾解不谢子,辞当相挹。”在罗什门下,僧肇被称为“解空第一”。僧肇所注的《维摩诘所说经》,是与《肇论》同样重要的著作。

道生(355—434),亦称竺道生,“幼而颖悟,聪哲若神”,年少出家,十五岁即登讲座。曾去庐山问学于慧远,后受业于罗什。道生曾提出“一阐提皆可成佛”的主张,后又立“善不受报”“顿悟成佛”说。因对涅槃学独有所悟,被后世誉为“涅槃圣”。著有《维摩》《法华》《泥洹》等诸经义疏及《善不受报义》《顿悟成佛义》《二谛论》《佛无净土论》等著作。

道融,东晋十六国时僧人,生卒年不详。《高僧传》有记载,博闻强记,“一披即诵”,十二岁出家,后入逍遥园与罗什译经。罗什曾赞:“佛法之兴,融其人也。”道融性喜幽静,终生弘法不辍。著有《法华》《大品般若》《金光明》《十地》《维摩》诸经义疏。

此次整理,以上海古籍出版社 1990 年影印版《注维摩诘所说经》十卷本为底本。这是目前所见到的最好的注本。出版说明中有“据民国间刊僧肇《注维摩诘所说经》十卷影印”字样,书后有《新雕维摩经后序》,写于宋淳化四年(993),由北宋名臣张齐贤述。底本十卷,分为十四品,每卷卷首有“后秦释僧肇撰”字样。参考《大正藏》第三十八册《注维摩诘经》十卷,以及隋智顗撰《维摩经玄疏》六卷、李翊灼校辑《维摩诘经集注》十卷、唐道液集《净名经集解关中疏》二卷、隋慧远撰《维摩义记》八卷、唐窥基撰《说无垢称经疏》六卷等。校勘原则大体如下:

一、只要底本字词句通顺,意可解,便不强作勘正。假使字词句不顺，意不可解，非改不可的，即据参校本勘正，同时出校记。

二、底本有当改而参校本无据者，若无确证，不改，以校记说明整理者之意见。

三、当校本与底本发生冲突、语义两可时，或校本胜于底本者，经本校、理校、他校后再做定夺，必要时出校记。

四、底本有明显讹衍脱倒，径改。

这是我喜欢的一部经典。它的文字如散文诗般优美，既涉及深邃的修行，又不离日用常行。我自知学养不深，在做一件力所不及的事。这次点校，我当作检查自己学行的一个契机，勉励自己，望有寸进。这本读本，是一个幸运的愧作者“亦步亦趋”努力的结果。它不够十分好，一定还存在错误，望读者惠予指教，以期日后订正是幸。

杨　丹

2024 年 9 月 8 日于杭州

目　录

注维摩诘经序

后秦释僧肇述

《维摩诘不思议经》者，盖是穷微尽化，绝妙之称也。其旨渊玄，非言象所测。道越三空，非二乘所议。超群数之表，绝有心之境。眇莽无为而无不为，罔知所以然而能然者，不思议也。何则？夫圣智无知而万品俱照，法身无象而殊形并应，至韵无言而玄籍弥布，冥权无谋而动与事会。故能统济群方，开物成务，利见天下，于我无为。而惑者睹感照因谓之智，观应形则谓之身，觌玄籍便谓之言，见变动而谓之权。夫道之极者，岂可以形言权智，而语其神域哉？

然群生长寝，非言莫晓。道不孤运，弘之由人。是以如来命文殊于异方，召维摩于他土，爰集毗耶，共弘斯道。此经所明，统万行则以权智为主，树德本则以六度为根，济蒙惑则以慈悲为首，语宗极则以不二为门。凡此众说，皆不思议之本也。至若借座灯王，请饭香土，手接大千，室包乾象，不思议之迹也。然幽关难启，圣应不同。非本无以垂迹，非迹无以显本。本迹虽殊，而不思议一也。故命侍者标以为名焉。

大秦天王，俊神超世，玄心独悟。弘至治于万机之上，扬道化于千载之下。每寻玩兹典，以为栖神之宅。而恨支、竺所出，理滞于文，常恐玄宗坠于译人。北天之运，运通有在也。以弘始八年，岁次鹑火，命大将军常山公、右将军安成侯，与义学沙门千二百人，于长安大寺，请罗什法师重译正本。什以高世之量，冥心真境，既尽环中，又善方言。时手执梵文，口自宣译，道俗虔虔，一言三复，陶冶精求，务存圣意。其文约而诣，其旨婉而彰，微远之言，于兹显然矣。余以暗短，时预听次，虽思乏参玄，然粗得文意。辄顺所闻，为之注解，略记成言，述而无作。庶将来君子，异世同闻焉。

注维摩诘经卷第一

后秦释僧肇述

维摩诘所说[一]经[二],一名不可思议解脱[三]。

【注释】

[一] 什曰:维摩诘,秦言净名,即五百童子之一也。从妙喜国来游此境,所应既周,将还本土,欲显其淳德以泽群生。显迹悟时,要必有由,故命同志诣佛,而独不行。独不行,则知其有疾也。何以知之?同志五百共遵大道,至于进德修善,动静必俱。今净国之会,业之大者,而不同举,明其有疾。有疾,故有问疾之会。问疾之会,由净国之集。净国之集,由净名方便。然则此经始终所由,良有在也。若自说而观,则众圣齐功。自本而寻,则功由净名。原其所由,故曰维摩诘所说也。

肇曰:维摩诘,秦言净名,法身大士也。其权道无方,隐显殊迹。释彼妙喜,现此忍土。所以和光尘俗,因通道教,常与宝积俱游,为法城之侣。其教缘既毕,将返妙喜,故欲显其神德,以弘如来不思议解脱之道。至命宝积独诣释迦，自留现疾，所以生问疾之端，建微言之始。妙唱自彼，故言其说。

竺道生曰：维摩诘者，此云无垢称也。其晦迹五欲，超然无染，清名遐布，故致斯号。贵名求实者，必重其说。说本表实，重之则终得所求，因斯近接，有过圣言矣。

[二] 肇曰：经者，常也。古今虽殊，觉道不改，群邪不能沮，众圣不能异，故曰常也。

[三] 什曰：亦名三昧，亦名神足。或令修短改度，或巨细相容，变化随意，于法自在，解脱无碍，故名解脱。能者能然，物不知所以，故曰不思议。亦云：法身大士，念即随应，不入禅定，然后能也。心得自在，不为不能所缚，故曰解脱也。若直明法空，则乖于常习，无以取信。故现物随心变，明物无定性。物无定性，则其性虚矣。菩萨得其无定，故令物随心转，则不思议乃空之明证。将显理宗，故以为经之标也。

肇曰：微远幽深，二乘不能测，不思议也。纵任无碍，尘累不能拘，解脱也。此经始自于净土，终于法供养，其中所明虽殊，然其不思议解脱一也，故总以为名焉。上以人名经，此以法名经。以法名经，所以标榜旨归。以人名经，所以因人弘道者也。

生曰：无垢之称，或止形迹，心不必然，故复言其解脱，更为一名。不可思议者，凡有二种：一曰理空，非惑情所图。二曰神奇，非浅识所量。若体夫空理，则脱思议之惑。惑既脱矣，则所为难测。维摩诘今动静皆神奇，必脱诸惑。脱惑在于体空，说空是其所体。是以无垢之名，信而有征。名苟有征，其求愈到。到于求者，何患不悟乎？

佛国品第一[一]

【注释】

[一] 什曰：经始终由于净国，故以佛国冠于众篇也。

如是[一]我闻[二]：一时[三]，佛在毗耶离[四]庵罗树园[五]，与大比丘众八千人俱[六]，菩萨三万二千[七]，众所知识[八]，大智本行，皆悉成就[九]。诸佛威神之所建立[一〇]，为护法城，受持正法[一一]。能师子吼[一二]，名闻十方[一三]。众人不请，友而安之[一四]。绍隆三宝，能使不绝[一五]。降伏魔怨，制诸外道[一六]。悉已清净，永离盖缠[一七]。心常安住，无阂解脱[一八]。念定总持，辩才不断[一九]。布施、持戒、忍辱、精进、禅定、智慧，及方便力，无不具足[二〇]。逮无所得，不起法忍[二一]，已能随顺，转不退轮[二二]。善解法相，知众生根[二三]。盖诸大众[二四]，得无所畏[二五]，功德智慧，以修其心。相好严身，色像第一[二六]，舍诸世间所有饰好[二七]。名称高远，逾于须弥[二八]。深信坚固，犹若金刚[二九]。法宝普照，而雨甘露[三〇]。于众言音，微妙第一[三一]。深入缘起，断诸邪见，有无二边，无复余习[三二]。演法无畏，犹师子吼[三三]，其所讲说，乃如雷震[三四]，无有量，已过量[三五]。集众法宝，如海导师[三六]，了达诸法深妙之义[三七]。善知众生往来所趣，及心所行[三八]。近无等等佛自在慧，十力、无畏、十八不共[三九]。关闭一切诸恶趣门，而生五道，以现其身[四〇]。为大医王，善疗众病，应病与药，令得服行[四一]。无量功德皆成就[四二]，无量佛土皆严净[四三]。其见闻者，无不蒙益[四四]。诸有所作，亦不虚捐[四五]。如是一切功德，皆悉具足。其名曰：等观菩萨、不等观菩萨、等不等观菩萨[四六]、定自在王菩萨[四七]、法自在王菩萨[四八]、法相菩萨[四九]、光相菩萨[五〇]、光严菩萨[五一]、大严菩萨[五二]、宝积菩萨[五三]、辩积菩萨[五四]、宝手菩萨[五五]、宝印手菩萨[五六]、常举手菩萨[五七]、常下手菩萨[五八]、常惨菩萨[五九]、喜根菩萨[六〇]、喜王菩萨[六一]、辩音菩萨[六二]、虚空藏菩萨[六三]、执宝炬菩萨[六四]、宝勇菩萨[六五]、宝见菩萨[六六]、帝网菩萨[六七]、明网菩萨[六八]、无缘观菩萨[六九]、慧积菩萨[七〇]、宝胜菩萨[七一]、天王菩萨[七二]、坏魔菩萨[七三]、电得菩萨[七四]、自在王菩萨[七五]、功德相严菩萨[七六]、师子吼菩萨[七七]、雷音菩萨[七八]、山相击音菩萨[七九]、香象菩萨[八〇]、白香象菩萨[八一]、常精进菩萨[八二]、不休息菩萨[八三]、妙生菩萨[八四]、华严菩萨[八五]、观世音菩萨[八六]、得大势菩萨[八七]、梵网菩萨[八八]、宝杖菩萨[八九]、无胜菩萨、严土菩萨[九〇]、金髻菩萨[九一]、珠髻菩萨[九二]、弥勒菩萨[九三]、文殊师利法王子菩萨[九四]，如是等三万二千人[九五]。复有万梵天王尸弃等[九六]，从余四天下，来诣佛所而听法。复有万二千天帝[九七]，亦从余四天下，来在会坐[九八]，并余大威力诸天[九九]、龙[一〇〇]、神[一〇一]、夜叉[一〇二]、乾闼婆[一〇三]、阿修罗[一〇四]、迦楼罗[一〇五]、紧那罗[一〇六]、摩睺罗伽等，悉来会坐[一〇七]。诸比丘、比丘尼[一〇八]、优婆塞[一〇九]、优婆夷[一一〇]，俱来会坐。彼时，佛与无量百千之众，恭敬围绕，而为说法。譬如须弥山王显于大海，安处众宝师子之座，蔽于一切诸来大众[一一一]。

【注释】

[一] 肇曰：如是，信顺辞。夫信则所言之理顺，顺则师资之道成。经无丰约，非信不传，故建言如是。

[二] 什曰：若不言闻，则是我自有法。我自有法，则情有所执。情有所执，诤乱必兴。若言我闻，则我无法。我无法，则无所执，得失是非，归于所闻。我既无执，彼亦无竞。无执无竞，诤何由生？又云，爱有二种：一五欲爱，二法爱。外道出家，能断欲爱，不断法爱，故情有所执。佛弟子兼除二爱。法爱既尽，执竞都息。经始称我闻，存于此也。

肇曰：出经者明己亲承圣旨，无传闻之谬也。

[三] 什曰：说经时也。

肇曰：法王启运嘉集之时也。

[四] 什曰：据佛所在方也。毗，言稻土之所宜也。耶离，言广严，其地平广庄严。

肇曰：毗耶离，国土名也，秦言广严。其土平广严事，因以为名也。

[五] 什曰：庵罗树，其果似桃而非桃也。

肇曰：庵罗，果树名也，其果似桃而非桃。先言奈氏，事在他经。

[六] 肇曰：比丘，秦言或名净乞食，或名破烦恼，或名净持戒，或名能怖魔。天竺一名该此四义，秦言无一名以译之，故存义名焉。

别本云：摩诃比丘僧八千人俱。

什曰：共闻经人也。举时、方、人三事，以证其所闻也。摩诃，秦言大，亦言胜，亦言多。于一切众中最上，天人所宗，故言大。能胜九十六种论议，故言胜。其数八千，故言多。比丘，秦言破烦恼，亦言乞士。除五种邪命养法身，故言乞士。比丘、菩萨不合数者，以比丘尽是肉身，菩萨多是法身，身异故。若肉身菩萨未正位取证，心异故。以二因缘，比丘、菩萨不合说也。所以先罗汉，后菩萨者，人谓菩萨未尽诸漏，智慧未具，罗汉三漏既尽，智慧成就，随人情所推，以为先后耳。

［七］肇曰：菩萨，正音云菩提萨埵。菩提，佛道名也。萨埵，秦言大心众生。有大心入佛道，名菩提萨埵。无正名译也。

别本云：菩萨三万二千，得大神通。

什曰：大士凡有三种：一者出家，二者在家，三者他方来。复次，一者结业身，二者法身。此中菩萨，多是法身。然应感之形，与物同迹，物或齐其所见，而生劣想，故举大数，然后序德也。梵本云：神通智慧，本事已作。六度诸法，即通慧之因。通慧之因，即本事也。

［八］肇曰：大士处世，犹日月之升天，有目之士，谁不知识？

别本云：众所敬仰。

什曰：梵本云多知多识。显德应时，故物咸知识。物咸知识，故敬之者众，此义则出也。

［九］肇曰：大智，一切种智也。此智以六度六通众行为本，诸大士已备此本行。

［一〇］什曰：佛威神建立，言佛所念也。为佛所念，则莫能沮坏，犹如鱼子，为母所念，必得成就也。

肇曰：天泽无私，不润枯木。佛威虽普，不立无根。所建立者，道根必深也。

［一一］什曰：法城，即实相法也。使物无异见，故言护也。复次，一切经法皆名法城，护持宣布，令不坏也。有能持正法者，亦兼护之也。

肇曰：外为护法之城，内有受持之固。

［一二］肇曰：师子吼，无畏音也。凡所言说，不畏群邪异学，喻师子吼，众兽下之。师子吼，曰美演法也。

［一三］什曰：上言多知多识者，谓现迹二方，化淳一国，物沾其惠，又识其人。今云名闻十方者，谓道风遐扇，闻其名也。

肇曰：行满天下，称无不普。

［一四］什曰：为利有二种：若今世后世，物以利交，故请而后动。圣以慈应，故不祈而往。往必与亲，亲必为护，故曰不请，友而安之。

肇曰：真友不待请，譬慈母之赴婴儿也。

［一五］肇曰：继佛种，则三宝隆。

别本云：兴隆三宝，能使不绝。

什曰：非直显明三宝，宣通经法之谓也。谓能积善累功，自致成佛。成佛则有法，有法则有僧。不绝之功，事在来劫。今言不绝，则必能也。又于其中间自行化人，我既化人，人亦化物。物我俱成，三宝弥隆。众生无尽，故三宝亦不绝也。

［一六］什曰：魔，四魔。得无生忍，烦恼永断，故降欲魔。得法身，则更不得身，故降身魔。无身则无死，故降死魔。无三魔，则波旬不得其便，故降天魔也。伏外道，如令舍利弗与外道议论，七日七夜，然后得胜，斯其类也。

肇曰：魔，四魔也。外道，九十六种道也。

［一七］什曰：离盖缠有二种：一者持戒清净，盖缠不起。

二者世俗道断，断而未尽，当其不起，亦名为离。此中得无生法忍，灭尽离也。

肇曰：盖，五盖。缠，十缠，亦有无量缠。身口意三业悉净，则盖缠不能累也。

［一八］什曰：不思议解脱即其类也。于事无阂，故言无阂，无阂故解脱。或于一事乃至百千，或于一国至恒沙国，于中通达，自在无阂，未能如佛，一切无阂。

肇曰：此解脱，七住所得。得此解脱，则于诸法通达无阂，故心常安住也。

［一九］肇曰：念，正念。定，正定。总持，谓持善不失，持恶不生。无所漏忘谓之持。持有二种，有心相应持，不相应持。辩才，七辩也。此四是大士之要用，故常不断。

别本云：其念不远断，乃至辩才成就。

什曰：念者，无上道念也。不断，不中断也。不断义通贯下三法也。菩萨得此四法，深入坚固，迳身不失，历劫愈明，故言不断也。

［二〇］什曰：上言道念不断。道念不断，然后具行六度。六度具足，则自事已毕。自事已毕，则方便度人。度人之广，莫若神通。神通既具，乃化众生。如是次第，如后净国中说也。

肇曰：具足，谓无相行也。七住已上，心智寂灭。以心无为，故无德不为，是以施极于施而未尝施，戒极于戒而未尝戒。七德殊功，而其相不异，乃名具足。

方便者，即智之别用耳。智以通幽穷微，决定法相。无知而无不知，谓之智也。虽达法相而能不证，处有不失无，在无不舍有，冥空存德，彼彼两济，故曰方便也。

［二一］什曰：有识已来，未尝见法。于今始得，能信能受，忍不恐怖，安住不动，故名为忍。

肇曰：忍，即无生慧也。以能堪受实相，故以忍为名。得此忍，则于法无取无得，心相永灭，故曰无所得不起法忍也。

［二二］肇曰：无生之道，无有得而失者，不退也。流演圆通，无系于一人，轮也。诸佛既转此轮，诸大士亦能随顺而转之。

别本云：转不退转法轮。

什曰：法轮，无生忍也。以轮授物，物得此轮，故名转。受者得而不失，名不退转。自乘转进，亦名为转也。

［二三］肇曰：诸法殊相无不解，群生异根无不知也。

［二四］什曰：梵本云：众不能盖。众不能盖，明其超出。今言盖众，其言亦同也。

［二五］什曰：菩萨自有四无畏，非佛无畏也。恐畏之生，生于不足。无不足，故无畏。能说而不能行，亦所以畏也。今能说能行，故无畏也。能说能行，名曰法象也。

肇曰：菩萨别有四无畏：一得闻持总持。二知众生根。三不见有能难己，使己不能答者。四随问能答，善决众疑。有此四德，故能映盖大众也。九十六种外道，各有部众，故言诸也[①]。

［二六］什曰：明备此德，所以无畏也。

肇曰：心以智德为严，形以相好为饰。严心所以进道，饰形所以靡俗。

［二七］什曰：色相璎珞饰好已备，故不假外饰也。

肇曰：为尊形者示严相耳，岂俗饰之在心哉！

［二八］肇曰：名自有高而不远，远而不高。前闻十方，取其远也。今逾须弥，取其高也。高，谓高胜也。

［二九］肇曰：七住已上无生信，不可坏也。

［三〇］肇曰：法宝光无不照，照痴冥也。泽无不润，润生死也。喻海有神宝，能放光除冥，亦因光能雨甘露、润枯槁也。

［三一］肇曰：殊类异音，既善其言，而复超胜。

［三二］肇曰：深入，谓智深解也。解法从缘起，则邪见无由生。有无二见，群迷多惑，大士久尽，故无余习。

［三三］什曰：上明一切时无畏，此明说法无畏。上师子吼明德音远振，此明能说实法，众咸敬顺，犹师子吼，威慑群兽也。

［三四］什曰：正智流润，譬如天雨。辩者发响，犹如雷震。人有慧而不辩，或辩而无慧。既云无畏，又言雷震，

① “九十六种外道各有部众故言诸也”，据《大正藏》本注，此十四字“与上外道等八字可对见”。

明其辩慧兼也。

肇曰：法音远震，开导萌芽，犹春雷动于百草也。

［三五］肇曰：既得法身，入无为境，心不可以智求，形不可以像取，故曰无量。六住已下，名有量也。

［三六］肇曰：引导众生入大乘海，采众法宝，使必获无难。犹海师善导商人，必获夜光也。

［三七］肇曰：如实义也。

［三八］肇曰：六趣往来，心行美恶，悉善知也。

［三九］什曰：诸佛智慧，无与等者，而此佛与等。复次，实相法无有等比，唯佛与等。菩萨邻而未得，故言近也。

肇曰：佛道超绝，无与等者，唯佛佛自等，故言无等等。所以辩其等者，明第一大道，理无不极，平若虚空，岂升降之有也？自在慧者，十力、四无所畏、十八不共，即其事也。大士虽未全具佛慧，且以近矣。

［四〇］肇曰：法身无生而无不生。无生，故恶趣门闭。无不生，故现身五道也。

［四一］肇曰：法药善疗，喻医王也。

［四二］肇曰：无德不备也。

［四三］肇曰：群生无量，所好不同，故修无量净土，以应彼殊好也。

［四四］肇曰：法身无形声，应物故形声耳，岂有见闻而无益哉！

［四五］肇曰：功不可虚设。

别本云：所作不虚。

什曰：所作必成，兼以度人，故不虚也。

［四六］什曰：等观，四等观众生也。不等，智慧分别诸法也。等不等者，兼此二也。

［四七］什曰：于诸定中得自在也。

［四八］什曰：说诸法中得自在也。

［四九］什曰：功德法相现于身也。

［五〇］什曰：光明之相现于身也。

［五一］什曰：光明庄严也。

［五二］什曰：明其身相大庄严也。

［五三］什曰：积聚智慧宝也。

［五四］什曰：积聚四辩也。

［五五］什曰：手中能出无量珍宝也。

［五六］什曰：印者，相也。手有出宝之相，亦曰手中有宝印也。

［五七］什曰：现以大慈之手，抚慰众生，令不恐畏。是以常举手向人，唱言勿怖也。

［五八］什曰：常垂下其手，现慈心屈下，无伤物之像也。

［五九］什曰：悲念众生也。

［六〇］什曰：喜根，喜等也。亦于实相法中生喜及随喜也。

［六一］什曰：喜有二种：一不净，二清净。清净喜，故言王也。

［六二］什曰：辞辩也。

［六三］什曰：实相慧藏如虚空也。

［六四］什曰：执慧宝炬，除众暗冥也。

［六五］什曰：勇于德宝。亦得宝故能勇也。

［六六］什曰：以慧宝见于诸法也。

［六七］什曰：幻术，经名帝网也。此大士神变自在，犹如幻化，故借帝网以名之。

［六八］什曰：明网自说手有缦网，放光明也。

［六九］什曰：观时不取相，无缘亦深入，观时莫见其所缘也。

［七〇］什曰：积聚慧也。

［七一］什曰：功德宝超于世也。

［七二］什曰：一假名天，二生天，三贤圣天。言天王，则贤圣天也。

［七三］什曰：行坏魔道也。

［七四］什曰：因事为名也。

［七五］什曰：于法自在，如王之于民也。

［七六］什曰：功德之相庄严其身也。

［七七］什曰：以大法音，令众生伏也。

［七八］什曰：所说能令天人欢喜，群邪振悚，犹若雷音，闻者喜惧也。

［七九］什曰：以大法音消伏刚强，音声震击，若山相搏也。

［八〇］什曰：青香象也，身出香风，菩萨身香风亦如此也。

［八一］什曰：其香最胜，大士身香亦如是也。

［八二］什曰：始终不退。

［八三］什曰：不暂废也。

［八四］什曰：生时有妙瑞也。

［八五］什曰：以三昧力，现众华遍满虚空，大庄严也。

［八六］什曰：世有危难，称名自归，菩萨观其音声，即得解脱也。亦名观世念，亦名观自在也。

［八七］什曰：有大势力也。以大神力，飞到十方，所至之国，六反振动，恶趣休息也。

［八八］什曰：梵，四梵行。网，言其多也。

［八九］什曰：或物宝或法宝以为杖也。

［九〇］什曰：净国土也。

［九一］什曰：金在髻也。

［九二］什曰：如意宝珠在其髻中，悉见十方世界及众生行业果报因缘也。

［九三］什曰：弥勒[①]，姓也，此曰慈氏[②]。阿逸多，字也，此云无胜[③]。南天竺婆罗门之子。

［九四］什曰：秦言妙德也。数从小至大，故二人在后。复次，二人在此方为大，余方为小，亦应在后也。妙德以法身游方，莫知其所生，又来补佛处，故言法王子也。

［九五］肇曰：叹德列名，所以存人以证经也。

［九六］肇曰：尸弃，梵王名，秦言顶髻也。

［九七］什曰：举其其从余四天下来者，据此四天[④]明梵耳。

---

① “弥勒”，原本脱，据李翊灼本补。
② “此曰慈氏”，原本脱，据李翊灼本补。
③ “此云无胜”，原本脱，据李翊灼本补。
④ “天”下，《大正藏》本有“下以”二字。

复次，天有二种：一者地天，二者虚空天。帝释处须弥顶，即是地天，又为地主。举释则地天斯摄，举梵王则虚空天尽摄。复次，释得道迹，梵王得不还果来听法，众所共知，故经序众所知识，以为会证也。复次，一切众生宗事梵天，所宗尚来，则知余人必至矣。

[九八] 肇曰：一佛土有百亿四天下，一四天下各有释、梵，故言余。亦或从他方佛土来。

[九九] 肇曰：除上梵、释，余大天也。

[一〇〇] 什曰：龙有二种：一地龙，二虚空龙。

肇曰：龙有二种：地龙、虚空龙。种有四生。

[一〇一] 什曰：神受善恶杂报，似人天而非人天也。

肇曰：神受善恶杂报，见形胜人劣天，身轻微难见也。

[一〇二] 什曰：秦言贵人，亦言轻捷。有三种：一在地，二在虚空，三天夜叉也。地夜叉但以财施，故不能飞空。天夜叉以车马施，故能飞行。佛转法轮时，地夜叉唱，空夜叉闻，空夜叉唱，四天王闻，如是乃至梵天也。

肇曰：夜叉，秦言轻捷。有三种：一在地，二在虚空，三天夜叉。居下二天，守天城门阁。

[一〇三] 什曰：天乐神也，处地上宝山中。天欲作乐时，此神体上有相出，然后上天也。

肇曰：天乐神也，居地上宝山中。天须乐时，此神体上有异相现，然后上天也。

[一〇四] 肇曰：秦言不饮酒。此神类，男丑女端正，有大威力，与天共斗也[①]。

[一〇五] 什曰：金翅鸟也。

肇曰：金翅鸟神。

[一〇六] 什曰：秦言人非人。其形似人，而头上有一角，遂称为人非人。亦天乐神，小不如乾闼婆[②]。

[一〇七] 什曰：是地龙而腹行也。

肇曰：摩睺罗伽，大蟒神也。此上八部，皆有大神力，能自变形，在座听法也。

[一〇八] 肇曰：比丘义同上。尼者，女名也。已上八千比丘，别称得道者也。

[一〇九] 肇曰：义名信士男也。

[一一〇] 肇曰：义名信士女也。

[一一一] 肇曰：须弥山，天帝释所住，金刚山也。秦言妙高。处大海之中，水上方高三百三十六万里，如来处四部之中，威相超绝，光蔽大众，犹金山之显溟海也。

尔时，毗耶离城有长者子，名曰宝积[一]，与

① 李翊灼本作“什曰：秦言不饮酒。不饮酒因缘出《杂宝藏》，此是恶趣。男丑女端正，有大势力，常与天共斗也”。

② 李翊灼本作“什曰：秦言人非人。似人，而头上有角。人见之言：人耶？非人耶？故因以名之。亦天伎神也，小不及乾闼婆”。

五百长者子，俱持七宝盖，来诣佛所，头面礼足，各以其盖共供养佛[二]。佛之威神，令诸宝盖合成一盖，遍覆三千大千世界[三]，而此世界广长之相，悉于中现[四]。又此三千大千世界，诸须弥山[五]、雪山、目真邻陀山、摩诃目真邻陀山、香山、宝山、金山、黑山、铁围山、大铁围山，大海江河，川流泉源[六]，及日月星辰、天宫、龙宫、诸尊神宫，悉现于宝盖中[七]。又十方诸佛，诸佛说法，亦现于宝盖中[八]。

【注释】

[一] 肇曰：宝积亦法身大士，常与净名俱诣如来，共弘道教。而今独与里人诣佛者，将生问疾之由，启兹典之门也。

[二] 肇曰：天竺贵胜行法，各别持七宝盖，即以供养佛。

[三] 什曰：现此神变，其旨有二：一者，现神变无量，显智慧必深。二者，宝积献其所珍，必获可珍之果，来世所成，必若此之妙，明因小而果大也。

[四] 肇曰：盖以不广而弥八极，土亦不狭而现盖中。

[五] 什曰：秦言妙高山也。凡有十宝山，须弥处其中，余九围之也。

[六] 别本云：显彼大海。

什曰：山金色，海水青相，相映发也。缘水显发金光，亦复如是也。

[七] 肇曰：此佛世界。

[八] 肇曰：将显佛土殊好不同，故通现十方也。诸长者子皆久发道心，而未修净土，欲悦其来供之情，启发净土之志，故因其盖而现之也。

尔时，一切大众睹佛神力，叹未曾有，合掌礼佛，瞻仰尊颜，目不暂舍[一]。长者子宝积，即于佛前，以偈颂曰[二]：

目净修广如青莲[三]，心净已度诸禅定[四]，
久积净业称无量[五]，导众以寂故稽首[六]。
既见大圣以神变，普现十方无量土，
其中诸佛演说法，于是一切悉见闻[七]。
法王法力超群生，常以法财施一切[八]，
能善分别诸法相[九]，于第一义而不动[一〇]，
已于诸法得自在，是故稽首此法王[一一]。
说法不有亦不无[一二]，以因缘故诸法生[一三]，
无我无造无受者[一四]，善恶之业亦不亡[一五]。
始在佛树力降魔[一六]，得甘露灭[一七]觉道成[一八]，
已无心意[一九]无受行[二〇]，而悉摧伏诸外道[二一]。

三转法轮于大千[二二],其轮本来常清净[二三],
天人得道此为证[二四],三宝于是现世间[二五]。
以斯妙法济群生,一受不退常寂然[二六],
度老病死大医王[二七],当礼法海德无边[二八]。
毁誉不动如须弥[二九],于善不善等以慈[三〇],
心行平等如虚空[三一],孰闻人宝不敬承[三二]?
今奉世尊此微盖[三三],于中现我三千界,
诸天龙神所居宫,乾闼婆等及夜叉,
悉见世间诸所有,十力哀现是化变[三四],
众睹希有皆叹佛,今我稽首三界尊[三五]。
大圣法王众所归,净心观佛靡不欣,
各见世尊在其前[三六],斯则神力不共法[三七]。
佛以一音演说法,众生随类各得解,
皆谓世尊同其语,斯则神力不共法[三八]。
佛以一音演说法,众生各各随所解,
普得受行获其利,斯则神力不共法[三九],
佛以一音演说法,或有恐畏或欢喜,
或生厌离或断疑,斯则神力不共法[四〇]。
稽首十力大精进[四一],稽首已得无所畏[四二],
稽首住于不共法[四三],稽首一切大导师。
稽首能断众结缚,稽首已到于彼岸[四四],
稽首能度诸世间,稽首永离生死道。

悉知众生来去相[四五]，善于诸法得解脱[四六]，
不着世间如莲华，常善入于空寂行[四七]。
达诸法相无罣碍[四八]，稽首如空无所依[四九]。

【注释】

[一] 什曰：信乐发中，相现于外。

[二] 什曰：上以身力供养，今以心口供养。上以财养，今以法养。复次，众虽见其变，未知变之所由，欲令推宗有在，信乐弥深，故以偈赞也。

肇曰：形敬不足以写心，故复赞之咏之者矣。

[三] 什曰：面为身之上，目为面之标，故叹形之始，始于目也。复次，佛以慈眼等视众生，重其等，故叹之。

肇曰：五情百骸，目最为长。瞻颜而作，故先赞目也。天竺有青莲华，其叶修而广，青白分明，有大人目相，故以为喻也。

[四] 什曰：心净则目明，故举心以证目。复次，目为形最，心为德本，将叹德，故美其心也。度诸禅定，释所以净也。

肇曰：形长者目，主德者心，故作者标二为颂首也。禅定之海，深广无际，自非如来清净真心，无能度者。

[五] 什曰：净业无量，故名亦如是。

肇曰：于无数劫，积三净业，故名称无量。

[六] 什曰：梵本云：寂道。寂道即八正也。

肇曰：寂谓无为寂灭之道也。

[七] 肇曰：既见合盖之神变，已不可测，方于中现十方国及诸佛演法，于是忍界一切众会悉遥见闻，更为希有也。

[八] 肇曰：俗王以俗力胜民，故能泽及一国。法王以法力超众，故能道济无疆。

[九] 肇曰：诸法殊相能善分别也。自此下至业不亡，尽叹法施也。

[一〇] 肇曰：第一义，谓诸法一相义也。虽分别诸法殊相，而不乖一相，此美法王莫易之道也。动谓乖矣。

[一一] 肇曰：世王自在于民，法王自在于法。法无定相，随应而辨，为好异者辨异而不乖同，为好同者辨同而不乖异。同异殊辨，而俱适法相，故得自在也。

[一二] 肇曰：欲言其有，有不自生。欲言其无，缘会即形。会形非谓无，非自谓非有。且有有故有无，无有何所无？有无故有有，无无何所有？然则自有则不有，自无则不无，此法王之正说也。

[一三] 肇曰：有亦不由缘，无亦不由缘。以法非有无，故由因缘生。论曰：法从缘故不有，缘起故不无。

[一四] 肇曰：诸法皆从缘生耳，无别有真主宰之者，故无我也。夫以有我，故能造善恶，受祸福。法既无我，故无造无受者也。

[一五] 肇曰：若无造无受者，则不应有为善获福，为恶致殃

也。然众生心识相传，美恶由起，报应之道，连环相袭，其犹声和响顺，形直影端。此自然之理，无差毫分，复何假常我而主之哉！

[一六] 肇曰：道力之所制，岂魔兵之所能敌！自此下至礼法海，叹初成如来功德也。

[一七] 什曰：梵本云：寂灭甘露。寂灭甘露，即实相法也。

[一八] 肇曰：大觉之道，寂灭无相，至味和神，喻若甘露。于菩提树先降外魔，然后成甘露寂灭大觉之道，结习内魔，于兹永尽矣。

[一九] 什曰：无别意也。

[二〇] 什曰：无受、想、行。

肇曰：心者何也？染有以生。受者何也？苦乐是行。至人冥真体寂，空虚其怀，虽复万法并照而心未尝有，苦乐是经而不为受。物我永寂，岂心受之可得？受者，三受也，苦受、乐受、不苦不乐受也。

[二一] 肇曰：无心伏于物，而物无不伏。

[二二] 肇曰：始于鹿苑，为拘邻等三转四谛法轮于大千世界也。

[二三] 肇曰：法轮常净，犹虚空也。虽复古今不同，时移俗易，圣圣相传，其道不改矣。

[二四] 什曰：证明佛初转法轮。

肇曰：初转法轮，拘邻等五人、八万诸天得道，此常清净之明证也。

[二五] 肇曰：觉道既成，佛宝也。法轮既转，法宝也。五人

出家得道，僧宝也。于是，言其始也。

［二六］肇曰：九十六种外道，上者亦能断结，生无色天，但其道不真，要还堕三涂。佛以四谛妙法，济三乘众生，无有既受而还坠生死者，故曰一受不退。永升[①]无为，故常寂然矣。

［二七］肇曰：生老病死，患之重者。济以法药，故为医王之长也。

［二八］肇曰：法轮渊广难测，法海流润无涯，故德无边矣。

［二九］肇曰：利、衰、毁、誉、称、讥、苦、乐，八法之风，不动如来，犹四风之吹须弥也。

［三〇］肇曰：截手不戚，捧足不欣，善恶自彼，慈覆不二。

［三一］肇曰：夫有心则有封，有封则不普。以圣心无心，故平等若虚空也。

［三二］肇曰：在天为天宝，在人为人宝。宝于天、人者，岂天、人之所能，故物莫不敬承也。

［三三］什曰：自欣所献小而睹大变也。

肇曰：微，微小也。

［三四］肇曰：所奉至微，所见至广，此是如来哀愍之所现也。十力是如来之别称耳。十力备故，即以为名。自十号之外，诸有异称类耳。

［三五］肇曰：睹盖中之瑞也。

［三六］肇曰：法身圆应，犹一月升天，影现百水也。

---

① “升”，《大正藏》本、李翊灼本作“毕”。

［三七］肇曰：不与二乘共也。

［三八］肇曰：密口一音，殊类异解。

［三九］肇曰：佛以一音说一法，众生各随所好而受解：好施者闻施，好戒者闻戒，各异受异行，获其异利。上一音异适，此一法异适也。

［四〇］肇曰：众生闻苦报则恐畏，闻妙果则欢喜，闻不净则厌离，闻法相则断疑。不知一音何演，而令欢畏异生，此岂二乘所能共也？

［四一］肇曰：此下一一称德而致敬也。

［四二］肇曰：四无畏也。

［四三］肇曰：十八不共法也。

［四四］肇曰：彼岸，涅槃岸也。彼涅槃岂崖岸之有？以我异于彼，故借我谓之耳。

［四五］肇曰：众生形往来于六趣，心驰骋于是非，悉知之也。

［四六］肇曰：我染诸法，故诸法缚我。我心无染，则万缚斯解。

［四七］肇曰：出入自在，而不乖寂，故常善入。

［四八］肇曰：万法幽深，谁识其涘？唯佛无碍，故独称达。

［四九］肇曰：圣心无寄，犹空无依也。

尔时，长者子宝积说此偈已，白佛言："世尊，是五百长者子皆已发阿耨多罗三藐三菩提心，愿闻得佛国土清净[一]，唯愿世尊说诸菩萨净土之行[二]。”

佛言：“善哉，宝积，乃能为诸菩萨问于如来净土之行。谛听，谛听，善思念之，当为汝说。”于是宝积及五百长者子，受教而听。

佛言：“宝积，众生之类，是菩萨佛土[三]。所以者何？菩萨随所化众生而取佛土[四]，随所调伏众生而取佛土[五]，随诸众生应以何国入佛智慧而取佛土[六]，随诸众生应以何国起菩萨根而取佛土[七]。所以者何？菩萨取于净国，皆为饶益诸众生故[八]。譬如有人欲于空地造立宫室，随意无碍[九]，若于虚空，终不能成[一〇]。菩萨如是为成就众生故，愿取佛国[一一]。愿取佛国者，非于空也[一二]。宝积当知，直心是菩萨净土[一三]，菩萨成佛时，不谄众生来生其国[一四]。深心是菩萨净土[一五]，菩萨成佛时，具足功德众生来生其国[一六]。大乘心是菩萨净土，菩萨成佛时，大乘众生来生其国[一七]。布施是菩萨净土，菩萨成佛时，一切能舍众生来生其国[一八]。持戒是菩萨净土，菩萨成佛时，行十善道满愿众生来生其国[一九]。忍辱是菩萨净土，菩萨成佛时，三十二相庄严众生来生其国[二〇]。精进是菩萨净土，菩萨成佛时，勤修一切功德众生来生其国。禅定是菩萨净土，菩萨成佛时，摄心不乱众生来生其国。智慧是菩萨净土，菩萨成佛时，正定众生来生其国[二一]。四无量心是菩萨净土，菩萨成佛时，成就慈悲喜舍众生来生其国[二二]。四摄法是菩萨净土[二三]，菩萨成佛时，解脱所摄众生来生其国[二四]。方便是菩萨净土，菩萨成佛时，于一切法方便无碍众生来生其国[二五]。三十七品是菩萨净土，菩萨成佛时，念处、正勤、神足、根、力、觉、道众生来生其国[二六]。回向心是菩萨净土[二七]，菩萨成佛时，得一切具足功德国土[二八]。说除八难是菩萨净土，菩萨成佛时，国土无有三恶八难[二九]。自守戒行、不讥彼阙是菩萨净土，菩萨成佛时，国土无有犯禁之名[三〇]。十善是菩萨净土，菩萨成佛时，命不中夭[三一]，大富[三二]梵行[三三]，所言诚谛[三四]，常以软语[三五]，眷属不离，善和诤讼[三六]，言必饶益[三七]，不嫉不恚，正见众生来生其国[三八]。如是，宝积，菩萨随其直心，则能发行[三九]。随其发行，则得深心[四〇]。随其深心，则意调伏[四一]。随其调伏，则如说行[四二]。随如说行，则能回向[四三]。随其回向，则有方便[四四]。随其方便，则成就众生[四五]。随成就众生，则佛土净[四六]。随佛土净，则说法净[四七]。随说法净，则智慧净[四八]。随智慧净，则其心净[四九]。随其心净，则一切功德净[五〇]。是故，宝积，若菩萨欲得净土，当净其心，随其心净，则佛土净[五一]。”

【注释】

[一] 肇曰：阿耨多罗，秦言无上。三藐三菩提，秦言正遍知。道莫之大，无上也。其道真正，无法不知，正遍知也。诸长者子久已发无上心，而未修净土，所以宝积俱诣，如来现盖，皆启其萌也。既于盖中见诸佛净土殊好不同，志在崇习，故愿闻佛所得净土殊好之事。

[二] 肇曰：土之所以净，岂校饰之所能？净之必由行，故请说行也。凡行必在学地，故菩萨此问，乃是如来现盖之微旨，宝积俱诣之本意也。

别本云：佛国清净之行。

什曰：梵本云：清净之相。下言众生是佛土，则是其相兆于今，故事应于后。

[三] 什曰：宝积问净土之相，故以净相答之。净相，即净土因缘。净土因缘有三事：一菩萨功德，二众生，三众生功德。三因既净，则得净土。今言众生则是者，因中说果。下释义中，具三因缘也。

肇曰：夫至人空洞无象，应物故形，形无常体，况国土之有恒乎？夫以群生万端，业行不同，殊化异被，致令报应不一，是以净者应之以宝玉，秽者应之以沙砾。美恶自彼，于我无定。无定之土，乃曰真土。然则土之净秽系于众生，故曰众生之类是菩萨佛土也。或谓土之净秽系于众生者，则是众生报应之土，非如来土，此盖未喻报应之殊方耳。尝试论之。夫如来所修净土，以无方为体，故令杂行众生同视异见。异见故净秽所以生，无方故真土所以形。若夫取其净秽，众生之报也；本其无方，佛土之真也。岂曰殊域异处、凡圣二土，然后辨其净秽哉？

生曰：净土行者，行致净土，非造之也。造于土者，众生类矣。容以滥造，不得不先明造本，以表致义，然后说行。

［四］什曰：自此以下二章，列三因释则是之义。

梵本云：随化几所众生。似是随化人多少，故国有大小也。义者云，随以何法化众生，若施若戒等，各随彼所行来生其国，亦随三因深浅以成严净之异。若因持戒，则其地平正。若因行施，则七珍具足。略举二法，余皆类此。

肇曰：此下，释所以众生则佛土也。佛土者，即众生之影响耳。夫形修则影长，形短则影促，岂日月使之然乎？形自然耳。故随所化众生之多少，而取佛土之广狭也。是以佛土，或以四天下，或以三千，或以恒沙为一国者也。

生曰：夫国土者，是众生封疆之域。其中无秽，谓之为净。无秽为无，封疆为有。有生于惑，无生于解。其解若成，其惑方尽。始解是菩萨本化，自应终就，使既成就为统。国有属佛之迹，就本随于所化，义为取彼之国。既云取彼，非自造之谓。苟若自造，则无所统，无有众生，何所成就哉？

［五］什曰：梵本云毗尼。毗尼言善治，善治众生，令弃恶行善也。随其弃恶多少，行善浅深，以成其国。调伏旨同而语隐，故存其本也。

肇曰：随所调伏众生之深浅，而取佛土之好丑。

生曰：化虽已兼，而名在始，被[①]不容无调伏，故宜明之。若不调伏，则无七珍土矣。

［六］什曰：修净国时，逆观众生来世之心，于未来世中应见何国而得解脱，先于来劫立国优劣，然后与众生共摄三因以成其国，使彼来生。言摄，摄先所期者也。此言佛慧，下云菩萨根，明将来受化有浅深也。

肇曰：众生自有见净好慕而进修者，亦有见秽恶厌而进修者。所好殊方，略言之耳。所因虽异，然其入佛慧一也，故随其所应而取佛土焉。

生曰：随化虽已从解，容滥其疆，故复宜明。如或有滥，则同彼惑，必不能统成之矣。

［七］肇曰：上为入佛慧。佛慧，七住所得无生慧也，今为菩萨根。菩萨根，六住已下菩提心也。

生曰：入佛智慧，亦已兼矣，而名在始涉，容无深大，故复宜明。若无深大，则无一乘土矣。

［八］什曰：释所以先立国土优劣，然后造行也。若为我

① “被”，《大正藏》本、李翊灼本作“彼”。据前后文义，应为“彼”。

取国者，应任行之所成。今为饶益众生，故从物所宜而制国也。

肇曰：法身无定，何国之有？美恶斯外，何净可取？取净国者，皆为彼耳，故随其所应而取焉。

生曰：所以，上四句也。若自无造国，又不在彼疆，然后能成就众生耳。

［九］什曰：梵本云：空中造立宫室，自在无碍。空不可用为宫室，如是不离众生得净国也。又云：空中得为宫室，不可用空为宫室，要用材木，然后得成。如是菩萨虽解于空，不可但以空心得，要以三因成其国也。又意异故经文不同也。

生曰：造立宫室，譬成就众生也。空地是无妨碍处，譬取无秽，秽则碍也。

［一〇］生曰：于虚空，谓无物可用作宫室也。譬如自造国，无众生可成矣。

［一一］生曰：无碍处也。

［一二］肇曰：净土必由众生，譬立宫必因地。无地无众生，宫、土无以成。二乘澄神虚无，不因众生，故无净土也。

生曰：非无众生也。

［一三］肇曰：土之净者，必由众生。众生之净，必因众行。上举众生以释土净，今备举众行，明其所以净也。夫行净则众生净，众生净则佛土净，此必然之数，不可差也。土无洿曲，乃出于心直，故曰直心是菩萨净土也。此则因中说果，犹指金为食。直心者，谓

质直无谄。此心乃是万行之本,故建章有之矣。

[一四] 肇曰:不谄、直心,一行异名也。菩萨心既直,化彼同己。自土既成,故令同行斯集。此明化缘相及,故果报相连,则佛土之义显也。自下二句相对,或前后异名,或前略后广,或前因后果,类因行耳。凡善行有二种:一行善,二报善。自此下,诸众生所习,皆报善也。

生曰:致国之义已备于前,今但明众行是净国之本,居然可领,故云宝积当知,知如前也。答其所问,故偏据事净,以表无秽直心,真实之心也。斯则善行之本,故首明之也。不谄众生,是净之一事。菩萨皆语其行,众生皆言其报,而对说之者,明众生昔受此化,今有此果。菩萨行成应之,则属于佛。豫总于国,故云来生也。

[一五] 肇曰:树心众德,深固故难拔,深心也。

[一六] 肇曰:深心故德备也。

[一七] 肇曰:乘八万行,兼载天下,不遗一人,大乘心也。上三心,是始学之次行也。夫欲弘大道,要先直其心。心既真直,然后入行能深。入行既深,则能广运无涯。此三心之次也。备此三心,然后次修六度。

别本云:直心,深心,菩提心。

什曰:直心,诚实心也。发心之始,始于诚实。道识弥明,名为深心。深心增广,正趣佛慧,名菩提心。此皆受化者心也。受化者行致净土,人又来生,以因缘成菩萨国。善有二种：一者行善，二者报生善。凡言来生其国，具足善者，皆报生善也。

［一八］肇曰：外舍国财身命，内舍贪爱悭嫉，名一切能舍也。

［一九］什曰：持戒独言满愿者，戒是难行，亦兼摄众善，故所愿满也。

肇曰：十善，菩萨戒也。亦有无量戒，略举十耳。戒具则无愿不得，故言满也。

［二〇］肇曰：忍辱和颜，故系以容相耳，岂直形报而已？

［二一］肇曰：得正智慧，决定法相。三聚众生中，名正定聚也。

［二二］肇曰：此四心周备无际，故言无量。

［二三］肇曰：以四等法摄众生，为四摄也。一者惠施，财法二施，随彼所须。二者爱语，以爱心故，和言随彼所适。三者利行，随彼所利，方便利之。四者同事，遇恶同恶而断其恶，遇善同善而进其善，故名同事也。

［二四］什曰：或有见佛而不解脱者，由功慧浅也。能行四摄，必慧深而功重，故于佛前得解脱也。亦四摄能令众生得解脱，故行者后致解脱报。

肇曰：解脱则四摄所成无为果也，同行故众生皆为此果所摄也。

［二五］肇曰：方便者，巧便慧也。积小德而获大功，功虽就而不证，处有不乖寂，居无不失化，无为而无所不为，方便无碍也。

［二六］肇曰：念处，四念处。正勤，四正勤。神足，四神足。根，五根。力，五力。觉，七觉意。道，八正道。合三十七，义在他经。

［二七］肇曰：二乘三界，各有别行，若情无胜期，则随行受报。大士标心佛道，故能回彼杂行，向于一乘，此回向心也。

［二八］肇曰：遇善回向，何德不备？此下三句，虽不言众生，言国则在矣。

［二九］肇曰：说除八难之法，故土无八难也。

［三〇］肇曰：犯禁恶名，出于讥彼而不自守。

［三一］什曰：回善向佛道，故言回向。回向则已兼举众生，故说具足功德。具足功德，则无八难，故复说除八难。除八难为行，故受无难之报。既无八难，则无众恶。无众恶，则无犯禁，故次说无犯戒。上说戒度，今复言戒者，义不在戒也，欲因戒以明不讥彼阙。不讥彼阙，故莫知其阙。莫知其阙，则无犯禁之名。以此为行，故获此为果。获此为果，则众恶都息，故以十善次之也。

肇曰：不杀报也。

［三二］肇曰：不盗报也。

［三三］肇曰：不淫报也。

［三四］肇曰：不妄语报。

［三五］肇曰：不恶口报。

［三六］肇曰：不两舌报。

[三七] 肇曰：不绮语报。

[三八] 肇曰：嫉、恚、邪见，心患之尤者，故别立三善也。

生曰：修于十善者，会上诸行，成身口意净，为净土之本也。

[三九] 肇曰：夫心直则信固，信固然后能发迹造行。然则始于万行者，其唯直心乎？此章明行之次渐，微著相因，是以始于直心，终于净土。譬犹植栽丝发，其茂百围也。直心树其萌，众行因而成，故言随也。

生曰：前唯明众行各是净国之因，而未知所以得也，故次序其意以释之焉。如是者，谓上诸行如下意也。言任直心之势，自然能发行众行。

[四〇] 肇曰：既能发行，则得道情弥深。

[四一] 肇曰：道情既深，则意无粗犷也。

[四二] 肇曰：心既调伏，则闻斯能行也。

[四三] 肇曰：闻既能行，则能回其所行，标心胜境。

[四四] 肇曰：既能回向大乘，则大方便之所由生也。

[四五] 肇曰：方便之所立，期在成众生也。

[四六] 肇曰：众生既净，则土无秽也。

[四七] 肇曰：既处净土，则有净说。

[四八] 肇曰：既有净说，则净智慧生也。

[四九] 肇曰：净智既生，则净心转明也。

[五〇] 什曰：直心，以诚心信佛法也。信心既立，则能发行众善。众善既积，其心转深。转深则不随众恶，弃恶从善，是名调伏。心既调伏，则遇善斯行。遇善

斯行，则难行能行。难行能行，故能如所说行。如所说行，则万善兼具。万善兼具，故能回向佛道。向而弥进，是方便力也。方便大要有三：一善于自行而不取相，二不取证，三善化众生。具此三已，则能成就众生。成就众生，则三因具足。三因具足，则得净土。土既清净，则众生纯净。众生纯净，则不说杂教，故言说清净。受法则具下三净。具下三净，则与化主同德，故曰一切净也。上章虽广说净国行，而未明行之阶渐。此章明至极深广，不可顿超，宜寻之有途，履之有序。故说发迹之始，始于直心，终成之美，则一切净也。

肇曰：积德不已者，欲以净心。心既净，则无德不净。

生曰：功德者，殊妙果也。本其所从，故以名之焉。

[五一] 肇曰：结成净土义也。净土盖是心之影响耳。夫欲响顺，必和其声。欲影端，必正其形。此报应之定数也。

尔时，舍利弗承佛威神[一]，作是念：“若菩萨心净则佛土净者，我世尊本为菩萨时，意岂不净？而是佛土不净若此[二]？”

佛知其念，即告之言：“于意云何，日月岂不净耶，而盲者不见？”

对曰："不也，世尊，是盲者过，非日月咎。"

"舍利弗，众生罪故，不见如来佛国严净，非如来咎[三]。舍利弗，我此土净，而汝不见[四]。"

尔时，螺髻梵王语舍利弗："勿作是念，谓此佛土以为不净。所以者何？我见释迦牟尼佛土清净，譬如自在天宫[五]。"

舍利弗言："我见此土丘陵坑坎，荆棘沙砾，土石诸山，秽恶充满[六]。"

螺髻梵王言："仁者心有高下，不依佛慧，故见此土为不净耳[七]。舍利弗，菩萨于一切众生悉皆平等，深心清净，依佛智慧，则能见此佛土清净[八]。"

于是，佛以足指按地，即时三千大千世界若干百千珍宝严饰，譬如宝庄严佛无量功德宝庄严土。一切大众叹未曾有，而皆自见坐宝莲华[九]。佛告舍利弗："汝且观是佛土严净[一〇]？"

舍利弗言："唯然，世尊，本所不见，本所不闻，今佛国土严净悉现[一一]。"

佛语舍利弗："我佛国土，常净若此，为欲度斯下劣人，故示是众恶不净土耳[一二]。譬如诸天，共宝器食，随其福德，饭色有异。如是，舍利弗，若人心净，便见此土功德庄严[一三]。"

当复[①]现此国土严净之时，宝积所将五百长者子皆得无生法忍，八万四千人发阿耨多罗三藐三菩提心〔一四〕。佛摄神足，于是世界还复如故〔一五〕。求声闻乘〔一六〕三万二千，诸[②]天及人，知有为法皆悉无常，远尘离垢，得法眼净〔一七〕。八千比丘不受诸法，漏尽意解〔一八〕。

【注释】

［ 一 ］别本云：承佛圣旨。

什曰：圣旨，梵本云神力。神力所转，能令无疑者而发疑念也。

［ 二 ］肇曰：土之净秽，固非二乘所能及也。如来将明佛土常净，美恶生彼，故以威神发其疑念，以生言端，故言承也。

生曰：既闻事净，便封在事，还昧无秽，谓石沙与妙行为乖，故示难决之。舍利弗诚无不达，而居不足之地，可傍为不悟，故设斯念以申众怀。应机而作，本从佛慧中来，今示非己，岂虚也哉？

［ 三 ］肇曰：日月岂不明？不见自由瞽目。佛土岂不净？罪秽故不睹。

生曰：日月之照，无不表色，而盲者不见，岂日月过

① “复”，《大正藏》本作“佛”。
② “诸”，原本脱，全文多处“诸天”连用，如“无令大威德诸天”“弥勒无以此法诱诸天子”等，故径补。

耶？佛亦如是，昔之为行，以化众生，无有不致，无沙石之土，而众生有罪，故得斯秽，不见之耳，非佛咎也。

［四］肇曰：向因此土生疑，故即此土明净也。

生曰：既明不净罪在众生，则为净之旨居然属佛，故云我此土净。而舍利弗据秽致疑，为不见也。言而者，伤嗟之也。

［五］什曰：佛土清净，阶降不同，或如四天王，乃至如六天，或如梵天，乃至如净居，或有过净居天。过净居天者，唯补处菩萨生此国也。称适众心，故现国不同。螺髻所见如自在天宫者，复是其所应见耳，而未尽其净也。下言譬如宝庄严佛国，始是释迦真报应净国。净国即在此世界，如《法华经·寿量品》中说。此净秽同处而不相杂，犹如下一器中有二种食，应二种众生。

肇曰：夫同声相和，同见相顺。梵王即法身大士也，依佛净慧，故所见皆净，因其所见而证焉。且佛土真净，超绝三界，岂直若天宫世净而已哉？此盖齐其所见而为言耳。舍利弗在人而见其土石，梵王居天而见如天宫。自余所见，亦各不同。佛土殊[①]应，义在于此。

生曰：螺髻梵王迹在生死，而邪推己同在三界受福

① “殊”，《大正藏》本作“所”。

为净。知无福者自取斯秽，释迦之土便与天宫无异，以质舍利弗之不达为甚惑矣。

[六] 肇曰：各以所见而为证也。

生曰：虽闻向语，犹封秽恶，故复言己所见以申疑焉。

[七] 肇曰：万事万形，皆由心成。心有高下，故丘陵是生也。

[八] 肇曰：若能等心群生，深入佛慧，净业既同，则所见不异也。

生曰：心有高下者，据石沙致疑，则有[①]众生之优劣也。又是不依佛慧，为应之趣，在乎必悟之处，故唯见不净耳。若取出恶之理，则石沙、众生与夫净土之人等无有异。又是依佛慧而观，故无往而不净也。

[九] 肇曰：佛土常净，岂待变而后饰？按地者，盖是变众人之罪所见耳。宝庄严土，净土之最，故以为喻。

生曰：神力变地者，以明出秽为净。喻石沙虽秽，至于离恶之处，不容有异。又现此变，示无定相，以遣封秽之情，使取为净之旨。

[一〇] 生曰：且观者，且寄严净以明无秽。于实乃现，亦无事净土矣。

---

① "有"，《大正藏》本作"就"。

［一一］肇曰：显净土于未闻，犹开聋瞽于形声也。

生曰：既悟其义，而据自疑已前为本，故云本不见闻也。从不见闻而悟之，则佛土为好净悉现也。

［一二］什曰：若随其罪福自致净秽者，非示之谓也。而言示之者，有示义也。诸佛能为众生现净，而隐不净。现净而隐不净，则无益众生。任而不隐，义同示也。

肇曰：自佛而言，故常净若此。外应下劣，故不净同彼也。

生曰：既云是同，则与彼无异。俯就下劣，故示若不净。

［一三］肇曰：始生天者，欲共试知功德多少，要共一宝器中食天上僐[①]。天僎[②]至白，无白可喻。其福多者，举饭向口，饭色不异。若福少者，举饭向口，饭色变异。合[③]器色一，在手不同，饭岂有异，异自天耳。佛土不同，方可知也。

生曰：喻梵天、舍利弗也。慧心明净，则见功德庄严。以暗心而取，故谓之秽耳，非佛土然也。

［一四］肇曰：佛国之兴，其正为此。无生忍，同上不起法忍。忍即慧性耳。以见法无生，心智寂灭，堪受不退，故名无生法忍也。

［一五］肇曰：非分不可以久处，故还彼所应见也。

---

① “僐”，依下文“天僎”，疑为“僎”。《大正藏》本作“膳”。
② “僎”，《大正藏》本作“馔”。
③ “合”，《大正藏》本作“在”。

［一六］肇曰：下乘道觉非独觉，要师而后成，故名声闻乘，亦名弟子乘也。

［一七］肇曰：国土秽而可净，净而复秽，因悟无常，故得法眼净。法眼净，须陀洹道也。始见道迹，故得法眼名。尘垢，八十八结也。

［一八］肇曰：无着之道，于法无受无染。漏尽，九十八结漏既尽，故意得解脱，成阿罗汉也。

注维摩诘经卷第一终

注维摩诘经卷第二

后秦释僧肇撰

方便品第二[一]

【注释】

[一] 什曰：此品序净名德者，非集经者之意。其方便辩才，世尊常所称叹，故集经者承其所闻以序德耳。

尔时，毗耶离大城中有长者名维摩诘，已曾供养无量诸佛[一]，深植善本[二]，得无生忍[三]。辩才无阂[四]，游戏神通[五]。逮诸总持[六]，获无所畏[七]。降魔劳怨[八]，入深法门[九]。善于智度，通达方便[一〇]。大愿成就[一一]，明了众生心之所趣[一二]，又能分别诸根利钝[一三]。久于佛道，心已纯熟，决定大乘[一四]。诸有所作，能善思量[一五]。住佛威仪[一六]，心大如海[一七]。诸佛咨嗟，弟子、释、梵、世主所敬。欲度人故，以善方便，居毗耶离[一八]。资财无量，摄诸贫民。奉戒清净，摄诸毁禁。以忍调行，摄诸恚怒。以大精进，摄诸懈怠。一心禅寂，摄诸乱意。以决定慧，摄诸无智[一九]。虽为白衣，奉持沙门清净律行[二〇]。虽处居家，不着三界[二一]。示有妻子，常修梵行[二二]。现有眷属，常乐远离[二三]。虽服宝饰，而以相好严身[二四]。虽复饮食，而以禅悦为味[二五]。若至博弈戏处，辄以度人[二六]。受诸异道[二七]，不毁正信[二八]。虽明世典，常乐佛法[二九]。一切见敬，为供养中最[三〇]。执持正法，摄诸长幼[三一]。一切治生谐偶，虽获俗利，不以喜悦[三二]。游诸四衢，饶益众生[三三]。入治正法，救护一切[三四]。入讲论处，导以大乘[三五]。入诸学堂，诱开童蒙[三六]。入诸淫舍，示欲之过[三七]。入诸酒肆，能立其志[三八]。若在长者，长者中尊，为说胜法[三九]。若在居士，居士中尊[四〇]，断其贪着[四一]。若在刹利，刹利中尊[四二]，教以忍辱[四三]。若在婆罗门，婆罗门中尊[四四]，除其我慢[四五]。若在大臣，大臣中尊，教以正法[四六]。若在王子，王子中尊，示以忠孝[四七]。若在内官，内官中尊，化正宫女[四八]。若在庶民，庶民中尊，令兴福力[四九]。若在梵天，梵天中尊，诲以胜慧[五〇]。若在帝释，帝释中尊，示现无常[五一]。若在护世，护世中尊，护诸众生[五二]。

【注释】

［一］什曰：将序其德，先明修德之所由也。

［二］什曰：功德业也。

肇曰：树德先圣，故善本深殖也。此经之作，起于净名，其微言幽唱，亦备之后文。出经者，欲远存其人以弘其道教，故此一品全序其德也。

［三］什曰：慧明业也。如来已尽，则以智为名。菩萨见而未尽，而能忍受不退，故以忍为名也。

肇曰：所以菩萨无生慧独名忍者，以其大觉未成，智力犹弱，虽悟无生，正能堪受而已，未暇闲任，故名忍。如来智力具足，于法自在，常有闲地，故无复忍名也。

［四］什曰：既具二业，以辩才说法化众生也。

肇曰：七辩也。

［五］什曰：因神通广其化功，亦以神通力证其辩才。如龙树与外道论议，外道问曰："天今何作？"答曰："天今与阿修罗战。"复问："此何以证？"菩萨即为现证，应时摧戈折刃，阿修罗身首从空中而坠落，又见天与阿修罗于虚空中列阵相对。外道见证已，乃伏其辩才。神通证辩，类如此也。

肇曰：经云菩萨得五通，又云具六通。以得无生忍，三界结尽，方于二乘，故言六。方于如来，结习未尽，故言五也。

［六］什曰：智慧能持，实相亦名持。余持，如《大智度论》

中说也。

肇曰：总持义同上。经云有五百总持，亦云无量总持也。

[七] 肇曰：菩萨四无所畏也。

[八] 肇曰：四魔劳我，故致为怨。

[九] 肇曰：诸法深义，有无量门，悉善入也。

[一〇] 肇曰：到实智彼岸，善智度也。运用无方，达方便也。

[一一] 什曰：初发心之时，其愿未大，或大而未成。大而成者，唯法忍菩萨也。如无量寿四十八愿，是大愿之类也。

肇曰：大愿，将无量寿愿比也。

[一二] 肇曰：群生万端，心趣不同，悉明了也。

[一三] 肇曰：三乘诸根，利钝难辩，而善分别。

[一四] 肇曰：七住以上，始得决定也。

[一五] 肇曰：身口意有所作，智慧恒在前，故所作无失也。

[一六] 肇曰：举动进止，不失圣仪。

别本云：具佛威仪。

什曰：谓能变身作佛，举动进止，悉如佛也。

[一七] 什曰：海有三德：一曰深广无边，二曰清净不受杂秽，三曰藏积无量珍宝。菩萨三德，义同海也。

肇曰：海有五德：一澄净不受死尸。二多出妙宝。三大龙注雨，滴如车轴，受而不溢。四风日不能竭。五渊深难测。大士心净，不受毁戒之尸，出慧明之宝，佛大法雨受而不溢，魔邪风日不能亏损，其智渊深莫能测者，故曰心大如海。

［一八］肇曰：诸佛所称，人天所敬，彼何欣哉！欲度人故，现居毗耶。

［一九］肇曰：至人不现行。现行六度者，为摄六弊耳。

［二〇］肇曰：沙门，出家之都名也，秦言义训勤行，勤行趣涅槃也。

［二一］肇曰：三界之室宅也。

［二二］肇曰：梵行，清净无欲行也。

［二三］肇曰：在家若野，故言远离。

［二四］肇曰：外服宝饰，而内严相好也。

［二五］肇曰：外食世膳，而内甘禅悦之味也。

［二六］肇曰：因戏止戏。

［二七］什曰：现受外道法也。

［二八］肇曰：同于异者，欲令异同于我耳，岂正信之可毁哉？受，谓受学异道法也。

［二九］肇曰：世典虽尽明，所乐在真法。

［三〇］什曰：诸有德者，能致供养。能致供养者，复供养此贤，所以为最也。

肇曰：含齿无不敬，净养无不供，故曰为供养之最。

［三一］肇曰：外国诸部曲皆立三老，有德者为执法人，以决乡讼，摄长幼也。净名现执俗法，因此通达道法也。

［三二］肇曰：法身大士，瓦砾尽宝玉耳。若然，则人不贵其惠，故现同求利，岂喜悦之有？

［三三］肇曰：四衢要路，人所交集，随彼所须而益焉。

［三四］肇曰：治正法，律官也。导以正法，使民无偏枉，救护一切也。

［三五］肇曰：天竺多诸异道，各言己胜，故其国别立论堂，欲辩其优劣。诸欲明己道者，则声鼓集众，诣堂求论，胜者为师，负者为资。净名既升此堂，摄伏外道，然后导以大乘，为其师也。

［三六］什曰：如释迦菩萨入学堂，说梵书，梵天下来为证，众人信受，斯其类也。

肇曰：学堂，童蒙书学堂也。诱开，如太子入学现梵书比也。

［三七］什曰：外国有一女人，身体金色。有长者子，名达暮多罗，以千两金要入竹林，同载而去。文殊师利于中道变身为白衣，身着宝衣，衣甚严好。女人见之，贪心内发。文殊言："汝欲得衣者，当发菩提心。"女曰："何等为菩提心？"答曰："汝身是也。"问曰："云何是？"答曰："菩提性空，汝身亦空，以此故是。"此女曾于迦叶佛所宿殖善本，修智慧。闻是说，即得无生法忍。得无生法忍已，将示欲之过，还与长者子入竹林。入林中已，自现身死，膀胀臭烂。长者子见已，甚大怖畏，往诣佛所。佛为说法，亦得法忍。示欲之过，有如是利益也。

肇曰：外国淫人别立聚落，凡豫士之流，目不暂顾，而大士同其欲，然后示其过也。

［三八］肇曰：酒致失志，开放逸门。

［三九］什曰：长者，如今四姓豪族也。声闻法于凡夫为胜，如是展转，佛法最胜也。

肇曰：凡人易以威顺，难以理从，故大士每处其尊，以弘风靡之化。长者豪族望重，多以世教自居，不弘出世胜法也。

［四〇］什曰：外国白衣多财富乐者，名为居士。

［四一］肇曰：积钱一亿，入居士里。宝货弥殖，故贪着弥深。

［四二］什曰：梵音中含二义：一言忍辱，二言瞋恚。言此人有大力势，能大瞋恚，忍受苦痛，刚强难伏，因以为姓也。

［四三］肇曰：刹利，王种也，秦言田主。劫初人食地味，转食自然粳米。后人情渐伪，各有封殖，遂立有德，处平分田，此王者之始也，故相承为名焉。其尊贵自在，多强暴决意，不能忍和也。

［四四］什曰：广学问，求邪道，自恃智慧，骄慢自大，名婆罗门也。

［四五］肇曰：婆罗门，秦言外意。其种别有经书，世世相承，以道学为业。或在家，或出家苦行。多恃己道术，自我慢人也。

［四六］肇曰：正法，治政法也。教以正治国，以道佐时也。

［四七］肇曰：所承处重，宜以忠孝为先。

［四八］什曰：非如今内官也。外国法，取历世忠良、耆长有

德，用为内官，化正宫女。

肇曰：妖媚邪饰，女人之情，故诲以正直。

［四九］什曰：昔有一贱人来入城邑，见一人服饰严净，乘大马，执宝盖，唱言不好，乃至再三。彼人怪而问曰："我严净如是，汝何言不好耶？"贱人曰："君宿殖德本，获此果报，威德被服，人所宗仰。我昔不种福，鄙陋如是。以我比君，犹如禽兽，故自言不好耳，非毁君也。"贱人因是感厉，广修福业。形尊悟物，所益以弘，况以道法化人哉！

肇曰：福力微浅，故生庶民也。

［五〇］什曰：小乘中，初梵有三种，大乘中有四种，余上三地亦如是。梵王虽有定慧，而非出要，诲以佛慧，故言胜也。

肇曰：梵天多着禅福，不求出世胜慧也。

［五一］什曰：梵垢薄而着浅，故为现胜慧。释爱重而着深，故为现无常也。

肇曰：天帝处忉利宫，五欲自娱，视东忘西，多不虑无常。

［五二］什曰：护世，四天王也。诸恶鬼神，残食众生，护世四王护之，不令害也。今言尊者，道力所护，兼及十方也。

肇曰：护世四王，各治一方，护其所部，使诸恶鬼神不得侵害也。

长者维摩诘以如是等无量方便，饶益众生[一]。其以方便，现身有疾[二]。以其疾故，国王大臣、长者居士、婆罗门等及诸王子，并余官属，无数千人皆往问疾[三]。其往者，维摩诘因以身疾，广为说法[四]：“诸仁者，是身无常[五]，无强、无力、无坚[六]，速朽之法，不可信也[七]。为苦为恼[八]，众病所集[九]。诸仁者，如此身，明智者所不怙。是身如聚沫，不可撮摩[一〇]。是身如泡，不得久立[一一]。是身如炎，从渴爱生[一二]。是身如芭蕉，中无有坚[一三]。是身如幻，从颠倒起[一四]。是身如梦，为虚妄见[一五]。是身如影，从业缘现[一六]。是身如响，属诸因缘[一七]。是身如浮云，须臾变灭[一八]。是身如电，念念不住[一九]。是身无主为如地[二〇]，是身无我为如火[二一]，是身无寿为如风[二二]，是身无人为如水[二三]。是身不实，四大为家[二四]。是身为空，离我、我所[二五]。是身无知，如草木瓦砾[二六]。是身无作，风力所转[二七]。是身不净[二八]，秽恶充满[二九]。是身为虚伪，虽假以澡浴衣食，必归磨灭[三〇]。是身为灾，百一病恼[三一]。是身如丘井[三二]，为老所逼[三三]。是身无定[三四]，为要当死[三五]。是身如毒蛇[三六]，如怨贼[三七]，如空聚[三八]，阴、界、诸入所共合成[三九]。诸仁者，此可患厌，当乐佛身[四〇]。所以者何[四一]？佛身者，即法身也[四二]。从无量功德智慧生[四三]，从戒、定、慧、解脱、解脱知见生[四四]，从慈、悲、喜、舍生，从布施、持戒、忍辱、柔和、勤行、精进、禅定、解脱、三昧[四五]、多闻、智慧诸波罗蜜生[四六]，从方便生，从六通生[四七]，从三明生[四八]，从三十七道品生，从止观生[四九]，从十力、四无所畏、十八不共法生，从断一切不善法、集一切善法生[五〇]，从真实生，从不放逸生[五一]，从如是无量清净法生如来身。诸仁者，欲得佛身，断一切众生病者，当发阿耨多罗三藐三菩提心[五二]。”

如是，长者维摩诘为诸问疾者如应说法，令无数千人皆发阿耨多罗三藐三菩提心。

【注释】

［一］肇曰：法身圆应，其迹无端，故称无量。上略言之耳。

［二］什曰：上诸方便，以施戒摄人。施戒摄人，则人感其惠。闻其有疾，问疾者众。问疾者众，则功化弘矣。是以广现方便，然后处疾也。

［三］肇曰：虽复变应殊方，妙迹不一，然此经之起，本于现疾，故作者别序其事。

［四］什曰：欲明履道之身未免斯患，况于无德而可保耶？

肇曰：同我者易信，异我者难顺，故因其身疾，广明有身之患。

[五] 什曰：诸佛常法，要先以七事发人心，然后说四谛。何等为七？一施；二戒；三生天果报；四说味，味，乐味也；五果报过患，虽有少乐，而众苦无量，众生迷于少乐，而不觉众苦，犹以芥子置于山顶，唯见芥子，而不睹大山也；六教厌离世间；七叹涅槃功德。今不说七法，直说无常者，将以此会积德已淳，慧识修明故也。复次，无常是空之初相。将欲说空，故先说无常，所以但说身，不说余法，余法中少生着故也。

[六] 什曰：患至斯受，故无强也。无有能作力也。无坚，体不实也。

[七] 肇曰：身之危脆，强力不能保，孰能信其永固者？此无常义也。

[八] 什曰：无常故苦，苦则恼生。

[九] 肇曰：苦，八苦也，亦有无量苦。恼，九恼也，亦有无量恼。病，四百四病。此苦之义也。

[一〇] 肇曰：撮摩聚沫之无实，以喻观身之虚伪。自此下至电喻，明空义也。

[一一] 肇曰：不久，似明无常义，然水上泡以虚中无实，故不久立，犹空义耳。

[一二] 肇曰：渴见阳炎，惑以为水。爱见四大，迷以为身。

[一三] 肇曰：芭蕉之草，唯叶无干。

［一四］肇曰：见幻为人，四大为身，皆颠倒也。

［一五］肇曰：梦中妄见，觉后非真。

［一六］什曰：形障日光，光不及照，影由此现。由无明三业隔实智慧，所以有身也。

［一七］肇曰：身之起于业因，犹影响之生形声耳。

［一八］什曰：俄顷异色，须臾变灭。身亦如是，眴息之间，有少有长，老病死变。从如沫至如电，尽喻无常也。或以无坚，或以不久，或以不实，或以属因缘，明其所以无常也。下四大喻，喻空无我也。

［一九］肇曰：变灭不住，似释无常，然皆取其虚伪不真，故速灭不住，犹释空义也。

［二〇］什曰：地无常主，强者得之。身亦无主，随事而变，病至则恼，死至则灭。聚散随缘，不得自在也。

肇曰：夫万事万形，皆四大成。在外则为土木山河，在内则为四支百体。聚而为生，散而为死。生则为内，死则为外。内外虽殊，然其大不异，故以内外四大类明无我也。如外地，古今相传，强者先宅，故无主也。身亦然耳，众缘所成，缘合则起，缘散则离，何有真宰常主之者？主、寿、人是一我，义立四名也。

［二一］什曰：焚烧林野，威声振烈，若勇士陈师制胜时也。实而求之，非有敌也。身亦如是，举动云为，兴造万端，从惑而观，若有宰也。寻其所由，非有我也。

肇曰：纵任自由谓之我。而外火起灭由薪，火不自在。火不自在，火无我也。外火既无我，内火类亦然。

［二二］什曰：虽飘扇鼓作，或来或去，直聚气流动，非有存生寿也。身亦如是，呼吸吐纳，行作语言，亦假气而动，非有寿也。

肇曰：常存不变谓之寿。而外风积气飘鼓，动止无常。动止无常，风无寿也。外风既无寿，内风类可知。

［二三］什曰：澄净清明，洗涤尘秽。曲直方圆，随时所适。实而求之，为者竟谁？身亦如是，知见进止，应事而迁，假缘成用，乘数而行。详其所因，非有人也。

肇曰：贵于万物而始终不改，谓之人。而外水善利万形，方圆随物，洿隆异适，而体无定。体无定，则水无人也。外水既无人，内水类可知。

［二四］肇曰：四非常讫于上。自此下，独明身之虚伪，众秽过患，四大假会，以为神宅，非实家也。

［二五］什曰：离我众生空，离我所法空也。上四句说空无我喻，此直说空无我义也。

肇曰：我，身之妙主也。我所，自我之外，身及国财，妻子万物，尽我所有。智者观身，身内空寂，二事俱离也。

［二六］什曰：会而成知，非真知也。求知不得，同瓦砾也。

肇曰：身虽能触而无知，内识能知而无触。自性而求，二俱无知。既曰无知，何异瓦砾？

［二七］什曰：无作主而有所作者，风所转也。从无知至无作，更释空无我义也。

肇曰：举动事为，风力使然，谁作之也？

［二八］什曰：须陀洹虽见四谛，犹惑净色，故四非常后，次说不净也。复次，上说无常、苦、无我，此说不净门，为破四颠倒，故说四种观行。行此观已，然后能于身不着。身不着已，然后能学法身。故先说厌法，后说法身也。

［二九］肇曰：三十六物，充满其体。

［三〇］什曰：此明无常所坏，所以苦也。自此以下，尽说苦喻也，为灾病苦也。丘井以下，总喻生老病死，众苦无量也。

肇曰：虽复澡以香汤，衣以上服，苟曰非真，岂得久立？

［三一］肇曰：一大增损，则百一病生。四大增损，则四百四病同时俱作，故身为灾聚也。

［三二］什曰：丘井，丘墟枯井也。昔有人有罪于王，其人怖罪逃走，王令醉象逐之。其人怖急，自投枯井，半井得一腐草，以手执之。下有恶龙吐毒向之，傍有五毒蛇复欲加害。二鼠啮草，草复将断。大象临其上，复欲取之。其人危苦，极大恐怖。上有一树，树上时有蜜滴落其口中，以着味故，而忘怖畏。丘井，生死也。醉象，无常也。毒龙，恶道也。五毒蛇，五阴也。腐草，命根也。黑白二鼠，白月、黑月也。蜜滴，五欲乐也。得蜜滴而忘怖畏者，喻众生得五欲蜜滴，不畏苦也。

［三三］肇曰：神之处身，为老死所逼，犹危人之在丘井，为龙蛇所逼。缘在他经也。

［三四］什曰：念有死分，无定期也。

［三五］肇曰：寿夭虽无定，不得不受死。

［三六］肇曰：四大，喻四蛇也。

［三七］肇曰：五阴，喻五贼也。

［三八］什曰：昔有人得罪于王，王欲密杀，箧盛四毒蛇，使其守护，有五怨贼拔刀守之。善知识语之令走，其人即去，入空聚落，便于中止。知识复言："此处是恶贼所止。若住此者，须臾贼至，丧汝身命，失汝财宝，宜速舍离，可得安隐。"其人从教，即便舍去。复见大水，缚筏而渡。渡已安隐，无复众患。王，喻魔也。箧，喻身也。四蛇，四大也。五怨贼，五阴也。空聚落，六入也。恶贼，六尘也。河，生死也。善知识教令走者，谓佛菩萨教众生离恶魔，弃四大，舍五阴。众生从教，虽舍远三患，而未出诸入聚落，未免怨贼。复教令乘八正筏，度生死流。度生死流已，坦然无为，无复众患也。

肇曰：六情喻空聚，皆有诚证，喻在他经。是故《涅槃经》云："观身如四大毒蛇。是身无常，常为无量诸虫之所唼食。是身臭秽，贪欲狱缚。是身可畏，犹如死狗。是身不净，九孔常流。是身如城，血肉筋骨，皮裹其上，手足以为却敌楼橹，目为孔窍，头为殿堂，心王处中。如是身城，诸佛世尊之所弃舍，凡夫愚人常所味着，贪淫、嗔恚、愚痴、罗刹止住其中。是身不坚，犹如芦苇、伊兰、水沫、芭蕉之树。是身无常，念念不住，犹如电光、暴水、幻炎，亦如画水，随画随合。是身易坏，犹如河岸临峻大树。是身不久，虎狼、鸥枭、雕鹫、饿狗之所食啖。谁有智者当乐此身？宁以牛迹盛大海水，不可具说是身无常，不净臭秽。宁团大地使如枣等，渐渐转小，如亭历子，乃至微尘，不能具说是身过患。是故当舍，如弃涕唾。"

［三九］肇曰：阴，五阴。界，十八界。入，十二入。此三法假合成身，犹若空聚，一无可寄。

［四〇］肇曰：吾等同有斯患，可厌久矣，宜共乐求佛身。

［四一］肇曰：近见者，谓佛身直是形之妙者，未免生死寒暑之患，曷为而求？将为辩法身极妙之体也。

［四二］肇曰：经云，法身者，虚空身也。无生而无不生，无形而无不形。超三界之表，绝有心之境。阴入所不摄，称赞所不及。寒暑不能为其患，生死无以化其体。故其为物也，微妙无象，不可为有。备应万形，不可为无。弥纶八极，不可为小。细入无间，不可为大。故能出生入死，通洞乎无穷之化。变现殊方，应无端之求。此二乘之所不议，补处之所未睹，况凡夫无目，敢措心于其间哉？聊依经诚言，粗标其玄极耳。然则法身在天为天，在人而人，岂可近舍丈六而远求法身乎？

生曰：夫佛身者，丈六体也。丈六体者，从法身出也。以从出名之，故曰即法身也。法者，无非法义也。无非法义者，即无相实也。身者，此义之体。法身真实，丈六应假，将何以明之哉？悟夫法者，封惑永尽，仿佛亦除，妙绝三界之表，理冥无形之境。形既已无，故能无不形。三界既绝，故能无不界。无不形者，唯感是应。佛无为也，至于形之巨细，寿之修短，皆是接众生之影迹，非佛实也。众生若无感，则不现矣。非佛不欲接，众生不致，故自绝耳。若不致而为现者，未之有也。譬日之丽天，而影在众器。万影万形，皆是器之所取，岂日为乎？器若无水，则不现矣。非日不欲现，器不致，故自绝耳。然则丈六之与八尺，皆是众生心、水中佛也。佛常无形，岂有二哉？以前众患，皆由有身，故令乐佛身也。然佛道迹交在有，虽复精粗之殊，至于无常，不应有异。而令乐之，宜明其意。既云即是法身，非徒使知无有身患，乃所以用断一切众生病矣。斯又引使乐法，乐法之行，下法是。以行于法者，得佛身也。

［四三］肇曰：夫极妙之身，必生于极妙之因。功德、智慧，大士二业也。此二业盖是万行之初门，泥洹之关要，故唱言有之。自此下，虽别列诸行，然皆是无为无相行也。以行无相无为，故所成法身亦无相无为。

［四四］肇曰：五分法身。

［四五］肇曰：禅，四禅。定，四空定。解脱，八解脱。三昧，三三昧。此皆禅度之别行也。

［四六］肇曰：诸，即上六度也。波罗蜜，秦言到彼岸。彼岸，实相岸也。得无生以后所修众行，尽与实相合体，无复分别也。

［四七］肇曰：七住以上，则具六通。自非六通运其无方之化，无以成无极之体。

［四八］肇曰：天眼、宿命智、漏尽，通为三明也。

［四九］什曰：始观时，系心一处，名为止。静极则明，明即慧，慧名观也。

肇曰：止，定。观，慧。

［五〇］肇曰：必断之志，必集之情，此二心行之纲目也。

［五一］肇曰：真实善根所以生，不放逸功业所以成，此二心行之要用也。

［五二］肇曰：发无上心，岂唯自除病，亦济群生病。

弟子品第三

尔时，长者维摩诘自念："寝疾于床[一]，世尊大慈，宁不垂愍[二]？"

佛知其意，即告舍利弗："汝行诣维摩诘问疾[三]。"

舍利弗白佛言："世尊，我不堪任诣彼问疾[四]。所以者何？忆念我昔曾于林中宴坐树下，时维摩诘来谓我言：'唯，舍利弗，不必是坐，为宴坐也[五]。夫宴坐者，不于三界现身意，是为宴坐[六]。不起灭定而现诸威仪，是为宴坐[七]。不舍道法而现凡夫事，是为宴坐[八]。心不住内，亦不在外，是为宴坐[九]。于诸见不动[一〇]而修行三十七品，是为宴坐[一一]。不断烦恼而入涅槃，是为宴坐[一二]。若能如是坐者，佛所印可[一三]。'时我，世尊，闻说是语，默然而止，不能加报[一四]，故我不任诣彼问疾。"

【注释】

[一] 生曰：自念寝疾者，自伤念疾也。夫有身则有疾，此自世之常尔。达者体之，何所伤哉？然毗耶离诸长者子，皆觐佛听法，维摩诘事应是同，阂疾不豫，理在致伤，故托以崇法，招佛问疾也。

［二］肇曰：上善若水，所以洿隆斯顺。与善仁，故能曲成无吝。动善时至，所以会几不失。居众人之所恶，故能与彼同疾。世尊大慈，必见垂问，因以弘道，所济良多。此现疾之本意也。

生曰：以阂疾不豫妙听，良可哀也。此之可哀，理应近者，是哀之为事，宜遣慰问。而佛大慈普念，今也无使，宁不愍之耶？此盖因常情以期使耳。岂曰存己，乃远以通物也。若佛遣使，则向疾之弊忽化成大休矣。返常之致，不亦然乎？

［三］什曰：声闻法中，诸罗汉无漏智慧胜，菩萨世俗智慧胜。大乘法中，二事俱胜。今用声闻法明大小，故先命弟子也。舍利弗于弟子中智慧第一，故先命之。知其不堪而命之者，欲令其显维摩诘辩才殊胜，发起众会也。复命余人者，欲令各称其美，明兼应辩慧无方也。此下宴坐，梵本云摄身心也。

肇曰：至人悬心默通，理先形言，冥机潜应，故命问疾也。舍利弗，五百弟子之上，智慧第一，故先敕也。如来知诸人不堪，而犹命者，将显净名无穷之德，以生众会怖仰之情耳。舍利，其母名。弗，秦言子。天竺多以母名名子。

生曰：知其意者，达其旨也。今日之使，理归文殊，而命余人者，托常遣使之仪，欲以假显维摩诘德也。德以此显者，遘既在昔，今必高推。推若有理，则理可贵矣。苟已伏德，而藉闻理为贵，至于论疾之际，岂有不悟哉？夫遣使之礼，要当自近及远，是以先弟子后菩萨也。舍利弗是亲承之最，故首命之焉。

[四] 肇曰：奉佛使命，宜须重人。净名大士，智慧无量，非是弟子所堪能也。且曾为所呵，默不能报，岂敢轻奉使命，以致漏失之讥？

生曰：夫以妙乘粗，无往不尽。而今所扣，盖是近应群生，于舍利弗岂有不堪之时耶？不堪之意，良在于兹。今欲现之若实，要应有寄。维摩诘迹在辩捷，为一国所惮，往有致论之理。而舍利弗曾亦示屈于彼，以为不堪，孰谓虚哉？

[五] 肇曰：无施之迹，效之于前矣。曾于林下宴坐时，净名来，以为坐法不尔也。

生曰：有以致辞，非拒命也。托不拒命之辞，以取推维摩诘义也。不必是者，不言非是，但不必是耳。不言非是者，实可以为求定之筌也。不必是者，有以之致病，病所不病，可不呵哉？舍利弗诚无所复，假宜由行以轨物，所行交是彼之所病。维摩诘以其居不足之地，固可寄以为呵，然则舍利弗迹受屈矣。宴坐者，闲居之貌。

[六] 什曰：此章大明至定，以诲未能，非独明空也。菩萨安心真境，识不外驰，是心不现也。法化之身，超于三界，是身心俱隐，禅定之极也。声闻虽能藏心实法，未能不见其身，身见三界，则受累于物，故隐而犹现，未为善摄也。亦云：身子于时入灭尽定，能令

心隐。其身犹现，故讥之也。

肇曰：夫法身之宴坐，形神俱灭，道绝常境，视听所不及，岂复现身于三界，修意而为定哉？舍利弗犹有世报生身及世报意根，故以人间为烦扰，而宴坐林下，未能形神无迹，故致斯呵。凡呵之兴，意在多益，岂存彼我，以是非为心乎？

生曰：原夫宴坐于林中者，以隐其形也。若形不隐，必为事之所动。是以隐之使离于事，以为求定之方。而隐者有患形之不隐，苟执以不隐为患，而隐者犹为不隐所乱，非所以隐也。隐形者本欲藏意也。意不藏，必为六尘所牵，是以藏之，使不见可欲，得因以息欲。而藏者有患意之不藏，苟执以不藏为患，而藏者尚为不藏所乱，非所以藏也。若能于三界不见有不隐不藏之处，则不复为之所乱尔，乃所以是隐藏之意耳。不隐不藏为现，现必不出三界，故言不于三界现身意也。

［七］什曰：谓虽入灭定，而能现无量变化，以应众生。

肇曰：小乘入灭尽定，则形犹枯木，无运用之能。大士入实相定，心智永灭，而形充八极，顺机而作，应会无方，举动进止，不舍威仪。其为宴坐也，亦以极矣。上云不于三界现身意，此云现诸威仪。夫以无现故能无不现，无不现即无现之体也。庶参玄君子有以会其所以同，而同其所以异也。

［八］肇曰：小乘障隔生死，故不能和光。大士美恶齐旨，

道俗一观，故终日凡夫，终日道法也。净名之有居家，即其事也。

生曰：既隐林中，便应求定。求定之法，先当正身使不动。不动故不乖定，正身故不违道，斯可以求道定之良术也。若封以不正违道而正之，动乖定而住之者，犹复为不正及动所乱，非所以正身不动旨也。若不起灭定即是现诸威仪者，是则不现威仪异于定也。无异，故不相乖矣。威仪者，则是动也。灭定者，灭心、心数法定也。此定正反形动之极，故偏举以为言也。若不舍道法即是现凡夫事者，是则不见凡夫事异于道也。凡夫事者，即是身不正也。威仪、凡夫事在下句者，所病在此，故以上牵之也。

[九] 什曰：贤圣摄心谓之内，凡夫驰想谓之外。言不内不外者，等心内外也。

肇曰：身为幻宅，曷为住内？万物斯虚，曷为在外？小乘防念，故系心于内。凡夫多求，故驰想于外。大士齐观，故内外无寄也。

生曰：既正身不动，次应摄念。摄念之法，若去所缘，即摄令还。念去从事，谓之驰外。摄还从我，谓之住内。若以驰外为乱，住内为定，即复是为内外所驰，非所以摄念之意也。心不住内者，则无内可住也，亦不在外者，则无外可在也，然后乃是不复驰焉。

[一〇] 什曰：若以见为动，是见住也。

［一一］肇曰：诸见，六十二诸妄见也。夫以见为见者，要动舍诸见以修道品。大士观诸见，真性即是道品，故不近舍诸见而远修道品也。

生曰：摄念之义，要得其道。其道为何？在乎正观。正观即三十七品也，三十七品观是见理之怀也。以从理而见，故意可住耳。若贵观得理，即复是为观所惑，则失乎理，非所以观也。若于诸见不动，即是行三十七品者，是则不见三十七品异于诸见，则无复惑矣。不动者，不去之也。诸见者，邪见也。

［一二］什曰：烦恼即涅槃，故不待断而后入也。

肇曰：七使九结，恼乱群生，故名为烦恼。烦恼真性，即是涅槃。慧力强者，观烦恼即是入涅槃，不待断而后入也。

生曰：既观理得性，便应缚尽泥洹。若必以泥洹为贵而欲取之，即复为泥洹所缚。若不断烦恼即是入泥洹者，是则不见泥洹异于烦恼，则无缚矣。此上二句，亦所病在下，以上牵之。

［一三］肇曰：此平等法坐，佛所印可，岂若仁者有待之坐乎？

［一四］肇曰：理出意外，莫知所对也。

佛告大目犍连［一］：“汝行诣维摩诘问疾［二］。”目连白佛言：“世尊，我不堪任诣彼问疾。所以者何？忆念我昔入毗耶离大城，于里巷中为诸居士说法[三]。时维摩诘来谓我言：‘唯，大目连，为白衣居士说法，不当如仁者所说[四]。夫说法者，当如法说[五]。法无众生，离众生垢故[六]。法无有我，离我垢故[七]。法无寿命，离生死故[八]。法无有人，前后际断故[九]。法常寂然，灭诸相故[一〇]。法离于相，无所缘故[一一]。法无名字，言语断故[一二]。法无有说，离觉观故[一三]。法无形相，如虚空故[一四]。法无戏论，毕竟空故[一五]。法无我所，离我所故[一六]。法无分别，离诸识故[一七]。法无有比，无相待故[一八]。法不属因，不在缘故[一九]。法同法性，入诸法故[二〇]。法随于如，无所随故[二一]。法住实际[二二]，诸边不动故[二三]。法无动摇，不依六尘故[二四]。法无去来，常不住故[二五]。法顺空[二六]，随无相[二七]，应无作[二八]。法离好丑，法无增损，法无生灭，法无所归，法过眼、耳、鼻、舌、身、心[二九]。法无高下，法常住不动[三〇]，法离一切观行[三一]。唯，大目连，法相如是，岂可说乎[三二]？夫说法者，无说无示。其听法者，无闻无得[三三]。譬如幻士为幻人说法，当建是意而为说法[三四]。当了众生根有利钝[三五]，善于知见，无所罣阂[三六]，以大悲心，赞于大乘[三七]，念报佛恩，不断三宝[三八]，然后说法[三九]。’维摩诘说是法时，八百居士发阿耨多罗三藐三菩提心。我无此辩，是故不任诣彼问疾。”

【注释】

[一] 什曰：目连，婆罗门姓也，名拘律陀。拘律陀，树神名也。以求神得，故因以为名。生便有大智慧，故名大目犍连，神足第一者也。

肇曰：目犍连，弟子中神足第一。出婆罗门种，姓目犍连，字拘律陀也。

[二] 生曰：夫人才有长短，所能不同。舍利弗自可不能，余何必然？故不抑之而不告也，复得因以广维摩诘之美也。

[三] 什曰：居士智慧利根，应直闻实相。而目连未睹人根，依常说法，先以施戒七事发悟居士。居士闻施戒生天受福，则起众生想。起众生想已，则于诸法妄生众相。故建章明无众生，后破众相，乃可以返其所迷，应其本识也。

肇曰：经不载其所说，依后呵意，当是说有为善法施戒之流也。

[四] 肇曰：净名观诸居士应闻空义，而目连不善观人根，导以有法，故致呵也。

生曰：说法本欲引使贵法，非除法也。彼既贵之，便封着而乐小。乐小者，专欲离病，然违其大本。封着者，则乖于法理。乖违诚出彼情，而说法者可致暗根之嫌，又有不如法说之迹。白衣非取道之操，幸可不说舍俗之理，以伤其本也。居士以贪着为怀，不可使见法可贵以移其着也。故云为白衣居士说法，不当如仁者之所说也。

［五］肇曰：法谓一相，真实法也。法义自备之后文。

［六］什曰：众生垢，即二十身见也。妄见取相，而法竟无相，理乖于见，故言离也。章始终以二义明毕竟空：一言离相，二言离见。因惑者谓言有相，故以离相明无相也。邪者虽起妄见，而法中无见，故以离见明无彼妄见所见相也。自此以下，凡言无名无说，离识离观，类如离见也。

肇曰：自此以下，辩真法义也。夫存众生，则垢真法。若悟法无众生，则其垢自离。众生自我习着偏重，故先明其无。

生曰：自此以下，大论法理也。法有二种：众生空，法空。众生空、法空，理诚不殊，然于惑者取悟，事有难易，故分之也。众生以总会成体，不实之意居然可领，故易也。法以独立近实之趣多，故难也。今先明众生空也。法无众生者，以无众生为法也。离众生垢故者，释之也。言众生自出着者之情，非理之然也。情不从理，谓之垢也。若得见理，垢情必尽。以离垢验之，知无众生也。众生者，众事会而生，以名宰一之主也。

［七］生曰：我者，自在主尔。

［八］肇曰：生死，命之始终耳。始终既离，则寿命斯无。诸言离者，皆空之别名也。

生曰：存世曰命，百年为寿，亦以名有寿命者矣。寿命是宿行之报，生死之法。夫有寿命之垢，则有生死之累。于累既离，以验无寿命者，乃愈[1]明也。不言寿命，而言生死者，寿命是人情所爱，若闻离之，必不能乐。生死是人情所恶，若闻离此，必欣故也。

［九］肇曰：天生万物，以人为贵。始终不改谓之人，故外道以人名神，谓始终不变。若法前后际断，则新新不同。新新不同，则无不变之者。无不变之者，则无复人矣。

生曰：人者，有灵于土木之称，是往来生死者也。往来固无穷矣，断则愈可乐也。

［一〇］肇曰：夫有相则异端形。异端既形，则是非生。是非既生，安得寂然？诸相既灭，则无不寂然。

生曰：上四句，众生空也。此下二十六句，法空也。寂然者，寂静无事之义也。相者，事之貌也。众生易了，着之为惑重，故以其垢于内明之。法难悟，着之为惑轻，故以所惑于外显之。

［一一］肇曰：缘，心缘也。相，心之影响也。夫有缘故有相，无缘则无相也。

---

① “愈”，《大正藏》本作“谕”。

［一二］肇曰：名生于言，言断谁名？

［一三］肇曰：觉观粗心，言语之本。真法无相，故觉观自离。觉观既离，则无复言说。二禅以上，以无觉观故，故称圣贤默然也。

［一四］肇曰：万法万形，万形万相。

［一五］肇曰：真境无言。凡有言论，皆是虚戏。妙绝言境，毕竟空也。

［一六］肇曰：上直明无我，此明无我所。自我之外，一切诸法，皆名我所。

［一七］肇曰：分别生于识也。

［一八］肇曰：诸法相待生，犹长短比而形也。

［一九］什曰：力强为因，力弱为缘。

肇曰：前后相生，因也。现相助成，缘也。诸法要因缘相假，然后成立。若观法不在缘，则法不属因也。

生曰：因谓先无其事，而从彼生也。缘谓素有其分，而从彼起也。因本以生为义，今也不能不生，岂曰能生哉？是则因不成因矣。因近故难晓，缘远故易了。今以所易释所难，则易也。因亲故言属，缘疏故言在也。

［二〇］肇曰：如、法性、真际，此三空同一实耳。但用观有深浅，故别立三名。始见法实，如远见树，知定是树，名为如。见法转深，如近见树，知是何木，名为法性。穷尽法实，如尽知树根茎枝叶之数，名为实际。此三未始非树，因见为异耳。所说真法，同此

三空也。入诸法者，诸法殊相，谁能遍入？遍入诸法者，其唯法性乎！

生曰：法性者，法之本分也。夫缘有者，是假有也。假有者，则非性有也。有既非性，此乃是其本分矣。然则法与法性，理一而名异，故言同也。性宜同，故以同言之也。诸法皆异，而法入之，则一统众矣。统众以一，所以同法性者也。

［二一］肇曰：法自无法，谁随如者？以无所随，故名随如也。

生曰：如者，无所不如也。若有所随，则异矣，不得随也。都无所随，方得随耳。良以名异实因，故有随之言也。如宜言随，故以随言之也。

［二二］别本云：法同如、法性、实际。

什曰：此三同一实也。因观时有深浅，故有三名。始见其实，谓之如。转深，谓之性。尽其边，谓之实际。以新学为六情所牵，心随物变，观时见同，出则见异，故明诸法同此三法。

［二三］什曰：故有无非中，于实为边也。言有而不有，言无而不无。虽诸边尘起，不能转之令异，故言诸边不动也。

肇曰：有边故有动，无边何所动？无边之边，谓之实际，此真法之所住也。

生曰：有无诸边，不能改法性使变，则无际矣。无际之际，谓之实际。其不动者，是住此也。

［二四］肇曰：情依六尘，故有奔逸之动。法本无依，故无动摇。

生曰：六尘各有主，对事相倾夺，故有动摇之义也。既已动摇，便成异矣，非其实也。

［二五］肇曰：法若常住，则从未来到现在，从现在到过去，法迳三世，则有去来也。以法不常住，故法无去来也。

［二六］生曰：着有，则乖理远矣，故空宜顺也。

［二七］生曰：空，似有空相也。然空若有空，则成有矣，非所以空也，故言无相耳。既顺于空，便应随无相。

［二八］肇曰：同三空也。

生曰：遣成无相，似有意作。意作非理，故言无作也。既顺空、随无相，便应冥符此矣。

［二九］肇曰：超出常境，非六情之所及。

［三〇］肇曰：真法常住，贤圣不能移也。

［三一］肇曰：法本无相，非观行之所见。见之者，其唯无观乎？

［三二］肇曰：心观不能及，岂况于言乎？

［三三］肇曰：无说岂曰不言？谓能无其所说。无闻岂曰不听？谓能无其所闻。无其所说，故终日说而未尝说也。无其所闻，故终日闻而未尝闻也。示谓说法示人，得谓闻法所得。

生曰：法既如前，何有可说？此苟无说，彼岂有闻得乎？

[三四] 肇曰：当如幻人，无心而说。

[三五] 肇曰：居士应闻空义，而目连为说有法者，由其未了众生根也。

[三六] 肇曰：说有不辩空者，由其于诸法无阂知见未悉善也。无阂知见，即实相智也。

[三七] 肇曰：自舍空义，诸有所说，皆非弘赞大乘之道。非弘赞大乘之道，则非大悲之心。

生曰：若达其根，不作小说也。夫说大者，必有赞大之辞。赞大，是会其本也。会本，故其人可拔。能拔，然后为大悲之怀耳。此则呵其暗根，以击去彼乐小之情耳。

[三八] 肇曰：夫大悲所以建，大乘所以驾，佛恩所以报，三宝所以隆，皆由明了人根，善开实相。而目连备阙斯事，故以诲之。

[三九] 肇曰：若能备如上事，然后可说法也。

生曰：成大乘为继佛种，使三宝不断，则报佛恩矣，然后乃是说法也。

佛告大迦叶[一]："汝行诣维摩诘问疾。"

迦叶白佛言："世尊，我不堪任诣彼问疾。所以者何？忆念我昔于贫里而行乞[二]，时维摩诘来谓我言：'唯，大迦叶，有慈悲心而不能普，舍豪富从贫乞[三]。迦叶，住平等法，应次行乞食[四]。为不食故，应行乞食[五]。为坏和合相故，应取揣食[六]。为不受故，应受彼食[七]。以空聚想，入于聚落[八]。所见色与盲等[九]，所闻声与响等[一〇]，所嗅香与风等[一一]，所食味不分别[一二]。受诸触，如智证[一三]。知诸法，如幻相。无自性，无他性[一四]。本自不然，今则无灭[一五]。迦叶，若能不舍八邪，入八解脱[一六]，以邪相入正法[一七]，以一食施一切，供养诸佛及众贤圣，然后可食[一八]。如是食者，非有烦恼，非离烦恼[一九]。非入定意，非起定意[二〇]。非住世间，非住涅槃[二一]。其有施者[二二]，无大福，无小福。不为益，不为损[二三]。是为正入佛道，不依声闻[二四]。迦叶，若如是食，为不空食人之施也[二五]。'时我，世尊，闻说是语，得未曾有，即于一切菩萨深起敬心。复作是念：'斯有家名，辩才智慧乃能如是，其谁不发阿耨多罗三藐三菩提心[二六]？我从是来，不复劝人以声闻、辟支佛行[二七]。'是故不任诣彼问疾。"

【注释】

[一] 什曰：先佛出家，第一头陀者也。昔一时从山中出，形体垢腻，着粗弊衣，来诣佛所。诸比丘见之，起轻贱意。佛欲除诸比丘轻慢心，故赞言："善来，迦叶。"即分床坐。迦叶辞曰："佛为大师，我为弟子，

云何共坐?”佛言:“我禅定、解脱、智慧、三昧、大慈、大悲,教化众生,汝亦如是,有何差别?”诸比丘闻已,发希有心,咸兴恭敬。迦叶闻是已,常学佛行,慈悲救济苦人。有是慈悲,而舍富从贫,意将何在耶?将以贫人昔不植福,故致斯报。今不度者,来世益甚。亦以造富有名利之嫌故。又不观来世,现受乐故。亦以富人慢恣,难开化故。亦以贫人觉苦,厌心易得故。从舍之生,必由异见,故讥其不普,诲以平等也。

肇曰:迦叶,弟子中苦行第一,出婆罗门种,姓迦叶也。

[二] 生曰:大迦叶,少欲行,头陀中第一也,得灭尽三昧亦最胜。凡得灭尽定者,能为人作现世福田也。其自以幸能使人得现世报,而贫有交切之苦,故以大悲欲拔之也。乞食是头陀之业,又至贫里,有会少欲之迹。

[三] 肇曰:迦叶以贫人昔不植福,故生贫里,若今不积善,后复弥甚,愍其长苦,多就乞食。净名以其舍富从贫,故讥迦叶不普也。

生曰:从贫乞,本以悲为主,故先呵其悲偏也。夫贫苦为切既交,自应在先,何偏之有哉?于不达者为偏耳,故得寄之以为呵也。言夫大悲以普为主,而用之有偏,良在可怪也。

[四] 肇曰:生死轮转,贵贱无常,或今贫后富,或今富后

贫，大而观之，苦乐不异。是以凡住平等之为法，应次第行乞，不宜去富从贫也。

生曰：既以悲乞，乞又偏矣，故次呵其乞偏也。乞食有四事，以次行为一也。次行为法，不越次之谓也。不越次者，从等来也。今别诣贫里，虽不违其事，以伤其意也。住平等者，出家本求泥洹。泥洹为等，则住之矣。苟住等法，理无偏情，故言应次行乞食也。

［五］什曰：即食之实相，应以此心乞食也。

肇曰：不食即涅槃法也。涅槃无生死寒暑饥渴之患，其道平等，岂容分别？应以此等心而行乞食，使因果不殊也。

生曰：以乞为二也。在家以生须食，故有资生之业。其业既繁，为恶滋多。业繁恶多，则生死愈有，是谓以食长食也。将欲绝食者，不得不出家，舍生业也。既舍生业，是无复资生之具，不得不乞食以存命行道，故言为不食，故应乞食也。不食是平等之法，而今有偏，又违之也。

［六］什曰：和合相即揣食。食有四种：一曰揣食；二曰愿食，如见沙囊命不绝，是愿食也；三曰业食，如地狱不食而活，由其罪业，应久受苦痛也；四曰识食，无色众生识想相续也。坏和合相，即是实相，令其以是心行乞也。

肇曰：五阴揣食，俱和合相耳。坏五阴和合，名为涅槃,应以此心而取揣食也。若然,则终日揣食,终日涅槃。

生曰:以取揣食为三也。凡欲界食,谓之揣食。揣食者,揣握食也。揣是和合之物,随义言之也。坏和合者,坏五阴和合也。泥洹即是五阴坏也。

[七] 肇曰:不受,亦涅槃法也。夫为涅槃而行乞者,应以无受心而受彼食,然则终日受而未尝受也。

生曰:以受为四也。不受者,不受生死也。

[八] 肇曰:空聚亦涅槃相也。凡入聚落,宜存此相。若然,则终日聚落,终日空聚也。

生曰:次呵其少欲也。若见彼富此贫,而舍富从贫,为少者是恶多也。恶多者是不免多矣,非所以少也。当以空聚想,入于聚落,勿见贫富有主。

[九] 肇曰:二乘恶厌生死,怖畏六尘,故诫以等观也。盲谓不见美恶之异,非谓闭目也。

生曰:六情所欲为多,若能无之,然后免耳。

[一〇] 肇曰:未有因山响而致喜怒也。

[一一] 肇曰:香臭因风,风无香臭。又取其不存也。

[一二] 什曰:法无定性,由分别取相,谓之为味。若不分别时,则非味也。虽食,当如本相也。

[一三] 什曰:证,义同于触。触时当如以智触实相也。

肇曰:得漏尽智、无生智,自证成道。举身柔软,快乐而不生着。身受诸触,宜若此也。

生曰:梵语智证,与触音相比,故即以为喻也。泥洹是智之所证也。

[一四] 什曰：指会成拳，故无自性。指亦如是，故无他性也。

肇曰：诸法如幻，从因缘生，岂自他之可得？夫有自故有他，有他故有自，无自则无他，无他亦无自也。

[一五] 什曰：迦叶自谓灭生死能为福田，故以不然明无所灭，以遣其所谓也。

肇曰：如火有然，故有灭耳。法性常空，本自无起，今何所灭？犹释意所对法也。

生曰：从他生，故无自性也。既无自性，岂有他性哉？然则本自不然，何有灭乎？故如幻也。

[一六] 肇曰：八邪八解，本性常一也。善观八邪，即入八解，曷为舍邪更求解脱乎？若能如是者，名入解脱也。

生曰：然后呵其以灭尽定欲福于人，为不得也。若以定欲福于人，则是灭尽定异于八邪矣。苟有异心，不能福也。若能不舍八邪入八解脱者，则无异矣。

[一七] 肇曰：若本性常一者，则邪正相入，不乖其相也。

生曰：向在八事，今取邪正之义也。

[一八] 肇曰：因诲以无阂施法也。若能等邪正，又能以一食等心施一切众生，供养诸佛贤圣者，乃可食人之食也。无阂施者，凡得食，要先作意施一切众生，然后自食。若得法身，则能实充足一切，如后一钵饭也。若未得法身，但作意等施，即是无阂施法也。

生曰：乞食得好，而在众食者，要先分与上下坐，以为供养也。若等解脱者，则能无不供养也。力既如此，然后必能福彼也。

［一九］肇曰：有烦恼食，凡夫也。离烦恼食，二乘也。若能如上平等而食者，则是法身之食，非有烦恼而食，非离烦恼而食也。

生曰：既受食食之，便应着味，生烦恼也。以既解脱心而食者，则不生烦恼，故言非有烦恼也。既无烦恼，又不见离之矣。

［二〇］肇曰：小乘入定则不食，食则不入定。法身大士终日食而终日定，故无出入之名也。

生曰：比丘食法食时，作不净观观食也。虽入此定，不见入也。不见入为非入耳，非起定也。

［二一］肇曰：欲言住世间，法身绝常俗。欲言住涅槃，现食同人欲。

生曰：食既充躯，则命存住世也。既得存命行道以取泥洹，故不两住也。

［二二］什曰：乃至不依声闻，此尽是施主所得矣。

［二三］肇曰：若能等心受食，则有等教。既有等教，则施主同获平等，不计福之大小、己之损益也。

生曰：施平等人，应得平等报，故施主亦不见有大小福也。

［二四］肇曰：平等乞食，自利利人，故正入佛道，不依声闻道也。

生曰：得平等报者，必不偏局为小乘也。

［二五］肇曰：食必有益。

生曰：言必能福彼也。然则非徒拔其贫苦而已，乃所以终得大乘之果也。

［二六］肇曰：时谓在家大士智辩尚尔，其谁不发无上心也。

［二七］肇曰：始知二乘之劣，不复以劝人也。

注维摩诘经卷第二终

注维摩诘经卷第三

后秦释僧肇撰

弟子品第三

佛告须菩提[一]:"汝行诣维摩诘问疾。"

须菩提白佛言:"世尊,我不堪任诣彼问疾。所以者何?忆念我昔入其舍从乞食[二],时维摩诘取我钵,盛满饭[三],谓我言:'唯,须菩提,若能于食等者,诸法亦等[四]。诸法等者,于食亦等[五]。如是行乞,乃可取食[六]。若须菩提,不断淫怒痴,亦不与俱[七]。不坏于身,而随一相[八]。不灭痴爱,起于明脱[九]。以五逆相而得解脱,亦不解不缚[一〇]。不见四谛,非不见谛[一一]。非得果,非不得果[一二]。非凡夫,非离凡夫法[一三]。非圣人,非不圣人[一四]。虽成就一切法,而离诸法相[一五],乃可取食[一六]。若须菩提,不见佛,不闻法[一七],彼外道六师——富兰那迦叶[一八]、末伽梨拘赊梨子[一九]、删阇夜毗罗胝子[二〇]、阿耆多翅舍钦婆罗[二一]、迦罗鸠驮迦旃延[二二]、尼犍陀若提子等[二三]，是汝之师，因其出家[二四]，彼师所堕，汝亦随堕，乃可取食[二五]。若须菩提，入诸邪见，不到彼岸[二六]。住于八难，不得无难[二七]。同于烦恼，离清净法[二八]。汝得无诤三昧[二九]，一切众生亦得是定[三〇]。其施汝者，不名福田[三一]。供养汝者，堕三恶道[三二]。为与众魔共一手，作诸劳侣[三三]，汝与众魔及诸尘劳，等无有异[三四]。于一切众生而有怨心[三五]，谤诸佛，毁于法[三六]，不入众数，终不得灭度[三七]。汝若如是，乃可取食[三八]。'时我，世尊，闻此茫然，不识是何言[三九]，不知以何答，便置钵欲出其舍[四〇]。维摩诘言：'唯，须菩提，取钵勿惧[四一]。于意云何，如来所作化人，若以是事诘，宁有惧不[四二]？'我言：'不也。'维摩诘言：'一切诸法，如幻化相，汝今不应有所惧也[四三]。所以者何？一切言说，不离是相[四四]，至于智者，不着文字，故无所惧。何以故？文字性离[四五]。无有文字，是则解脱[四六]。解脱相者，则诸法也[四七]。'维摩诘说是法时，二百天子得法眼净。故我不任诣彼问疾。"

【注释】

［一］什曰：秦言善业，解空第一。善业所以造居士乃致失者，有以而往，亦有由而失。请以喻明之。譬善射之人，发无遗物，虽轻翼迅逝，不能翔其舍。犹维摩诘，辩慧深入，言不失会，故五百应真，莫敢窥其门。善业自谓智能深入，辩足应时，故直造不疑，此往之意也。然当其入观，则心顺法相，及其出定，则情随事转，致失招屈，良由此也。维摩以善业自谓深入，而乖于平等，故此章言切而旨深者也。诸声闻体非兼备，则各有偏能。因其偏能，谓之第一，故五百弟子皆称第一也。又上四声闻复有偏德，有供养者，能与现世报，故独名四大声闻。余人无此德，故称第一，而不名大也。

肇曰：须菩提，秦言善吉，弟子中解空第一也。

［二］生曰：须菩提得无诤三昧人中第一也。无诤三昧者，解空无致论处，为无诤也。维摩诘机辩难当，鲜有敢窥其门者。而须菩提既有此定，又独能诣之，迹入恃定矣。便有恃定之迹，而致诘者，岂不有为然乎？

［三］生曰：维摩迹在居士，有吝惜之嫌。若未与食便诘之者，物或谓之然矣，故先取钵盛满饭。而不授之者，恐须菩提得钵便去，不尽言论也。

［四］生曰：苟恃定而来者，于定为不等矣。即以食诘之者，明于食亦不等也。不等于食，岂等定哉？是都

无所等也。既无所等,何有等定而可恃乎?

[五] 生曰:更申前语也。食事虽粗,其理自妙。要当于诸法得等,然后可等之矣。

[六] 肇曰:须菩提以长者豪富自恣,多怀贪吝,不虑无常,今虽快意,后必贫苦。愍其迷惑,故多就乞食。次入净名舍,其即取钵盛饭,未授之间,讥其不等也。言万法同相,准一可知,若于食等诸法亦等,诸法等者,于食亦等。以此行乞,乃可取食耳。曷为舍贫从富,自生异想乎?

生曰:用心如此,乃可恃以取我食也。意云:不尔,勿取之也。

[七] 什曰:得其真性,则有而无。有而无,则无所断,亦无所有,故能不断而不俱也。

肇曰:断淫怒痴,声闻也。淫怒痴俱,凡夫也。大士观淫怒痴即是涅槃,故不断不俱。若能如是者,乃可取食也。

生曰:须菩提是断淫怒痴人。原其恃定,必以断为不俱,故复就而诘之也。就诘之意,转使切也。若以断为不俱者,非唯无有等定,于淫怒痴亦不断矣。

[八] 什曰:身即一相,不待坏而随也。

肇曰:万物齐旨,是非同观,一相也。然则身即一相,岂待坏身灭体,然后谓之一相乎?身,五阴身也。

生曰:断淫怒痴者,则身坏泥洹也。泥洹无复无量,身相为一相矣。不坏于身，事似乖之，故云随也。

［九］肇曰：声闻以痴噎智，故痴灭而明。以爱系心，故爱解而脱。大士观痴爱，真相即是明脱，故不灭痴爱而起明脱。

生曰：身本从痴爱而有，故复次言之也。不复为痴所覆，为明也。不复为爱所缚，为脱也。

［一〇］肇曰：五逆真相，即是解脱，岂有缚解之异耶？五逆，罪之尤者。解脱，道之胜者。若能即五逆相而得解脱者，乃可取人之食也。

生曰：既言于缚得脱，而五逆为缚之极，故复以之为言也。斯则解为不解，缚为不缚。

［一一］肇曰：真见谛者，非如有心之见，非如无心之不见也。

［一二］生曰：于缚得解，是见谛之功，复反之也。非不见谛，是得果矣，故即翻之也。

［一三］肇曰：果，诸道果也。不见四谛，故非得果。非不见谛，故非凡夫。虽非凡夫，而不离凡夫法，此乃平等之道也。

生曰：见谛在人，故复论之也。

［一四］肇曰：不离凡夫法，非圣人也。道过三界，非不圣人也。

［一五］肇曰：不舍恶法而从善，则一切诸法于何不成？诸法虽成而离其相，以离其相故，则美恶斯成矣。

生曰：人必成就于法，故复极其势也。

［一六］肇曰：若能备如上说，乃可取食。

［一七］肇曰：犹诲以平等也。夫若能齐是非一好丑者，虽复上同如来，不以为尊，下等六师，不以为卑。何则？天地一旨，万物一观，邪正虽殊，其性不二，岂有如来独尊而六师独卑乎？若能同彼六师，不见佛不闻法，因其出家，随其所堕而不以为异者，乃可取食也。此盖穷理尽性，极无方之说也。善恶反论而不违其常，邪正同辩而不丧其真，斯可谓平等正化莫二之道乎！

生曰：此一阶使言反而理顺也。苟体空内明，不以言反惑意矣。须菩提见佛闻法者，而言不见佛不闻法，言正反也。若以无佛可见为不见佛，无法可闻为不闻法，则顺理矣。

［一八］什曰：迦叶，母姓也。富兰那，字也。其人起邪见，谓一切法无所有，如虚空不生灭也。

肇曰：姓迦叶，字富兰那。其人起邪见，谓一切法断灭性空，无君臣父子忠孝之道也。

［一九］什曰：末伽梨，字也。拘赊梨，是其母也。其人起见，云众生罪垢，无因无缘也。

肇曰：末伽梨，字也。拘赊梨，其母名也。其人起见，谓众生苦乐不因行得，自然尔也。

［二〇］什曰：删阇夜，字也。毗罗胝，母名也。其人起见，谓要久经生死，弥历劫数，然后自尽苦际也。

肇曰：删阇夜，字也。毗罗胝，其母名也。其人谓道不须求，经生死劫数，苦尽自得，如转缕丸于高山，缕尽自止，何假求耶？

［二一］什曰：阿耆多翅舍，字也。钦婆罗，粗衣也。其人起见，非因计因，着粗皮衣，及拔发、烟熏鼻等，以诸苦行为道也。

肇曰：阿耆多，字也。翅舍钦婆罗，粗弊衣名也。其人着弊衣，自拔发，五热炙身，以苦行为道，谓今身并受苦，后身常乐者也。

［二二］什曰：外道字也。其人应物起见，若人问言："有耶？"答言："有。"问言："无耶？"答言："无也。"

肇曰：姓迦旃延，字迦罗鸠驮。其人谓诸法亦有相，亦无相。

［二三］什曰：尼犍，字也。陀若提，母名也。其人起见，谓罪福苦乐，尽由前世，要当必偿。今虽行道，不能中断。此六师尽起邪见，裸形苦行，自称一切智，大同而小异耳。凡有三种六师，合十八部。第一自称一切智，第二得五通，第三诵四韦陀经。上说六师，是第一部也。

肇曰：尼犍陀，其出家总名也，如佛法出家名沙门。若提，母名也。其人谓罪福苦乐，本有定因，要当必受，非行道所能断也。六师，佛未出世时，皆道王天竺也。

［二四］生曰：既不见佛闻法，是受道于邪见之师，因其得为邪出家也。顺在六师之理，是悟之所由。为师，又

从以成出家道也。

［二五］肇曰：生随邪见，死堕恶道。

生曰：既以师彼，彼堕三恶道，不得不随其堕也。顺在若师六师理为出家者，虽三恶道，而不乖堕也。

别本云：不见佛，乃至随六师所堕。

什曰：因其见异，故诲令等观也。若能不见佛胜于六师，从其出家，与之为一，不坏异相者，乃可取食也。

［二六］什曰：此以下明其未应平等，则未出众累，故言入邪见。住八难，同烦恼，具此众恶，乖彼众善。下句尽是其所不得也。

肇曰：彼岸，实相岸也。惑者以邪见为邪，彼岸为正，故舍此邪见适彼岸耳。邪见彼岸，本性不殊，曷为舍邪而欣彼岸乎？是以入诸邪见，不入彼岸者，乃可取食也。自六师以下，至于不得灭度，类生逆谈，以成大顺。庶通心君子，有以标其玄旨，而遗其所是也。

生曰：师邪见师，则入诸邪见矣。则[①]于彼岸本由正见，入邪见者，则不到也。顺在解邪见理为入也。既入其理，即为彼岸，无复彼岸之可到。

［二七］肇曰：夫见难为难者，必舍难而求无难也。若能不以难为难，故能住于难。不以无难为无难，故不得

① “则”，《大正藏》本作“到”。

于无难也。

生曰：既入邪见，便生八难，不得无难处也。顺在已解邪见，便得住八难理中，无复无难之可得也。

［二八］肇曰：夫能悟恼非恼，则虽恼而净。若以净为净，则虽净而恼。是以同恼而离净者，乃所以常净也。

生曰：入邪见，在八难生者，便无结不起，为烦恼所牵，不能得自异之也，愈远清净法矣。顺在既住八难理中，心与烦恼理冥，即之为净，无复净之不可离也。

［二九］什曰：无诤有二：一以三昧力将护众生，令不起诤心；二随顺法性，无违无诤。善业常自谓深达空法，无所违诤。今不顺平等而云无诤者，则与众生无差也。

［三〇］肇曰：善吉之与众生性常自一，曷为善吉独得，而群生不得乎？此明性本不偏也。善吉于五百弟子中解空第一，常善顺法相，无违无诤。内既无诤，外亦善顺群心，令无诤讼。得此定，名无诤三昧也。

生曰：上诘其恃定不等，是言其不得定也。意虽在此，而未指斥，是以终就其事以贬之焉。须菩提若得此定，众生无有不得之者也。顺在彼之不得，亦是此得也，则无异矣。

［三一］肇曰：我受彼施，令彼获大福，故名福田耳。犹大观之，彼我不异，谁为福者？谁为田者？

［三二］肇曰：五逆之损，供养之益，大观正齐，未觉其异。

若五逆而可堕，供养亦堕也。

生曰：报应影响，若合符契。苟施邪见之人，则致邪见之报，而堕在三恶道也。报以邪见者，言无福田也。既无福田，何有可名哉？顺在终获正见，则解无有福田可名，得出三恶道而不异堕也。

［三三］肇曰：众魔，四魔也。众[①]为诸尘劳之党侣也。

生曰：施能造果，谓之为业。若于业生邪，致受三界报者，为劳苦众生也。斯则邪见与业为侣，然后得之三界报矣。而此业成劳，乃与魔所作同，故云共一手。顺在既得正见，不异于魔所作劳侣也。

［三四］肇曰：既为其侣，安得有异？夫以无异，故能成其异也。

生曰：若受施而使施主得邪见报者，是害其慧命，为内外魔也。顺在令彼获等，则生其惠心，必不见与害者殊也。

［三五］生曰：害其慧命为魔者，怨之甚者也。顺在起彼惠心，是亲友之义，而不见异于怨也。

［三六］肇曰：怨亲之心，毁誉之意，美恶一致，孰云其异？苟曰不异，亦何为不同焉？

［三七］生曰：为害之由，由乎谤佛毁法，斯人则为不入四众数矣。顺在亲友之义，以叹佛誉法为体，亦不异谤，故云谤也。

---

① “众”，《大正藏》本作“共”。

［三八］什曰：汝若自知有过如是之深者，乃可取食也。

肇曰：犯重罪者，不得入贤圣众数，终不得灭度。若能备如上恶，乃可取食也。何者？夫舍恶从善，人之常情耳。然则是非经心，犹未免于累。是以等观者，以存善为患，故舍善以求宗。以舍恶为累，故即恶而反本。然则即恶有忘累之功，舍善有无染之勋，故知同善未为得，同恶未为失。净名言意，似在此乎？

［三九］生曰：若以语言之，我则不然。就意而取，己所不及，故竟不识是何言。

［四〇］肇曰：净名言逆而理顺，善吉似未思其言，故不识是何说，便舍钵而欲出也。

生曰：进退无据，故不知以何答，则有屈矣。向言若尔乃可取食，不尔，故不取也。有屈便应输钵，故置之欲出。

［四一］生曰：惧无答而置钵，即复着言相矣。欲解此滞，使得取钵，故先言取钵勿惧也。

［四二］肇曰：净名欲令善吉弘平等之道，无心以听，美恶斯顺。而善吉本不思其言，迷其所说，故复引喻以明也。

生曰：言乃至如所作化，亦不能有心于所诘也。

［四三］肇曰：若于弟子中解空第一，既知化之无心，亦知法之如化。以此而听，曷为而惧？

生曰：化既无惧，诸法如化，亦不得生惧也。

［四四］肇曰：是相，即幻相也。言说如化，听亦如化。以化听化，岂容有惧？

生曰：所以言诸法如幻便应无惧者，以诸法如幻，言说亦然故也。言说苟曰如幻，如何以言致惧耶？

［四五］肇曰：夫文字之作，生于惑取。法无可取，则文相自离。虚妄假名，智者不着。

［四六］肇曰：解脱，谓无为真解脱也。夫名生于不足，足则无名。故无有文字，是真解脱。

生曰：不复缚在文字，故言解脱也。

［四七］肇曰：名生于法，法生于名。名既解脱，故诸法同解也。

生曰：向以诸法如幻，明无文字。文字既解，还复悟解在诸法也。

佛告富楼那弥多罗尼子［一］："汝行诣维摩诘问疾。"

富楼那白佛言："世尊，我不堪任诣彼问疾。所以者何？忆念我昔于大林中，在一树下为诸新学比丘说法［二］，时维摩诘来谓我言：'唯，富楼那，先当入定，观此人心，然后说法［三］。无以秽食置于宝器［四］。当知是比丘心之所念，无以琉璃同彼水精［五］。汝不能知众生根源，无得发起以小乘法。彼自无疮，勿伤之也［六］。欲行大道，莫示小径。无以大海内于牛迹［七］，无以日光等彼萤火［八］。富楼那，此比丘久发大乘心，中忘此意［九］，如何以小乘法而教导之？我观小乘，智慧微浅，犹如盲人，不能分别一切众生根之利钝。'时维摩诘即入三昧，令此比丘自识宿命，曾于五百佛所殖众德本，回向阿耨多罗三藐三菩提[一〇]。即时豁然，还得本心。于是，诸比丘稽首礼维摩诘足。时维摩诘因为说法，于阿耨多罗三藐三菩提不复退转。我念声闻不观人根，不应说法。是故不任诣彼问疾。"

【注释】

[一] 什曰：富楼那，秦言满也。弥多罗尼，秦言善知识。善知识，是其母名也。其人于法师中第一善说《阿毗昙论》也[①]。

肇曰：富楼那，字也，秦言满。弥多罗尼，母名也，秦言善知识，随母名为字。弟子中辩才第一也。

[二] 什曰：近毗耶离有园林，林中有水，水名猕猴池。园林中有僧房，是毗耶离三精舍之一也，富楼那于中为新学说法也。

[三] 肇曰：大乘自法身以上，得无碍真心，心智寂然，未尝不定。以心常定，故能万事普照，不假推求然后知也。小乘心有限碍，又不能常定，凡所观察，在定则见，出定不见。且声闻定力深者，见众生根，极八

① 李翊灼本作"什曰：富楼那，是其字也，秦言满愿。弥多罗尼，秦言善知识，即其母名，合母名为字也。其人弟子中辩才第一，又于法师中第一，善说《阿毗昙》也"。

万劫耳。定力浅者,身数而已。大士所见,见及无穷。此新学比丘,根在大乘,应闻大道,而为说小法,故诲其入定也。

[四] 肇曰:秽食充饥,小乘法也。盛无上宝,大乘器也。

[五] 肇曰:当识其心念之根本,无令真伪不辨也。

[六] 肇曰:彼大乘之体,自无疮疣,无以小乘之刺损伤之也。

[七] 肇曰:大物当置之大处,曷为回龙象于兔径,注大海于牛迹乎?

[八] 肇曰:明昧之殊,其喻如此,而欲等之者,何耶?

[九] 肇曰:未得无生心,皆有退忘也。

[一〇] 肇曰:净名将开其宿心,成其本意,故以定力令诸比丘暂识宿命,自知曾于五百佛所殖众德本,曾以回此功德向无上道,此其本也。

佛告摩诃迦旃延[一]:"汝行诣维摩诘问疾。"

迦旃延白佛言:"世尊,我不堪任诣彼问疾。所以者何?忆念昔者佛为诸比丘略说法要[二],我即于后敷演其义,谓无常义、苦义、空义、无我义、寂灭义[三]。时维摩诘来谓我言:'唯,迦旃延,无以生灭心行说实相法[四]。迦旃延,诸法毕竟不生不灭,是无常义[五]。五受阴洞达空无所起,是苦义[六]。诸法究竟无所有,是空义[七]。于我无我而不二,是无我义[八]。法本不然，今则无灭，是寂灭义[九]。'说是法时，彼诸比丘心得解脱。故我不任诣彼问疾。"

【注释】

[一] 什曰：南天竺婆罗门姓也。善解契经者也。

肇曰：迦旃延，南天竺婆罗门姓也，即以本姓为名，弟子中解义第一也。

[二] 什曰：法要，谓一切法略说有二种，有为、无为也。迦旃延于后演有为则四非常，无为则寂灭义也。

肇曰：如来常略说有为法无常、苦、空、无我，无为法寂灭不动。此二言总一切法尽，故言略。

生曰：为悟所津，若出之由户焉。

[三] 肇曰：如来言说未尝有心，故其所说法未尝有相。迦旃延不谕玄旨，故于入室之后皆以相说也。何则？如来去常故说无常，非谓是无常。去乐故言苦，非谓是苦。去实故言空，非谓是空。去我故言无我，非谓是无我。去相故言寂灭，非谓是寂灭。此五者可谓无言之教，无相之谈。而迦旃延造极不同，听随心异，闻无常则取其流动，乃至闻寂灭亦取其灭相。此言同旨异，迦旃延所以致惑也。

生曰：迦旃延是分别佛语中第一也。佛既略说于前，迦旃乃敷述于后也。存旨而不在辞，故曰演其义也。

[四] 什曰：若无生灭则无行处，无行处乃至实相也。因其以

生灭为实，故讥言无以生灭说实相法。通非下五句也。
肇曰：心者何也？惑相所生。行者何也？造用之名。夫有形必有影，有相必有心，无形故无影，无相故无心。然则心随事转，行因用起。见法生灭，故心有生灭。悟法无生，则心无生灭。迦旃延闻无常义，谓法有生灭之相。法有生灭之相，故影响其心同生灭也。夫实相幽深，妙绝常境，非有心之所知，非辨者之能言，如何以生灭心行而欲说乎？
生曰：佛既称迦旃延为善分别义，岂应有谬哉？于封其言者论之，故有阙耳。夫佛与迦旃延所明是同，至于不达取之，亦不得不异。而佛无致讥之义，迦旃有受诘之事。其故何耶？佛以穷理为主，言必在通。迦旃未能造极，容有乖旨，故可寄之以贬诸阙焉。无常者，变至灭也。苦者，失所爱也。空者，非己有也。无我者，莫主之也。寂灭者，无此四也。然则四为可恶之法，无之是可乐理也。原夫五本为言，以表理之实也，而谓尽于生灭之境者，心所行耳。诸比丘行心所行，故不解脱。超悟其旨，然后是也。

［五］什曰：凡说空，则先说无常，无常则空之初门。初门则谓之无常，毕竟则谓之空。旨趣虽同，而以精粗为浅深者也。何以言之？说无常则云念念不住，不住则以有系住。虽去其久住，而未明无住，是粗无常耳，未造其极也。今此一念若令系住，则后亦应住。若今住后住，则始终无变。始终无变，据事则

不然。以住时不住，所以之灭。住即不住，乃真无常也。本以住为有，今无住则无有，无有则毕竟空，毕竟空即无常之妙旨也，故曰毕竟空是无常义。迦旃延未尽而谓之极者，故自招妄计之讥也。

肇曰：此辩如来略说之本意也。小乘观法生灭为无常义，大乘以不生不灭为无常义。无常名同，而幽致超绝，其道虚微，固非常情之所测。妙得其旨者，净名其人也。

生曰：夫言无常者，据事灭验之也。终苟有灭，始无然乎？始若果然，则生非定矣。生不定生，灭孰定哉？生灭既已不定，真体复何所在？推无在之为理，是诸法之实也。实以不生不灭为义，岂非无常之所存耶？然则无常虽明常之为无，亦所以表无无常也。毕竟者，不得不然也。

［六］什曰：无常坏法，所以苦也。若无常粗，则坏之亦粗。坏之亦粗，则非苦之极也。今妙无常，则无法不坏。无法不坏，则法不可坏，苦之甚也。法不可得，空之至也。自无而观，则不坏不苦。自有而观有散，苦义所以生也。

肇曰：有漏五阴，爱染生死，名受阴也。小乘以受阴起则众苦生为苦义。大乘通达，受阴内外常空，本自无起，谁生苦者？此真苦义也。

生曰：夫苦之为事，会所成也。会所成者，岂得有哉？是以言五受阴空是苦义也。五受阴，苦之宗也。无常推生及灭，事不在一，又通在有漏无漏。故言诸法，苦即体是无，义起于内。又得无漏者，不以失受致苦，故唯受阴而已也。洞达者，无常以据终验之，云毕竟耳。苦以空为其体，故洞达也。无所起者，无常明无本之变，理在于生。苦言假会之法，所以配其起也。

［七］什曰：本意言空欲以遣有，非有去而存空。若有去存空，非空之谓也。二法俱尽，乃空义也。

肇曰：小乘观法缘起，内无真主，为空义。虽能观空，而于空未能都泯，故不究竟。大乘在有不有，在空不空，理无不极，所以究竟空义也。

生曰：惑者皆以诸法为我之有也。理既为苦，则事不从己。己苟不从，则非我所保。保之非我，彼必非有也。有是有矣，而曰非有。无则无也，岂可有哉？此为无有无无，究竟都尽，乃所以是空之义也。

［八］什曰：若去我而有无我，犹未免于我也。何以知之？凡言我，即主也。经云有二十二根，二十二根亦即二十二主也。虽云无真宰，而有事用之主，是犹废主而立主也。故于我无我而不二，乃无我耳。

肇曰：小乘以封我为累，故尊于无我。无我既尊，则于我为二。大乘是非齐旨，二者不殊，为无我义也。

生曰：理既不从我为空，岂有我能制之哉？则无我矣。无我，本无生死中我，非不有佛性我也。

［九］什曰：明泥洹义也。由生死然，尽故有灭。生死即不然，无泥洹灭。无泥洹灭，真寂灭也。

肇曰：小乘以三界炽然，故灭之以求无为。夫炽然既形，故灭名以生。大乘观法本自不然，今何所灭？不然不灭，乃真寂灭也。

生曰：法既无常、苦、空、无我，悟之，则永尽泥洹。泥洹者，不复然也。不然者，事之靖也。夫终得寂灭者，以其本无实然。然既不实，灭独实乎？

佛告阿那律[一]："汝行诣维摩诘问疾。"

阿那律白佛言："世尊，我不堪任诣彼问疾。所以者何？忆念我昔于一处经行，时有梵王名曰严净，与万梵俱，放净光明，来诣我所，稽首作礼问我言：'几何，阿那律天眼所见[二]？'我即答言：'仁者，吾见此释迦牟尼佛土三千大千世界，如观掌中庵摩勒果[三]。'时维摩诘来谓我言：'唯，阿那律，天眼所见，为作相耶？无作相耶[四]？假使作相，则与外道五通等[五]。若无作相，即是无为，不应有见[六]。'世尊，我时默然[七]。彼诸梵闻其言，得未曾有，即为作礼而问曰：'世孰有真天眼者[八]？'维摩诘言：'有佛世尊得真天眼，常在三昧，悉见诸佛国不以二相[九]。'于是，严净梵王及其眷属五百梵天，皆发阿耨多罗三藐三菩提心，礼维摩诘足已，忽然不现[一〇]。故我不任诣彼问疾。"

【注释】

[一] 什曰：天眼第一也。

肇曰：阿那律，秦言如意。刹利种也，弟子中天眼第一。

[二] 肇曰：梵王闻阿那律天眼第一，故问所见远近。

[三] 肇曰：庵摩勒果，形似槟榔，食之除风冷。时手执此果，故即以为喻也。

[四] 什曰：色无色相。若见色有远近精粗，即是为色。为色，则是邪惑颠倒之眼，故同于外道。若不为色作相，色则无为。无为，则不应见有远近。而言远见三千，则进退无可，故失会于梵天，受屈于二难也。

肇曰：三界报身，六情诸根，从结业起，名为有作相也。法身出三界，六情诸根，不由结业生，名为无作相。夫以有作，故有所不作。以法身无作，故无所不作也。

[五] 肇曰：外道修俗禅，得五通，然不能出凡夫见闻之境。此有作相也，欲等之哉？

[六] 肇曰：若无作相，即是法身无为之相，岂容见闻近远之言？

[七] 肇曰：欲言作相，则同彼外道。欲言无作，则违前见意。故不知所答也。

[八] 什曰：以阿那律天眼为色作相，非真天眼。若不作相，则是真眼。未知谁有，故问言孰耶。

肇曰：诸梵谓天眼，正以彻视远见为理。而净名致诘，殊违本涂，疑有真异，故致斯问。

[九] 什曰：言不为色作精粗二相也。

肇曰：真天眼，谓如来法身无相之目也。幽烛微形，巨细兼睹，万色弥广，有若目前，未尝不见而未尝有见，故无眼色之二相也。二乘在定则见，出定不见。如来未尝不定，未尝不见，故常在三昧也。

[一〇] 肇曰：其所发明，成立若此。

佛告优波离[一]："汝行诣维摩诘问疾。"

优波离白佛言："世尊，我不堪任诣彼问疾。所以者何？忆念昔者有二比丘犯律行，以为耻[二]，不敢问佛[三]，来问我言：'唯，优波离，我等犯律，诚以为耻，不敢问佛，愿解疑悔，得免斯咎[四]。'我即为其如法解说[五]。时维摩诘来谓我言：'唯，优波离，无重增此二比丘罪[六]，当直除灭，勿扰其心[七]。所以者何？彼罪性不在内，不在外，不在中间[八]。如佛所说：心垢故众生垢，心净故众生净[九]。心亦不在内，不在外，不在中间[一〇]。如其心然，罪垢亦然[一一]，诸法亦然，不出于如[一二]。如优波离以心相得解脱时，宁有垢不[一三]？'我言：'不也[一四]。'维摩诘言：'一切众生心相无垢，亦复如是[一五]。唯，优波离，妄想是垢，无妄想是净[一六]。颠倒是垢[一七]，无颠倒是净[一八]。取我是垢[一九]，不取我是净[二〇]。优波离，一切法生灭不住[二一]，如幻如电。诸法不相待，乃至一念不住[二二]。诸法皆妄见[二三]，如梦如炎，如水中月，如镜中像，以妄想生[二四]。其知此者，是名奉律[二五]。其知此者，是名善解[二六]。'于是二比丘言：'上智哉！是优波离所不及，持律之上而不能说[二七]。'我答言：'自舍如来，未有声闻及菩萨能制其乐说之辩[二八]，其智慧明达为若此也[二九]。'时二比丘疑悔即除[三〇]，发阿耨多罗三藐三菩提心，作是愿言：'令一切众生皆得是辩。'故我不任诣彼问疾。"

【注释】

[一] 什曰：长存誓愿，世世常作持律，故于今持律第一也。

肇曰：优波离，秦言上首，弟子中持律第一。

[二] 生曰：犯律者，必有惧罪之惑也。原其为怀，非唯畏苦因，已交耻所为也。

[三] 什曰：以佛尊重，惭愧深故，亦于众中大恐怖故。复次，将以如来明见法相，决定我罪，陷于重残①，则永

① "重残"，《大正藏》本作"无浅"。

出清众，望绝真路也。

生曰：既违圣禁，加所为愚鄙，故不敢以斥问佛也。

[四] 肇曰：愧其所犯，不敢问佛。以优波离持律第一，故从问也。疑其所犯不知轻重，悔其既往废乱道行，故请持律解免斯咎也。

生曰：违禁诚重，能改为贵，是以许有改法也。优波离解律第一，故以问焉。疑者恐罪及己，而犹有不至之异也。悔者既已惧之，必自悔所为也。

[五] 肇曰：如法，谓依戒律决其罪之轻重，示其悔过法也。

[六] 生曰：未知罪相，犹封以致惧。既明所属而改之，法重封惧之情愈致深也。深乎惑者，罪弥重矣。

[七] 什曰：犯律之人，心常战惧。若定其罪相，复加以切之，则可谓心扰而罪增也。若闻实相，则心玄无寄，罪累自消，故言当直除灭也。

肇曰：二比丘既犯律行，疑悔情深，方重结其罪，则封累弥厚。封累既厚，则罪垢弥增。当直说法空，令悟罪不实。悟罪不实，则封累情除。封累情除，则罪垢斯灭矣。曷为不察其根，为之决罪，扰乱其心，重增累乎？

生曰：除罪用术，于理既迂。又应病则是其方，乖之更增其病矣。

[八] 肇曰：覆释所以直除之意也。夫罪累之生，因缘所成。求其实性，不在三处。如杀因彼我，彼我即内

外也。自我即非杀，自彼亦非杀。彼我既非，岂在中间？众缘所成，寻之悉虚也。

生曰：封惑本出人耳，彼罪岂当有哉？苟能体之，不复自缚于罪也。既不复缚罪，便是出其境矣。已出罪境者，罪能得之乎？不在内者，不在我心也。若在我心者，不应待外也。不在外者，不在彼事也。若在彼事者，不应罪我也。不在中间者，合我之与事也。罪为一矣，岂得两在哉？

［九］什曰：以罪为罪，则心自然生垢。心自然生垢，则垢能累之。垢能累之，则是罪垢众生。不以罪为罪，此即净心。心净，则是净众生也。

生曰：引佛语为证也。心垢者，封惑之情也。众生垢者，心既有垢，罪必及之也。若能无封，则为净矣。其心既净，其罪亦除也。

［一〇］生曰：罪虽由心垢而致，悟之必得除也。向已明罪不在内外中间，故言心亦不在三处。

［一一］肇曰：寻知其本也。夫执本以知其末，守母以见其子。佛言众生垢净皆由心起，求心之本，不在三处。心既不在，罪垢可知也。

［一二］肇曰：万法云云，皆由心起，岂独垢净之然哉？故诸法亦然，不离于如。如，谓如本相也。

生曰：心既不在三处，罪垢亦然也。反覆皆不得异，诸法岂容有殊耶？则无不如也。

［一三］什曰：心相，谓罗汉亦观众生心实相得解脱也。今

问其成道时，第九解脱道中观实相时，宁见此中有垢不？

生曰：以优波离验之也。心相者，无内外中间也。得解脱者，不复缚在心也。以心相得解脱者，无垢可见也。

［一四］肇曰：得解脱时，谓其初成阿罗汉第九解脱。尔时心冥一义，无复心相。欲以其心类明众心，故先定其言也。

［一五］肇曰：群生心相，如心解脱相。

生曰：众生心相无垢，理不得异，但见与不见为殊耳。

［一六］什曰：罪本无相，而横为生相，是为妄想。妄想自生垢耳，非理之咎也。

肇曰：优波离分别罪相，欲以除垢。罪本无相，而妄生罪相，乃更增尘垢也。其言虽泛，意在于是。

生曰：垢实无也，在妄想中是垢耳。若无妄想，垢即净也。妄想者，妄分别之想也。

［一七］生曰：见正转也。见转于内，则妄分别外事也。

［一八］肇曰：无罪而见罪，颠倒也。

［一九］生曰：取我相者，不能废己从理也。既取我相，见便转也。

［二〇］肇曰：见罪，即存我也。

［二一］什曰：此已下，释罪所以不可得也。

生曰：诸法皆从妄想而有，悉如此也。

［二二］什曰：前心不待后心，生竟然后灭也。

肇曰：成前无相常净义也。诸法如电，新新不停，一起一灭，不相待也。弹指顷有六十念过，诸法乃无一念顷住，况欲久停？无住则如幻，如幻则不实，不实则为空，空则常净。然则物物斯净，何有罪累于我哉？

［二三］什曰：皆由妄见，故谓其有耳。

［二四］肇曰：上明外法不住，此明内心妄见，俱辨空义，内外为异耳。夫以见妄，故所见不实。所见不实，则实存于所见之外。实存于所见之外，则见所不能见。见所不能见，故无相常净也。上二喻取其速灭，此四喻取其妄想。

［二五］什曰：奉律，梵本云毗尼。毗尼，秦言善治，谓自治淫怒痴，亦能治众生恶也。

生曰：作如此知，无复犯律之咎也。

［二六］肇曰：若能知法如此，乃名善解，奉法律耳。不知此法，而称持律第一者，何耶？令知优波离谬教意也。

生曰：善解律为理也。

［二七］肇曰：二比丘悟罪常净，无复疑悔，故致斯叹。

［二八］肇曰：内有乐说智生，则说法无穷，名乐说辩也。此辩一起，乃是补处之所叹，而况声闻乎？

［二九］肇曰：其明达若此，吾岂能及？

［三〇］什曰：有罪，则忧怖自生。罪无，则疑悔自灭也。

佛告罗睺罗[一]:“汝行诣维摩诘问疾。”

罗睺罗白佛言:“世尊,我不堪任诣彼问疾。所以者何?忆念昔时毗耶离诸长者子来诣我所,稽首作礼,问我言:‘唯,罗睺罗,汝佛之子[二],舍转轮王位[三],出家为道[四]。其出家者,有何等利[五]?’我即如法为说出家功德之利[六]。时维摩诘来谓我言:‘唯,罗睺罗,不应说出家功德之利[七]。所以者何?无利无功德,是为出家[八]。有为法者,可说有利有功德[九]。夫出家者,为无为法,无为法中无利无功德[一〇]。罗睺罗,出家者,无彼无此,亦无中间[一一]。离六十二见[一二],处于涅槃[一三]。智者所受[一四],圣所行处[一五]。降伏众魔[一六],度五道[一七],净五眼[一八],得五力,立五根。不恼于彼[一九],离众杂恶[二〇]。摧诸外道[二一],超越假名[二二]。出淤泥[二三],无系着[二四]。无我所[二五],无所受[二六]。无扰乱[二七],内怀喜[二八]。护彼意[二九]。随禅定[三〇],离众过[三一]。若能如是,是真出家[三二]。’于是,维摩诘语诸长者子:‘汝等于正法中,宜共出家[三三]。所以者何?佛世难值[三四]。’诸长者子言:‘居士,我闻佛言,父母不听,不得出家[三五]。’维摩诘言:‘然汝等便发阿耨多罗三藐三菩提心,是即出家[三六],是即具足[三七]。’尔时,三十二长者子皆发阿耨多罗三藐三菩提心[三八]。故我不任诣彼问疾。”

【注释】

[一]什曰：阿修罗食月时名罗睺罗。罗睺罗，秦言覆障，谓障月明也。罗睺罗六年处母胎，母胎所覆障，故因以为名。声闻法中密行第一。菩萨出家之日，诸相师言：“若今夜不出家，明日七宝自至，为转轮圣王，王四天下。”王即于其夜更增伎乐，以悦其心。于时，菩萨欲心内发，罗睺罗即时处胎，耶输陀罗其夜有身。于时，净居诸天相与悲而言曰：“菩萨为欲所缠，迷于女色。众生可愍，谁当度者？”即时变诸伎女皆如死人，甚可怖畏，令菩萨心厌，即劝出家。车匿牵马，四天王接足，逾城而去。到菩提树下思惟，苦行六年，已，夜成佛。时罗睺罗乃生，生已，佛乳母问言：“悉达出家于是六年，汝今何从有身？若六年怀妊，世所未闻。”诸释闻之，相与议言：“此是不祥，毁辱释门，必是私窃。”欲依法杀之。耶输曰：“愿见大王，尔乃就死。”王于是隔幔与语，具以事诘问其所由。耶输如实自陈：“我非私窃，是太子之胤耳。自太子出家，我常愁毒，寝卧冷地，故此儿不时成就耳。”语王言：“自看此儿颜貌色相，为是孙子不？”王即抱而观之，见其色相与太子相似，王乃流泪而言曰：“真是吾孙子也。”佛欲证明，化作梵志，来入王宫，见儿问言：“汝名何等？”答言：“我名罗睺

罗。”梵志赞言：“善哉！汝以业因缘故，处胎六年，所覆障故，应名此也。”王问：“何业因缘？”答曰：“我知业因缘，不知何业。”佛后还国，罗睺罗见佛身相庄严，敬心内发，愿欲出家。其母语言：“此人出家，得成圣道，道非汝分，何用出家？”罗睺罗言：“若令一人得道，我要当得。”使人剔发，发已垂尽，唯有顶上少许。复言：“若发都尽，则与死人无异。决定汝心，无从后悔。”答言：“国位宝珍，无量妙乐，我能弃之，况惜少发耶？”道心坚固，遂弃国出家，以舍利弗为和尚。罗睺罗因缘及出家事，以声闻法略说也。肇曰：罗睺罗，秦言覆障，六年为母胎所障，因以为名。弟子中密行第一。

［二］生曰：言其承圣之基。

［三］什曰：转轮王亦有不入胎者，如顶生王是也。昔转轮王顶上生疮，王患其痒痛，婆罗门欲以刀破之，王时怒曰：“云何以刀着大王顶上耶？”更有婆罗门以药涂之，至七日，头疮乃坏。视疮中，见有小儿，威相端正，取而养之，后遂为王。因从顶生，故名顶生王。或有从肩臂手足等生，此皆从男女生也。佛若不出家，则大转轮王，王四天下。罗睺罗不出家，王一阎浮提。地下十由旬鬼神，空中十由旬鬼神，皆属罗睺罗，为其给使。罗睺罗失会，其旨有四：一不见人根，应非其药。二出家功德无量，而说之以限。三即是实相，而以相说之。四出家法本为实相及涅

槃，出家即是二法方便，今虽未得，已有其相。罗睺罗虽说出家之美，而不说其终之相，故违理丧真，受屈当时也。二人虽俱说出家功德，而罗睺罗以四失乖宗，维摩以四得应会，其得失相反，差别若此也。

生曰：罗云有转轮王相，王阎浮提也。

［四］生曰：意云不应舍此而出家也。

［五］什曰：长者子见其毁形粗衣，持钵救命，徒见其所弃之利，而未见其所得。自外而观，可愍之甚。恋昔悲今，冀其有利，故问其利也。

肇曰：佛不出家，应为金轮王，王四天下。罗睺罗不出家，应为铁轮王，王一天下。以其所舍不轻，所期必重，故问其利也。

生曰：然舍而出家，故当必有胜事耳，竟有何等利于此耶？

［六］肇曰：不善知其根，为说有为功德利也。

生曰：世荣虽乐，难可久保。出家之理，长乐无为，岂可同年语其优劣？

［七］生曰：诸长者子本以贪乐存荣为怀，闻之更移其着，则乖出家利矣。于彼为不应，故言尔也。

［八］肇曰：夫出家之意，妙存无为。无为之道，岂容有功德利乎？

生曰：正以无利无功德为出家理也。

［九］生曰：贪乐是无穷法，为有为也。

［一〇］什曰：无漏道品一切法及律仪，皆名出家法，出家法

皆名无利也。若世俗法，则受生死不绝，报利愈积。若出家法，于今虽有，终期则无。何以言之？本欲假事以息事，因有以之无。将出于功德之域，入于无利之境。无利之境，即涅槃也。今就有利而言无利，是因中说果也。

肇曰：夫有无为之果，必有无为之因。因果同相，自然之道也。出家者为无为，即无为之因也。无为无利无功德，当知出家亦然矣。

生曰：无为是表理之法，故无实功德利也。

［一一］什曰：此即因中明涅槃相也。

肇曰：伪出家者，恶此生死，尊彼涅槃，故有中间三处之异。真出家者，遣万累，亡彼此，岂有是非三处之殊哉？

生曰：彼者，出家也。此者，我也。中间者，此二法也。功德之利，出于此三，三既为无，何有功德利哉？

［一二］什曰：无利故离见也。

［一三］什曰：出家法名为处，言是向涅槃处也。

肇曰：既无彼此，则离众邪见，同涅槃也。上直明出家之义，自此下明出家之事。虽云其事，然是无事事耳。何则？出家者以去累为志，无为为心。以心无为，故所造众德皆无为也。

［一四］什曰：一切贤圣大人，悉赞叹受持出家法也。

［一五］什曰：众圣履之而通也。

肇曰：贤智闻之而从，众圣履之而通，可谓真出家之道。

［一六］肇曰：众魔，四魔也。正道既夷，邪径自塞。经曰："一人出家，魔宫皆动。"

［一七］什曰：凡夫能出四趣，不能出于天道。出家求灭，则五道斯越，物我通度也。

肇曰：五道非无为之路也。

［一八］肇曰：净五眼，如《放光》说也。

［一九］什曰：在家虽行善，然有父母妻子眷属之累，若物来侵害，必还加报，是故在家是恼彼因缘。出家无此众累，则恼因自息，故言不恼彼也。

肇曰：道超事外，与物无逆，何恼之有耶？

［二〇］什曰：凡以杂心而兴福业，皆名杂恶也。出家修善，则灭除妄想，又为涅槃，故离众杂恶也。

肇曰：俗善虽善，犹杂不善。道法真净，故纯善不杂也。

［二一］什曰：出家不以摧物，而诸恶自消，犹如日出，众冥自灭也。

肇曰：日月不期去暗，而暗自除，出家不期摧外道，而外道自消也。

［二二］什曰：缘会无实，但假名耳。若得其真相，即于假不迷，故名超越也。

肇曰：万事万名，虚假以生。道在真悟，故超越假名。

［二三］什曰：在家没欲泥，出家没见泥。今明真出家，故总言出也。

［二四］什曰：若有所系，亦未为出家。一切不着，是真出家也。

肇曰：出生死爱见之淤泥，无出家爱道之系着也。

［二五］什曰：于我所法中一切舍离，故言无也。

肇曰：出家之道，本乎无为。

［二六］什曰：受义言取。取有四种：在家人有爱取，出家人有戒取、见取、我[①]取。真出家者，无此四受，亦于一切法无所受也。

肇曰：无四受也：欲受、我受、戒受、见受。

［二七］什曰：凡心有所在，方便不息，是名扰乱。出家无事，一切永离也。

［二八］什曰：喜有二种：一者有现世功德，自然欣预。二者后得涅槃，心常安悦。既具二喜，又无想着，乃真喜也。

肇曰：夫扰乱出于多求，忧苦生乎不足。出家寡欲，扰乱斯无，道法内充，故怀喜有余。

［二九］什曰：谓能将顺众生，不乖逆其心也。

［三〇］什曰：出家凡有三法：一持戒，二禅定，三智慧。持戒能折伏烦恼，令其势微。禅定能遮，如石山断流。智慧能灭，毕竟无余。今持戒清净，则结薄心静，与禅相顺，故言随也。

［三一］肇曰：诸长者子应闻出家无为之道，而示以有为功

---

① “我”，《大正藏》本、李翊灼本作“爱”。

德之利，是由不随禅以观其根，不审法以将其意。众过之生，其在此乎？故因明出家以诫之也。

［三二］肇曰：若能不违上说，乃应出家之道。出家之道，非存利之所能也。

［三三］生曰：无利之利，真利也，故劝之耳。

［三四］什曰：佛常在世，于罪者为难耳。

肇曰：净名知其不得出家而劝之者，欲发其无上道心耳。

［三五］什曰：长者子不得出家，而重出家之美，所以深其恼耳。

肇曰：非不欲出家，不欲违亲耳。

［三六］什曰：若发无上道心，心超三界，形虽有系，乃真出家。

［三七］什曰：虽为白衣，能发无上心者，便为出家，具足戒行矣。

生曰：出家本欲离恶行道，若在家而能发意，即具足矣，亦为具足其道者也。

［三八］生曰：诸长者子既以有阂，乖出家事，而闻在家有出家之理，欣然从之。

佛告阿难[一]："汝行诣维摩诘问疾。"

阿难白佛言："世尊，我不堪任诣彼问疾。所以者何？忆念昔时世尊身小有疾，当用牛乳[二]，我即持钵，诣大婆罗门家门下立[三]。时维摩诘来谓我言：'唯，阿难，何为晨朝持钵住此[四]？'我言：'居士，世尊身小有疾，当用牛乳，故来至此[五]。'维摩诘言：'止，止，阿难，莫作是语[六]。如来身者，金刚之体[七]，诸恶已断，众善普会，当有何疾？当有何恼[八]？默往，阿难[九]，勿谤如来[一〇]，莫使异人闻此粗言[一一]，无令大威德诸天[一二]及他方净土诸来菩萨得闻斯语[一三]。阿难，转轮圣王以少福故，尚得无病[一四]，岂况如来无量福会普胜者哉[一五]？行矣，阿难，勿使我等受斯耻也[一六]。外道梵志若闻此语，当作是念："何名为师？自疾不能救，而能救诸疾人[一七]？"可密速去，勿使人闻[一八]。当知，阿难，诸如来身，即是法身[一九]，非思欲身[二〇]。佛为世尊，过于三界[二一]。佛身无漏，诸漏已尽[二二]。佛身无为，不堕诸数[二三]。如此之身，当有何疾[二四]？'时我，世尊，实怀惭愧，得无近佛而谬听耶[二五]？即闻空中声曰：'阿难，如居士言，但为佛出五浊恶世[二六]，现行斯法[二七]，度脱众生[二八]。行矣，阿难，取乳勿惭[二九]。'世尊，维摩诘智慧辩才为若此也。是故不任诣彼问疾。"

如是五百大弟子各各向佛说其本缘，称述维摩诘所言，皆曰不任诣彼问疾。

【注释】

［一］什曰：秦言欢喜也。问曰："阿难持佛法藏，即其所闻，足知无病，今云何不达？"答曰："真实及方便，悉是佛语，故二说皆信。"又云：阿难亦共为方便也。

肇曰：阿难，秦言欢喜。弟子中总持第一。

［二］生曰：佛而有疾，现去物不远，使得有企仰之情也。而用牛乳者，有遍应从此化故也。

［三］生曰：未便乞乳，有待然乎？

［四］生曰：晨非乞食时，必有以也。

［五］生曰：以事对也。

［六］肇曰：至人举动，岂虚也哉？如来现疾之所度，净名致呵之所益，皆别载他经。

生曰：于不达者，为不应也。

［七］什曰：小乘人骨金刚，肉非金刚也。大乘中内外金刚，一切实满，有大势力，无病处故。

生曰：如来身无可损，若金刚也。

［八］肇曰：夫痛患之生，行业所为耳。如来善无不积，恶无不消，体若金刚，何患之有？

生曰：且略示其无病理也。言都无致病之本，而有乐因普会，自应有何病耶？

［九］肇曰：默然而往。

［一〇］肇曰：如来无疾，言疾则谤。

生曰：苟云是实，为谤佛也。以此言之，无乞乳理，故令还去焉。

[一一] 生曰：病为常近，粗之极也。不达闻之，必为然矣。

[一二] 什曰：谓五净居天上别有清净诸天，名世间顶，悉十住菩萨所生也。若闻此言，则知阿难不达方便，而有劣想，故诫言无令得闻。恐此似当时所宜，非实言也。

[一三] 生曰：彼推己无疾，必达佛矣。而此言实病，不亦哂斯语之不得乎？

[一四] 什曰：有罗汉名薄拘罗，往昔为卖药师，语夏安居僧言："若有须药，就我取之。"众竟无所须。唯一比丘小病，受一诃梨勒果，因是九十劫，生天人中，受无量快乐，但闻病名而身无微患。于此生年已九十，亦未曾有病，况佛积善无量，疾何由生？问曰："善恶相对，报应宜同。五逆重罪，一劫受苦。云何一果之善，受福无量耶？"答曰："罪事重而力微，善事轻而势强。"譬有恶蛇将取人食，先吐毒沫在地，人践其上，即时昏熟，不能起去，然后以气吸之。三宝中作功德亦复如是，初作功德时，其事虽微，冥益已深，然后方便引入佛道，究竟涅槃，其福乃尽。

[一五] 肇曰：转轮圣王，随命修短，终身无病。

生曰：以事推之，使人悟也。转轮圣王乃不及欲界诸天，但以人中少福，尚得无病，岂况如来普胜三界，而有疾哉？

[一六] 生曰：推事既尔，必应还去也。苟执不去，非徒佛有斯谤，我等亦受其耻也。

［一七］生曰：师不可师之人，便应受此耻辱矣。

［一八］肇曰：正士闻则谓汝不达，邪士闻则谓佛实有疾。何名为法之良医，身疾不能救，而欲救人心疾乎？

生曰：急宜还去也。

［一九］什曰：法身有三种：一法化生身，金刚身是也。二五分法身。三诸法实相，和合为佛，故实相亦名法身也。

［二〇］什曰：梵本云非肉身，即法化身也。非三界之形，故过于三界。虽有生灭，而无老病众恼十事之患，故名无漏。无漏则体绝众为，故名无为。形超五道，非物之数，故曰无数也。

肇曰：三界有待之形，名思欲身也。法身之义，已记之善权。

生曰：以向来语，当知必如下说也。思欲是妄想之怀，致病本也。如来身从实理中来，起不由彼，应有何病耶？

［二一］生曰：既以思欲为原，便不出三界，三界是病之境也。佛为悟理之体，超越其域，应有何病耶？言佛为世尊者，以明过于世间也。

［二二］肇曰：夫法身虚微，妙绝常境，情累不能染，心想不能议，故曰诸漏已尽，过于三界。三界之内皆有漏也。

生曰：虽出三界，容是最后边身，犹是漏法，漏法岂得无病哉？佛既过之，无复斯漏，何病之有耶？

［二三］肇曰：法身无为而无不为。无不为，故现身有病。无为，故不堕有数。

生曰：虽曰无漏，或有为也。有为是起灭法，虽非四大，犹为患也。佛既以无漏为体，又非有为，何病之有哉？为则有数也。

［二四］生曰：并合四句语也。

［二五］肇曰：受使若此，致讥若彼，进退怀愧，或谓谬听也。

生曰：近佛而谬，所以应惭也。谬必致罪，不得不惧也。得无之言，诚是从容之辞，而意在必谬也。

［二六］什曰：劫浊、众生浊、烦恼浊、见浊、命浊。多岁数名由泓，多由泓名为劫。大劫，如贤劫比也。大劫中有小劫。多诸恶事，总名劫浊。善人既尽，纯[①]恶众生，众生浊也。除邪见已，诸烦恼如三毒等增上重者，不以道理，能障圣道，必入恶趣，如是结使，烦恼浊也。除四见已，唯取邪见，谤无因果罪福及圣道涅槃，是名见浊也。大劫初时，人寿无量，尔时佛未出世。后受命渐短，人寿六万岁，尔时拘留孙佛出世。乃至百二十岁，时释迦牟尼佛出现于世。自后渐短，乃至人寿三十岁。百二十岁已下，尽名命浊也。弥勒生时，小劫更始，人寿更长也。

［二七］什曰：梵本云贫法。现病、行乞等，是贫法也。

［二八］生曰：解阿难意，使得取乳也。实如维摩诘语，但佛

① “纯”，《大正藏》本作“淳”。

应五浊恶世，自应尔耳。

［二九］肇曰：以其愧惑，故空中声止之。如居士言，何有无漏之体婴世之患？但为度五浊群生，故现斯疾耳。取乳勿惭也。五浊者，劫浊、众生浊、烦恼浊、见浊、命浊。

生曰：惭迹应在必行矣，故令取乳勿惭也。

注维摩诘经卷第三终

注维摩诘经卷第四

后秦释僧肇撰

菩萨品第四

于是，佛告弥勒菩萨[一]:"汝行诣维摩诘问疾[二]。"

弥勒白佛言:"世尊，我不堪任诣彼问疾。所以者何？忆念我昔为兜率天王及其眷属[三]说不退转地之行[四]，时维摩诘来谓我言:'弥勒，世尊授仁者记，一生当得阿耨多罗三藐三菩提[五]，为用何生得受记乎[六]？过去耶？未来耶？现在耶[七]？若过去生，过去生已灭[八]。若未来生，未来生未至[九]。若现在生，现在生无住[一〇]。如佛所说：比丘，汝今即时亦生亦老亦灭[一一]。若以无生得受记者，无生即是正位[一二]。于正位中亦无受记，亦无得阿耨多罗三藐三菩提[一三]。云何弥勒受一生记乎[一四]？为从如生得受记耶？为从如灭得受记耶[一五]？若以如生得受记者，如无有生。若以如灭得受记者，如无有灭[一六]。一切众生皆如也，一切法亦如也，众圣贤亦如也，至于弥勒亦如也[一七]。若弥勒得受记者，一切众生亦应受记。所以者何？夫如者，不二不异[一八]。若弥勒得阿耨多罗三藐三菩提者，一切众生皆亦应得。所以者何？一切众生即菩提相[一九]。若弥勒得灭度者，一切众生亦当灭度。所以者何？诸佛知一切众生毕竟寂灭，即涅槃相，不复更灭[二〇]。是故，弥勒无以此法诱诸天子[二一]，实无发阿耨多罗三藐三菩提心者，亦无退者[二二]。弥勒，当令此诸天子舍于分别菩提之见[二三]。所以者何？菩提者，不可以身得，不可以心得[二四]。寂灭是菩提，灭诸相故[二五]。不观是菩提，离诸缘故[二六]。不行是菩提，无忆念故[二七]。断是菩提，舍诸见故。离是菩提，离诸妄想故[二八]。障是菩提，障诸愿故[二九]。不入是菩提，无贪着故[三〇]。顺是菩提，顺于如故。住是菩提，住法性故。至是菩提，至实际故[三一]。不二是菩提，离意法故[三二]。等是菩提，等虚空故[三三]。无为是菩提，无生住灭故。知是菩提，了众生心行故[三四]。不会是菩提，诸入不会故[三五]。不合是菩提，离烦恼习故[三六]。无处是菩提，无形色故。假名是菩提，名字空故[三七]。如化是菩提，无取舍故[三八]。无乱是菩提，常自静故[三九]。善寂是菩提，性清净故[四〇]。无取是菩提，离攀缘[①]故[四一]。无异是菩提，诸法等故[四二]。无比是菩提，无可喻故[四三]。微妙是菩提，诸法难知故[四四]。’世尊，维摩诘说是法时，二百天子得无生法忍[四五]。故我不任诣彼问疾。”

【注释】

［一］什曰：弥勒既绍尊位，又当于此土而成佛，众情所宗，故先命之。弥勒、维摩，大小之量未可定也。或云：维摩虽大，或有以而不成佛。或云：弥勒虽大，将有为而故辞行。或此是分身弥勒，非其正体。以此三缘，故有致屈之迹也。弥勒不堪，便应超命文殊，而兼命余人者，将以一虽不堪，众不可抑，故推众求能，广命之也。亦欲令各称所闻，以尽维摩之美也。

肇曰：弥勒，南天竺婆罗门姓。出此姓，即以为名焉。

［二］肇曰：五百弟子皆已不任，故复命菩萨者，将备显净名难酬德也。

生曰：弥勒者，婆罗门姓也。虽生兜率，为诸天师，犹以本姓称焉。以其亲承佛弟子，使亦宜在众菩萨先也。

① “缘”，原作“援”，据释文及《大正藏》本改。

[三] 什曰：是人中说法也。此天以弥勒将上为天师，豫怀宗敬，故常来听法也。

[四] 什曰：即无生法忍也。维摩诘不先遣忍心，而先遣受记者，良由诸天见弥勒受记，故有补处之尊，遂系心成佛，希想受记，故先明无受记。受记必由心生，故寻生以求记。生坏则记亡，故推世以去生也。

肇曰：下呵云实无发心，亦无退者。以此而推，似存不退之行，以劝发无上之心也。虽曰胜期，犹未免乎累，教迹不泯，故致斯呵。然经云，补处大士，心无不一，智无不周，应物而动，何阙之有？是由得失同怀，修短迭应，利彼而动，无计诸己。故弥勒假有以启始，净名居宗以济终，互为郢匠，器彼淳朴。虽复迹同儒墨，致教不一，然相成之美，实存其中矣。

生曰：体如之行，不复退转也。弥勒躬有此行，而现得受记。今说之者，将以引之，使见利乐法。

[五] 生曰：阿耨多罗者，无上也。三藐三者，正遍也。菩提者，彼语有之，此无名也，实则体极居终智慧也。然有三品：声闻也，辟支佛也，佛也。二乘各于其道为菩提耳，非所谓菩提也，唯佛菩提为无上正遍菩提也。一生者，无复无量生，余一生也，则无[①]两句义矣。

[六] 生曰：弥勒向说行意，以受记引之耳，不为说受记

① “则无”，《大正藏》本、李翊灼本作“有”。

也。而彼生着情，便贪记以存行，斯则复是见菩提可得也。是以维摩诘即推弥勒受记为无，以呵其说行之意，遣彼着也，然后乃更释其见菩提心焉。夫受记者，要以四事合成，一一推之，皆无也。四事者，一以人受记为主，二以体如为本，三无无量生，四在一生中得佛。交在一生中，而以之受记，要应先推一生也。一生者，举八万岁生，唯一念现在，余皆过去未来也，故言为用何生得受弥勒记乎。

［七］肇曰：发无上心，修不退行，受记成道，弥勒致教之本意也。今将明平等大道，以无行为因，无上正觉，以无得为果。故先质弥勒，明无记无得，然后大济群生，一万物之致，以弘菩提莫二之道也。夫有生则有记，无生则无记，故推斥三世，以何生而得记乎？

［八］肇曰：别推三世，明无生也。过去生已灭，已灭法不可谓之生也。

生曰：无复有也。

［九］肇曰：未来生未至，未至则无法。无法，以何为生？

生曰：竟未有也。

［一〇］肇曰：现法流速不住，以何为生耶？若生灭一时，则二相俱坏。若生灭异时，则生时无灭。生时无灭，则法无三相。法无三相，则非有为也。若尽有三相，则有无穷之咎。此无生之说，亦备之诸论矣。三世既无生，于何而得记乎？

生曰：生时已去，未始暂停，岂可得于中成佛耶？

［一一］肇曰：证无住义也。新新生灭，交臂已谢，岂待白首然后为变乎？

生曰：引佛记，证不住也。即时者，不待变也。

［一二］什曰：实相常定，故名正位。向以因缘明生非真实，故无受记。今明生既非真则无生，无生则常定，常定中无受记也。

［一三］生曰：次推无无量生也。夫无无量生者，体生是无，故得之矣。苟体生是无，而无无量生者，无无量生复何有哉？斯乃为正位者也。正位者，永与邪别也。然则既以无无量生为正位者，无有受记，理自明也。以得菩提，故有受记，复云亦无得菩提耳。前推生直推其体，今推无无量生，以正位推之者，生本根于痴爱，是有者之所惑，故宜于外推其体也。无无量生原在悟理，是得者之所达，自应以正位于内明之也。

［一四］肇曰：上推有生无记，此推无生亦无记也。无生即七住无相真正法位也。此位为理，无记无成，弥勒于何受一生记乎？

生曰：并质之也。

［一五］肇曰：如虽无生灭，而生灭不异如。然记莂起于生灭，冥会由于即真，故假如之生灭，以明记莂之不殊也。

生曰：复次，推体如也。如生者，体如之时，我本无如，如今始出为生也。如灭者，如是始悟中名义尽，菩萨最后心为灭也。夫为得佛之因,既在于始,又在其终,故言为从如生灭得受记耶。

别本云:从如起灭。

什曰:此亦因其所存而遣之也。夫受记,要由得如,本未得而今得,似若有起。如起则累灭,亦似有物于如中灭。故先问其起灭,以明无起灭。一切人皆如以下,更明如理,无二,无受记也。

[一六] 肇曰:如非不生灭,非有生灭。非不生灭,故假以言记。非有生灭,以知无记。

生曰:如是悟理之法,故即以明之也。理既已如,岂复有如之生灭哉?苟无生灭,与夫未体者不容有异,何得独以为无上道之因耶?若非因者,不得以之受记也。

[一七] 肇曰:万品虽殊,未有不如。如者将齐是非、一愚智,以成无记无得义也。

生曰:复次,推人受记也,受记诚非为悟之法。已有体如在前,故复取其所体,贴之以事。事既皆如,然后推焉。

[一八] 肇曰:凡圣一如,岂有得失之殊哉?

生曰:夫如者,无得与不得异也。既无得与不得异,而弥勒得者,是假以不得为得也。若弥勒以不得为得者,一切众生不得,便应亦是此得之理矣。然则言众生亦应受记者,以明无弥勒实受记也。二者,直二事也。异者,二相殊也。其事既二,然后相与为异。故先言不二，后言不异也。已取如事在上，是以释但举如义也。

［一九］肇曰：无相之相，是菩提相也。

生曰：菩提既是无相理极之慧，言得之者，得即是菩提相也。果是其相，则非实矣。苟得非实，一切众生亦是此之得理也。所以然者，菩提本无不周，众生即是其相故也。夫授记言得菩提者，悬指之尔。今云弥勒得者，就语之也。既就得时而无得相，岂应悬指有得乎？所指苟已验无，为指理自冥矣。

［二〇］肇曰：本性常灭，今复何灭也？

生曰：既得菩提，至于灭度，于灭度中又无灭度也，故复极就其终以验之焉。灭度非慧，事止于灭，故不得如菩提释也。然终既至灭，始灭验矣。始若果灭，终岂灭哉？终苟不灭，众生亦此灭矣。唯验终以悟始者，知其然耳。举佛明之者，佛既亲得灭度，又为悟之极，必可以定之也。且佛终日灭度众生，然知众生即涅槃相，不复更灭，是尽为灭而不灭也。

［二一］什曰：梵本云诳也。

生曰：既无受记，岂得以受记引之耶？若引之以虚，为诱诳也。

［二二］肇曰：平等之道，实无发心，亦无退者。而以不退之行诱其发心，示其受记者，何耶？

生曰：明不应存行也。于发有退，故须不退行耳。既无发退，何用行为？若恶发中有退，而须不退行者,犹未免退矣,非所以不退。

［二三］肇曰:菩提以寂灭为相。生死同相,而诸天卑生死,尊菩提,虽曰胜求,更生尘累。宜开以正路,令舍分别,曷为示以道记,增其见乎?

生曰:释诸天见菩提心也,先诃然后教矣。诃以遣着,教以释见。着为咎累,宜以诃遣之。见谓涉理,须以教释之焉。

［二四］肇曰:自此下,大明菩提义也。道之极者,称曰菩提,秦无言以译之。菩提者,盖是正觉无相之真智乎!其道虚玄,妙绝常境,听者无以容其听,智者无以运其智,辩者无以措其言,像者无以状其仪。故其为道也,微妙无相,不可为有。用之弥勤,不可为无。故能幽鉴万物而不曜,玄轨超驾而弗夷,大包天地而罔寄,曲济群惑而无私。至能导达殊方,开物成务,玄机必察,无思无虑。然则无知而无不知,无为而无不为者,其唯菩提大觉之道乎!此无名之法,固非名所能名也,不知所以言,故强名曰菩提。斯无为之道,岂可以身心而得乎?

生曰:若见有菩提可得者,则有相情也。苟以相为情者,岂能不以之起身心行乎?若以身心行求菩提者,则乖之愈远者也。

［二五］什曰:菩提有三,所谓罗汉、缘觉、如来。三人漏尽慧通达无阂,乃名菩提。此以下,叹菩提真解,妙同实相,欲拟心求解,亦当如是。亦明菩提即是实相,

以遣其着也。实相是菩提因，亦名菩提也。余句类可寻知也。

肇曰：妙会真性，灭诸法相，故菩提之道与法俱寂。

生曰：既不以相得菩提，则无菩提相矣。若不能灭诸相者，岂得以寂灭为体哉？

[二六] 肇曰：观生于缘，离缘即无观。

[二七] 肇曰：行生于念，无念故无行也。

[二八] 肇曰：诸见断，妄想离，乃名菩提也。

[二九] 肇曰：真道无欲，障诸愿求也。

[三〇] 肇曰：入，谓受入可欲。

[三一] 肇曰：不异三空，菩提义也。随顺本相，谓之如，故系之以顺。常住不变，谓之性也，故系之以住。到实相彼岸，谓之际，故系之以至。

[三二] 什曰：六识对于六尘，未始相离。菩提所解，出六尘之表，故言离也。

肇曰：意与法为二，菩提无心，何法之有哉？

[三三] 肇曰：无心于等而无不等，故谓若虚空也。

[三四] 什曰：智慧是菩提，知他心也。实相是智之因，亦名知他心也。

肇曰：菩提不有，故无生灭。菩提不无，故了知众生心也。

[三五] 肇曰：诸入，内外六入也。内外俱空，故诸入不会。诸入不会，即菩提相也。

[三六] 肇曰：生死所以合，烦恼之所缠。离烦恼故无合，无

合即菩提也。

［三七］肇曰：外无形色之处，内无可名之实也。

［三八］肇曰：菩提无取舍，犹化人之无心也。

［三九］肇曰：内既常静，外乱无由生焉。

［四〇］肇曰：性无不净，故寂无不善。善寂，谓善顺寂灭常净之道也。

［四一］肇曰：情有所取，故攀于前缘。若离攀缘，则无所取也。

［四二］肇曰：万法同体，是非一致，不异于异者，其唯菩提乎！

［四三］肇曰：第一大道，无有两径，独绝群方，故无以喻。

［四四］肇曰：诸法幽远难测，非有智之所知。以菩提无知，故无所不知。无知而无不知者，微妙之极也。

生曰：种种明之者，美而咏之也。岂曰为美？以发人情矣。

［四五］生曰：弥勒先引使乐法，然后维摩诘除其病情，所以得忍也。斯则相与成化，有何屈哉？

佛告光严童子："汝行诣维摩诘问疾。"

光严白佛言："世尊，我不堪任诣彼问疾。所以者何？忆念我昔出毗耶离大城［一］，时维摩诘方入城，我即为作礼［二］而问言：'居士，从何所来［三］？'答我言：'吾从道场来［四］。'我问：'道场者何所是[五]？’答曰：‘直心是道场，无虚假故[六]。发行是道场，能办事故[七]。深心是道场，增益功德故[八]。菩提心是道场，无错谬故[九]。布施是道场，不望报故[一〇]。持戒是道场，得愿具故[一一]。忍辱是道场，于诸众生心无阂故[一二]。精进是道场，不懈退故。禅定是道场，心调柔故。智慧是道场，现见诸法故[一三]。慈是道场，等众生故[一四]。悲是道场，忍疲苦故[一五]。喜是道场，悦乐法故[一六]。舍是道场，憎爱断故[一七]。神通是道场，成就六通故。解脱是道场，能背舍故[一八]。方便是道场，教化众生故。四摄是道场，摄众生故[一九]。多闻是道场，如闻行故[二〇]。伏心是道场，正观诸法故[二一]。三十七品是道场，舍有为法故[二二]。谛是道场，不诳世间故[二三]。缘起是道场，无明乃至老死皆无尽故[二四]。诸烦恼是道场，知如实故。众生是道场，知无我故。一切法是道场，知诸法空故[二五]。降魔是道场，不倾动故。三界是道场，无所趣故。师子吼是道场，无所畏故[二六]。力、无畏、不共法是道场，无诸过故。三明是道场，无余阂故[二七]。一念知一切法是道场，成一切智故[二八]。如是，善男子，菩萨若应诸波罗蜜教化众生，诸有所作，举足下足，当知皆从道场来[二九]，住于佛法矣[三〇]。’说是法时，五百天人皆发阿耨多罗三藐三菩提心。故我不任诣彼问疾。”

【注释】

［一］生曰：托在城出，实有以也。

［二］生曰：城门是人所凑处，故得因广化功也。作礼者，迹同乡党，现修长幼礼也。

［三］生曰：交从外来，故可寄问，以取其来自有从也。

［四］什曰：以光严心乐道场，故言从道场来，以发悟其心也。光严虽欲得道场，而未知所以得。得必由因，故为广说万行。万行是道场因，而言道场者，是因中说果也。复次，佛所坐处，于中成道，故名道场。善心道场，亦复如是。广聚众善，故佛道得成，是以万善为一切智地，乃真道场也。

肇曰：闲宴修道之处，谓之道场也。光严志好闲独，每以静处为心，故出毗耶，将求道场。净名悬鉴，故现从外来。将示以真场，启其封累，故逆云吾从道场来。从道场来者，以明道无不之，场无不在。若能怀道场于胸中，遗万累于身外者，虽复形处愦闹，迹与事邻，举动所游，无非道场也。

生曰：得佛之处也。

［五］肇曰：会其所求，故寻问也。

生曰：夫得佛由行，行乃是道之场矣。然寄在地成，地有其名耳。既据答于常，是从地来也。又迹在不暗，故复得问何所，是以招下答之焉。

[六] 肇曰：修心尽道，无乱之境便是道场耳。若能标心为主，万行为场，不越方寸，道自修者，乃真道场也，曷为近舍闲境而远求空地乎？直心者，谓内心真直，外无虚假，斯乃基万行之本，坦进道之场也。自此以下，备列诸行，尽是修心之闲地，弘道之净场也。

生曰：以无虚假为怀者，必得佛也。

[七] 肇曰：心既真直，则能发迹造行。发迹造行，则事业斯办，众行俱举也。

[八] 肇曰：既能发行，则树心弥深。树心弥深，则功德弥增者也。

[九] 什曰：道心明正，不随异路，不错也。

肇曰：直心入行转深，则变为菩提心也。此心直正，故所见不谬。凡弘道者，要始此四心。四心既生，则六度众行无不成也。

[一〇] 肇曰：施不望报，无相行也。夫言有不失无，言无不失有，有无异说，而不乖其本者，其唯大乘道乎！何则？言有以明非无，不言有也。言无以明非有，不言无也。然则万行虽殊，以无相为体。无而不无，故即有为实。有而不有，故施戒为一。然此经前后，至于辩列众行有无不同，苟能领其所同，则无异而不同也。

［一一］肇曰：未有戒具而愿不具者。

［一二］肇曰：忍忿则心存，怀忿则心阂。

［一三］肇曰：万法弥广，现若目前，智慧之能也。

［一四］肇曰：等心怨亲，欲其安乐，慈行也。

［一五］肇曰：见苦必赴，不避汤炭，悲行也。

［一六］什曰：慈虽假想，与众生乐，乐从慈起。还见其受苦，其心悲恻，则入悲心。欲令常得此乐，次入喜心。喜心虽是假想，而作意欲令常乐，故异于慈心也。复次，慈心与乐，喜心直观其得乐，其心欢喜耳。

肇曰：以己法乐，乐彼同悦，喜行也。

［一七］肇曰：大慈生爱，爱生着，着生累。悲生忧，忧生恼，恼生憎。慈悲虽善，而累想已生，故两舍以平等观，谓之舍行也。

［一八］肇曰：解脱，八解脱也。观青为黄，观黄为青，舍背境界，从心所观，谓之背舍。

［一九］什曰：一惠施。惠施有二种施：下人以财施，上人以法施。二爱语。爱语复有二种：于下人则以软[①]言将悦，于上人则以法语慰谕，皆以爱心作爱语也。三利行。利行亦有二种：下人则为设方便令得俗利，上人则为作方便令得法利。四同事。同事亦有二种：同恶人则诱以善法，同善人则令增善根。随类而入，事与彼同，故名同事也。

① “软”，《大正藏》本作“煖”。

肇曰：方便起乎弘化，四摄生乎来众焉。

［二〇］肇曰：闻不能行，与禽兽同听也。

［二一］什曰：或以事伏心，或以理伏心。今正观，则以无常等观，制伏其心也。

肇曰：心之性也，强梁则观邪，调伏则观正也。

［二二］什曰：道品断受生，故名舍有为。亦以空空三昧等，舍三三昧及一切善法，故名舍也。

肇曰：三十七品，无为之因也。

［二三］什曰：小乘中说四谛，大乘中说一谛。今言谛，是则一谛。一谛，实相也。俗数法虚妄，谓言有而更无，谓言无而更有，是诳人也。见余谛，谓言必除我惑，而不免妄想，亦是诳也。今一谛无此众过，故不诳人也。从一谛乃至诸法无我，是诸法实相，即一谛中异句、异味也。由此一谛，故佛道得成。一谛即是佛因，故名道场也。

肇曰：四谛真实，无虚诳也。

［二四］肇曰：十二缘起，因缘相生无穷尽也。悟其所由，则智心自明。智心既明，则道心自成。然则道之成也，乃以缘起为地，故即以为道场也。

［二五］肇曰：烦恼之实性，众生之无我，诸法之空义，皆道之所由生也。

［二六］肇曰：此即是佛所得也。虽则非佛名为场，总名为佛，佛即道也。上以菩萨行为场，今果中以佛为道，众事为场也。

［二七］肇曰：降魔兵而不为所动，游三界而不随其趣，演无畏法音而无难，具佛三十二业而无阙，三明通达而无阂，斯皆大道之所由生也。

［二八］什曰：二乘法以三十四心成道，大乘中唯以一念则豁然大悟，具一切智也。

肇曰：一切智者，智之极也。朗若晨曦，众冥俱照，澄若静渊，群象并鉴，无知而无所不知者，其唯一切智乎！何则？夫有心则有封，有封则有疆。封疆既形，则其智有涯。其智有涯，则所照不普。至人无心，无心则无封，无封则无疆。封疆既无，则其智无涯。其智无涯，则所照无际，故能以一念一时毕知一切法也。一切智虽曰行标，盖亦万行之一耳。会万行之所成者，其唯无上道乎！故所列众法皆为场也。

生曰：一念无不知者，始乎大悟时也。以向诸行，终得此事，故以名焉。以直心为行初义，极一念知一切法，不亦是得佛之处乎？

［二九］生曰：若行上诸行，皆使应诸波罗蜜者，无复生死往来也。然有之者，随应出也。出若为应，岂非道场来耶？推向所明，便知其然矣。

［三〇］肇曰：若能应上诸度以化天下者，其人行则游道场，止则住佛法，举动所之，无非道场也。

生曰：应悟群生为佛义矣。既从行来，而理极于斯，故云住也。

佛告持世菩萨："汝行诣维摩诘问疾。"

持世白佛言："世尊，我不堪任诣彼问疾。所以者何？忆念我昔住于静室，时魔波旬[一]从万二千天女，状如帝释[二]，鼓乐弦歌来诣我所。与其眷属，稽首我足，合掌恭敬，于一面立。我意谓是帝释[三]，而语之言：'善来，憍尸迦[四]，虽福应有，不当自恣[五]。当观五欲无常，以求善本[六]。于身命财，而修坚法[七]。'即语我言：'正士，受是万二千天女，可备扫洒[八]。'我言：'憍尸迦，无以此非法之物，要我沙门释子[九]，此非我宜。'所言未讫，维摩诘来谓我言：'非帝释也，是为魔来娆固汝耳[一〇]。'即语魔言：'是诸女等可以与我，如我应受[一一]。'魔即惊惧，念：'维摩诘将无恼我[一二]？'欲隐形去，而不能隐，尽其神力，亦不得去[一三]。即闻空中声曰：'波旬，以女与之，乃可得去[一四]。'魔以畏故，俯仰而与[一五]。尔时，维摩诘语诸女言：'魔以汝等与我，今汝皆当发阿耨多罗三藐三菩提心[一六]。'即随所应而为说法，令发道意。复言：'汝等已发道意[一七]，有法乐可以自娱，不应复乐五欲乐也[一八]。'天女即问：'何谓法乐？'答曰：'乐常信佛[一九]，乐欲听法，乐供养众[二〇]，乐离五欲[二一]。乐观五阴如怨贼，乐观四大如毒蛇，乐观内入如空聚[二二]。乐随护道意[二三]，乐饶益众生，乐敬养师，乐广行施，乐坚持戒，乐忍辱柔和[二四]，乐勤集善根，乐禅定不乱，乐离垢明慧[二五]，乐广菩提心[二六]，乐降伏众魔[二七]，乐断诸烦恼[二八]，乐净佛国土，乐成就相好，故修诸功德，乐严道场[二九]，乐闻深法不畏[三〇]。乐三脱门，不乐非时[三一]。乐近同学，乐于非同学中心无恚阂[三二]。乐将护恶知识，乐近善知识，乐心喜清净[三三]，乐修无量道品之法[三四]。是为菩萨法乐。'于是波旬告诸女言：'我欲与汝俱还天宫[三五]。'诸女言：'以我等与此居士[三六]，有法乐，我等甚乐，不复乐五欲乐也[三七]。'魔言：'居士，可舍此女[三八]。一切所有，施于彼者，是为菩萨[三九]。'维摩诘言：'我已舍矣，汝便将去，令一切众生得法愿具足[四〇]。'于是诸女问维摩诘：'我等云何止于魔宫[四一]？'维摩诘言：'诸姊，有法门名无尽灯，汝等当学[四二]。无尽灯者，譬如一灯然百千灯，冥者皆明，明终不尽。如是，诸姊，夫一菩萨开导百千众生，令发阿耨多罗三藐三菩提心，于其道意亦不灭尽，随所说法而自增益一切善法，是名无尽灯也[四三]。汝等虽住魔宫，以是无尽灯令无数天子天女发阿耨多罗三藐三菩提心者，为报佛恩，亦大饶益一切众生[四四]。'尔时，天女头面礼维摩诘足，随魔还宫，忽然不现。世尊，维摩诘有如是自在神力，智慧辩才。故我不任诣彼问疾。”

【注释】

［一］什曰：波旬，秦言杀者。常欲断人慧命，故名杀者。亦名为恶中恶。恶有三种：一曰恶，二曰大恶，三曰恶中恶。若以恶加己，还以恶报，是名为恶。若人不侵己，无故加害，是名大恶。若人来供养恭敬，不念报恩而反害之，是名恶中恶。恶中恶，魔王恶最甚也。诸佛常欲令众生安隐，而反坏乱，故言甚也。肇曰：波旬，秦言或名杀者，或名极恶。断人善根，因名杀者。违佛乱僧，罪莫之大，故名极恶也。

［二］什曰：释是佛弟子，知其不疑，故作释形来也。持世不作意观他心，故不见也。

生曰：魔者，害人智慧命之称也。恶中之恶，谓之波旬也。夫善恶理隔，无相干之道，况乎至善之与极恶得相恼哉？而有其事者，皆大权菩萨托以为化然也。诚以为托，要使迹全是也。迹是为何？此虽善，交是人，彼虽恶，居为天。天可以恶降迹，人亦标善致改，可假之良，其不然乎？状若帝释者，帝释是佛弟子，常宗有道，故以其状使持世不觉也。持世迹在沙门，而沙门以化人为体，彼有非法，必致教矣。可得因之，有女事惑焉。

［三］肇曰：魔以持世宴静，欲乱其心。若现本形，恐不与

言,故变为释像。时持世不以通观,故谓是帝释也。

生曰:彼事是帝释也。持世据人言之,故可云尔也。

[四] 什曰:憍尸,姓也。字摩迦陀。

肇曰:憍尸迦,帝释姓也。

[五] 生曰:以供养而来,故善之也。从女弦歌,是自恣法也。福有而自恣者,复为罪之根也。

[六] 生曰:五欲者,五情所欲也。夫用为自资,宝之必深。若觉其无常,然后能以之求善本矣。

[七] 什曰:若虽有命而不能行道,无异禽兽之命。若于今能不惜身命修行善者,则来世所得命必能修善行道,是名清净之命,非为使生也。

肇曰:坚法,三坚法,身、命、财宝也。若忘身命、弃财宝、去封累而修道者,必获无极之身、无穷之命、无尽之财也。此三,天地焚而不烧,劫数终而不尽,故名坚法。以天帝乐着五欲,不虑无常,故劝修坚法也。

生曰:以求善本事也。身既无常,便应运使为善。命既危脆,便应尽以行道。财有五家,便应用为施与。此皆无常所不能坏,谓之坚法也。

[八] 生曰:因其说法,故可诡以从善,实欲以女乱之。

[九] 肇曰:持世菩萨时为比丘也。

生曰:向教其行施,彼既从之,理应为受,然非所宜。夫施者之怀,唯欲人取,故言勿以向语其施,要我使受也。言沙门释子者,明己理所不应,非苟逆人善也。

［一〇］生曰：因其不觉，故复可得托语，以明魔不能隐于己也，斯则力能制之矣。将欲使魔惧，有不得不与之迹。固者，非虚焉。

［一一］肇曰：以持世未觉，故发其状也。将化诸女，故现从其索。我为白衣，应受此女，曷为以与沙门释子乎？

生曰：施本唯欲舍物，不应择主。既能行之，便应与我，我是受此物者。

［一二］生曰：既不能隐于维摩诘，知力必不如，复得发斯念也。

［一三］肇曰：净名神力之所制也。

生曰：现尽魔之神力也。

［一四］肇曰：净名以魔迷固，故化导之也。

生曰：非维摩诘，则是持世也，亦可魔自作之耳。

［一五］生曰：权其轻重，留女故当胜，自不得去也。

［一六］什曰：女人从主为心，属魔则受邪教，属菩萨则从道化，故受而诲之。

肇曰：在魔故从欲教，在我宜从道教也。

生曰：既以与我，便属于我，不得不从我教也。

［一七］生曰：发道意不可苟从于人，故复为说法，使其悟，然后为发也。

［一八］什曰：夫鱼之为性，惟水是依。女人之性，唯乐是欲。初发道意，自厉修善，未能乐也。积德既淳，则欣乐弥深，经难不变，履苦愈笃，内心爱乐，外无余

欢。令其以此自娱，则厌天乐。自此以下，列万法者，旨取法中之乐，不取法也。

肇曰：女人之性，唯欲是乐。以其初舍天乐，故示以法乐。夫能以弘道为美，积德为欣者，虽复经苦履难，而不改其乐，天地所重，无足易其欣。以此自娱，乐之极也，岂五欲之所存？自此已下，备列诸行，以明超世之道，至欢之所由生也。

生曰：入理未深，不能无乐，若无有代，必思旧乐而退矣。故说法乐，以易其昔五欲乐也。

[一九] 生曰：魔天以不信正为本，故令信佛也。夫理本无定，苟能乐之，则为乐矣。既乐而恒，又益乐也。

[二〇] 什曰：三宝中生信也。

肇曰：信而后悦，莫若三宝也。

[二一] 什曰：是信戒也。得四信时，先信法，次信佛，后信僧及戒也。问曰："四信云何先信法，次信佛，后信僧及戒耶？"答曰："譬如人重病服药，若病愈，则信药妙。药妙必由师，则信师也。虽师妙药良，要由善看病人，则信看病人也。三事虽妙，要由我能消息，则信我也。法中四信，亦复如是。观实相见谛时，烦恼即除，则信法妙也。三宝虽妙，要行之由我。我戒业清净，故累病得除，则信戒也。深信四法，心常悦豫，可以谐神适性，故非天乐所拟哉！"

[二二] 什曰：如《方便品》中说也。

肇曰：善恶必察，何乐如之！

［二三］什曰：谓能将御无上道心，令不忘失，不错乱也。

肇曰：将护无上道心，令无差失。

［二四］什曰：如羼提比丘，虽割截身体，心愈欣乐，恬然无变。法中生乐，类如此也。

［二五］什曰：世俗慧中不能生乐，要得无漏慧，离尘垢，则至乐自生也。

［二六］什曰：令众生同己，无所齐限，故言广也。

肇曰：彼我兼得，谓之广也。

［二七］肇曰：众魔，四魔也。

［二八］肇曰：诸烦恼，众结之都名。

［二九］肇曰：道场，如释迦文佛菩提树下初成道处，三千二百里金刚地为场。诸佛各随国土之大小，而取场地之广狭，无定数也。

［三〇］什曰：心无近着，心不邪疑，又能信诸佛有不思议法，故能闻深法，心不生畏也。

肇曰：乐法之情不深者，闻深法必生畏也。

［三一］什曰：功行未满，则果不可得。未至而求得，是非时行也。

肇曰：三脱，空、无相、无作也。缚以之解，谓之脱。三乘所由，谓之门。二乘入三脱门，不尽其极。而中路取证，谓之非时，此大士之所不乐也。

［三二］什曰：我学大乘，彼亦如是，是名同学。所习不同，名不同学。处同则乐，处异亦夷，其心平等，无增减也。

肇曰：异我自彼，曷为生恚？非同学，外道党也。

［三三］什曰：于诸禅定及实法中，清净喜也。

肇曰：清净实相，真净法也。

［三四］什曰：是上所说之余一切善法也。

肇曰：法乐无量，上略言之耳。

生曰：始于信，终于道品，皆随魔所病而明义焉。

［三五］肇曰：先闻空声，畏而言与，非其真心，故欲俱还。

生曰：本不实与，故可得唤其还去也。复恐其不去，以天宫诱之。夫本同而变，反化则易，将女还宫，实在斯也。

［三六］生曰：既已属人，不得自在。若欲窃去，彼自有力，俱不得脱也。答其唤还之语矣。

［三七］肇曰：已属人矣，兼有法乐，何由而反也？

生曰：明己自更有乐，不乐五欲乐也。答其以天宫诱之之语也。

［三八］什曰：先无真与之心，见维摩诘教化已毕，知其不惜，故请之耳。

［三九］肇曰：净名化导既讫，魔知其不吝，故从请也。菩萨之道，一切无吝，想能见还也。

生曰：女诚不乐天宫，故不去。苟主遣之，亦不得自在，故还乞之也。恐不必得，是以说法也。

［四〇］什曰：居士以女还魔，则魔愿具足，故因发愿，令众生得法愿具足。此是维摩诘愿也。

肇曰：因事兴愿，菩萨常法也。以女还魔，魔愿具满，故因以生愿。愿一切众生得法愿具足，如魔之愿满足也。

[四一] 肇曰：昔在魔宫，以五欲为乐。今在菩萨，以法乐为乐。复还魔天，当何所业耶？

生曰：既不复乐于魔宫，当复有理使乐之不耶？

[四二] 肇曰：将远流大法之明，以照魔宫痴冥之室，故说此门也。

生曰：以此法门，便得乐魔宫也。

[四三] 肇曰：自行化彼，则功德弥增，法光不绝，名无尽灯也。

[四四] 肇曰：报恩之上，莫先弘道。

佛告长者子善德："汝行诣维摩诘问疾。"

善德白佛言："世尊，我不堪任诣彼问疾。所以者何？忆念我昔自于父舍[一]设大施会[二]，供养一切沙门[三]、婆罗门，及诸外道、贫穷下贱、孤独乞人[四]，期满七日[五]。时维摩诘来入会中，谓我言：'长者子，夫大施会，不当如汝所设[六]，当为法施之会[七]，何用是财施会为[八]？'我言：'居士，何谓法施之会[九]？''法施会者，无前无后[一〇]，一时供养一切众生[一一]，是名法施之会[一二]。''何谓也[一三]？''谓以菩提，起于慈心[一四]。以救众生，起大悲心[一五]。以持正法，起于喜心[一六]。以摄智慧，行于舍心[一七]。以摄悭贪,起檀波罗蜜。以化犯戒,起尸波罗蜜。以无我法,起羼提波罗蜜[一八]。以离身心相[一九],起毗梨耶波罗蜜[二〇]。以菩提相,起禅波罗蜜[二一]。以一切智,起般若波罗蜜[二二]。教化众生,而起于空[二三]。不舍有为法,而起无相[二四]。示现受生,而起无作[二五]。护持正法,起方便力[二六]。以度众生,起四摄法[二七]。以敬事一切,起除慢法。于身命财,起三坚法。于六念中,起思念法[二八]。于六和敬,起质直心[二九]。正行善法,起于净命[三〇]。心净欢喜,起近贤圣。不憎恶人,起调伏心[三一]。以出家法,起于深心[三二]。以如说行,起于多闻[三三]。以无诤法,起空闲处[三四]。趣向佛慧,起于宴坐[三五]。解众生缚,起修行地[三六]。以具相好及净佛土,起福德业[三七]。知一切众生心念,如应说法,起于智业[三八]。知一切法不取不舍,入一相门,起于慧业[三九]。断一切烦恼[四〇]、一切障阂[四一]、一切不善法,起一切善业[四二]。以得一切智慧、一切善法,起于一切助佛道法[四三]。如是,善男子,是为法施之会[四四]。若菩萨住是法施会者,为大施主[四五],亦为一切世间福田[四六]。'世尊,维摩诘说是法时,婆罗门众中二百人[四七],皆发阿耨多罗三藐三菩提心。我时心得清净[四八],叹未曾有,稽首礼维摩诘足，即解璎珞，价值百千，以上之[四九]。不肯取[五〇]。我言：'居士，愿必纳受，随意所与。'维摩诘乃受璎珞，分作二分：持一分，施此会中一最下乞人。持一分，奉彼难胜如来[五一]。一切众会，皆见光明国土难胜如来[五二]，又见珠璎在彼佛上变成四柱宝台[五三]，四面严饰，不相障蔽[五四]。时维摩诘现神变已，作是言：'若施主等心施一最下乞人，犹如如来福田之相[五五]，无所分别，等于大悲，不求果报，是则名曰具足法施[五六]。'城中一最下乞人见是神力，闻其所说，皆发阿耨多罗三藐三菩提心。故我不任诣彼问疾。"

如是诸菩萨各各向佛说其本缘，称述维摩诘所言，皆曰不任诣彼问疾[五七]。

【注释】

[一] 什曰：从父得，不从非法得，故名父舍也。

肇曰：元嗣相承，祖宗之宅，名父舍焉。

[二] 什曰：大施会有二种：一不用礼法，但广布施。二用外道经书种种礼法祭祀，兼行大施。今善德礼法施也。

生曰：婆罗门法，七日祀梵天，行大施，期生彼也。言己承嫡继业，于父舍然也，寄之可以致明法施之大矣。

［三］什曰：佛法及外道，凡出家者，皆名沙门。异学能大论议者，名外道也。

［四］什曰：乞人有三种：一沙门，二贵人，三下贱。随其所求，皆名为乞人也。

［五］什曰：是第七日。所以乃至第七日方来讥者，欲令其功德满，心淳熟也。

生曰：本期七日而满也。须满然后呵者，满为功成必恃焉。

［六］肇曰：天竺大施会法，于父舍开四门，立高幢，告天下：诸有所须，皆诣其舍。于七日中，倾家而施，以求梵福。时净名以其俗施既满，将进以法施，故先讥其所设，以明为施之殊也。

生曰：非谓大也。

［七］生曰：施从理出，为法施也。为会，谓辨具足也。

［八］什曰：见其布施，不行随喜，而反讥嫌者。施有三种：一财施，二心施，三法施。以财施人，为布施。慈心等心与人乐，为心施。说法利人，名为法施。亦菩萨所行众善，皆为饶益众生。饶益众生有二种：一即时饶益，二为饶益因。此二者皆名法施。今欲令善德行法施、心施，故去其财施也。

肇曰：夫形必有所碍，财必有所穷，故会人以形者不可普集，施人以财者不可周给。且施既不普，财不益神，未若会群生于十方，而即之本土，怀法施于胸中,而惠无不普。以此而会,会无不均。以此而施,施不遗人。曷为置殊方而集近宾,舍心益而独润身乎?

生曰:财是有限之物,施从此出,理自不得普而等也。

[九] 生曰:旨问法施会为大之理也。

[一〇] 什曰:财施不能一时周,则有前后。若法施之会,一时普至。若一起慈心,则十方同缘。施中之等,莫先于此,故曰无前后也。

[一一] 生曰:佛为真梵天也。行法以供养,则祠之矣,终必生其境也。又此为施,理无不周,亦无不等。无不等者,不先于此而后彼也。无不周者,能一时与之。

[一二] 肇曰:夫以方会人,不可一息期。以财济物,不可一时周。是以会通无际者,弥纶而不漏。法泽冥被者,不易时而周覆。故能即无疆为一会,而道无不润。虚心怀德,而万物自宾。曷为存濡沫之小惠,舍夫江海之大益,置一时之法养,而设前后之俗施乎?

[一三] 肇曰:群生无际,而受化不俱。欲无前无后一时而养者,何谓耶?

生曰:问为会之方也。

[一四] 什曰:起慈心也。有三种:凡夫为生梵天,二乘则为求功德,菩萨则为求佛度脱众生。今欲令其为求佛道而起慈心。自此已下,随文求义,不必尽类,但

令不乖法施耳。

肇曰：夫财养养身，法养养神。养神之道，存乎冥益。冥益之义，岂待前后？经曰："一人出世，天下蒙庆。"何则？群生流转，以无穷为路，冥冥相承，莫能自反。故大士建德，不自为身，一念之善，皆为群生。以为群生，故愿行俱果。行果则己功立，愿果则群生益。己功立，则有济物之能。群生益，则有反流之分。然则菩萨始建德于内，群生已蒙益于外矣，何必待哺养启导然后为益乎？菩提者，弘济之道也。是以为菩提而起慈心者，一念一时所益无际矣。

生曰：施是救物之怀，以四等为主，故先明焉。然要在行实四等也，虚则不成法施会矣。慈本所念在彼，理不得偏。不偏念者，唯欲普益也。菩提既无不等，又能实益，若以此理为怀，岂虚也哉？

［一五］什曰：若起悲而不为救物者，乖于悲也。当为救物而起悲心。

肇曰：大悲之兴，救彼而起，所以悲生于我，而天下同益也。

生曰：悲本所念在苦，欲拔之也。若以实救为悲，悲之大者也。

［一六］什曰：凡夫及小乘，则见众生乐，故起喜心。今欲令持正法，故起喜心，心于法中生喜也。

肇曰：欲令彼我俱持正法，喜以之生也。

生曰：喜本欣彼，得离非法，是意存法也。若以持正法为喜，喜之实者也。

［一七］什曰：凡夫及小乘，为舍怨亲，故行舍心。今欲令其为平等智慧，一切舍离，以行舍心。复次，舍心中唯见众生，无分别想，同于无明，欲令其舍心中行智慧也。

肇曰：小舍舍于怨亲，大舍舍于万有。舍万有者，正智之性也。故行舍心，以摄智慧。

生曰：舍，以舍憎爱为怀也。摄智慧，慧无不摄也。若以无不摄慧为舍者，舍亦无不舍也。

［一八］肇曰：忿生于我，无我无竞。

别本云：以无我法起忍。

什曰：初行忍时，则为我求福。习行既深，则忘我而忍。复次，若能即我无我，则无受苦者。无受苦者，故能无事不忍。若以无我行忍，则其福无尽，譬如水中生火，无能灭尽者也。

［一九］什曰：远离有二种：身栖事表，名身远离。心无累想，名心远离。于身心不着，亦名为远离也。

［二〇］肇曰：精进之相，起于身心，而云离身心相者，其唯无相精进乎？

［二一］什曰：令其为佛道，故以起禅，不为乐及受福。复次，梵本中菩提相亦名寂灭相，当为此相起禅也。

肇曰：菩提之相，无定无乱，以此起禅，禅亦同相。

［二二］什曰：欲令其标心大觉，不为名利也。

肇曰：在佛名一切智，在菩萨名般若，因果异名也。然一切智以无相为相，以此起般若，般若亦无相。因果虽异名，其相不殊也。

［二三］什曰：是弃众生法也，当为化众生而起空也。

肇曰：存众生则乖空义，存空义则舍众生。善通法相，虚空其怀，终日化众生，终日不乖空也。

［二四］什曰：无相则绝为，故诲令不舍也。

肇曰：即有而无，故能起无相。即无而有，故能不舍。不舍，故万法兼备。起无，故美恶齐旨也。

［二五］什曰：无作，不作受生行也。无作则绝于受生，故诲令为示现而起无作也。

肇曰：作，谓造作生死也。为彼受生者，非作生而受生也，是以大士受生，常起无作。

［二六］什曰：无方便慧则取相，取相则坏正法。有方便慧则无取相，无取相则是持正法。

［二七］肇曰：非方便无以护正法，非四摄无以济群生。

［二八］肇曰：念佛、法、僧、施、戒、天，六念也。

［二九］什曰：欲令众和，要由六法：一以慈心起身业。二以慈心起口业。三以慈心起意业。四若得食时，减钵中饭，供养上座一人，下座二人。五持戒清净。六漏尽智慧。若行此六法，则众常和顺，无有乖诤。昔有二众共行诤，佛因是说六和敬也。

肇曰：以慈心起身口意业，为三也。四若得重养，与人共之。五持戒清净。六修漏尽慧。非直心无以具六法，非六法无以和群众。群众不和，非敬顺之道也。

［三〇］肇曰：凡所行善，不以邪心为命。

［三一］肇曰：近圣生净喜，见恶无憎心。

［三二］什曰：出家，则能深入佛法，具行净戒。

肇曰：出家之法，非浅心所能弘也。

［三三］肇曰：闻不能行，非多闻也。

［三四］什曰：与物无逆，又不乖法，是名无诤。当为此而起闲居也。

肇曰：忿竞生乎众聚，无诤出乎空闲也。

［三五］肇曰：佛慧深远，非定不趣。

［三六］什曰：谓修禅定道品法也。当为兼解众缚起修行地，不应自为而修行也。

肇曰：己行不修，安能解彼矣？

［三七］什曰：一切善法分为二业，谓福德、慧明业也。六度中，前三度属福德，后三度属慧明。二业具足，必至佛道，譬如两轮，能有所至。福德业则致相好、净土诸果报也，慧明业得一切智业者也。

［三八］肇曰：大乘万行分为二业：以智为行标，故别立智业。诸行随从，故总立德业。凡所修立，非一业所成。而众经修相净土系以德业，知念说法系以智业，此盖取其功用之所多耳，未始相无也。

［三九］肇曰：决定审理，谓之智。造心分别，谓之慧。上决众生念定诸法相，然后说法，故系之以智。今造心

分别法相,令入一门,故系之以慧也。

别本云:智业慧业。

什曰:二业中慧明胜,故有二种分别。内自见法,名为慧。外为众生,知其心相,决定不疑,而为说法,名为智也。

[四〇] 什曰:即慧明业也。

[四一] 什曰:还总福德、慧明二业,二业具,则罪阂悉除。下二句亦总二业也。

[四二] 肇曰:无善不修,故无恶不断也。

[四三] 什曰:佛法有二种:一者世间,二者出世间。出世者名为助佛道法也。

肇曰:一切智慧即智业也,一切善法即德业也。助佛道法,大乘诸无漏法也。智德二业,非有漏之所成,成之者必由助佛道法也。

生曰:若尽以一切智慧、一切善法为助佛道之法者,法施会必办矣。

[四四] 肇曰:若能备上诸法,则冥润无涯。其为会也,不止一方。其为施也,不止形骸。不止形骸,故妙存济神。不止一方,故其会弥纶。斯可谓大施,可谓大会矣。

[四五] 生曰:无不与,大之极。

[四六] 什曰:若行财施,但名施主,不名福田。若行法施,亦名施主,又名福田。

肇曰:福田,谓人种福于我,我无秽行之稊稗,人获无量之果报福田也。

生曰：施主易，受施难也。要当德必能福，然后是耳。

[四七] 什曰：既用其礼法，亦以其有福德智慧，故以为坐之宗主也。

[四八] 肇曰：心累悉除，得清净信也。

[四九] 生曰：七日施而此物在者，最所重也。而以上维摩诘者，现崇法施情也。

[五〇] 什曰：本来意为说法故，亦为讥财施故，怀此二心，所以不受者也。

[五一] 肇曰：上直进以法施，未等致施之心。故施极上穷下，明施心平等，以成善德为施之意也。

[五二] 什曰：以彼佛威德殊胜，国土清净，将欲发起众会，令生胜求，故先奉施，后使其见也。

[五三] 什曰：为善德现将来果报如此之妙也。

[五四] 生曰：分作二分者，欲以明等也。现神力，验法施也。变成四柱宝台，岂财施能为之乎？是法施会然也，故能无不周耳。

[五五] 什曰：施佛以地胜，故心浓。施贫以地苦，故悲深。是以福田同相，致报一也。

[五六] 肇曰：若能齐尊卑，一行报，以平等悲而为施者，乃具足法施耳。

生曰：用心如此，非财之施也，乃所以具足法施会也。

[五七] 肇曰：三万二千菩萨皆说不任之缘，文不备载之耳。

注维摩诘经卷第四终

注维摩诘经卷第五

后秦释僧肇撰

文殊师利问疾品第五

尔时，佛告文殊师利[一]："汝行诣维摩诘问疾。"

文殊师利白佛言："世尊，彼上人者，难为酬对[二]，深达实相[三]，善说法要[四]，辩才无滞，智慧无阂[五]，一切菩萨法式悉知[六]，诸佛秘藏无不得入[七]，降伏众魔[八]，游戏神通[九]，其慧方便，皆已得度[一〇]。虽然，当承佛圣旨，诣彼问疾[一一]。"

于是，众中诸菩萨、大弟子、释、梵、四天王等，咸作是念："今二大士——文殊师利、维摩诘共谈，必说妙法。"即时八千菩萨、五百声闻[一二]、百千天人，皆欲随从[一三]。于是，文殊师利与诸菩萨大弟子众，及诸天人，恭敬围绕，入毗耶离大城[一四]。

【注释】

[一] 肇曰：文殊师利，秦言妙德。经曰已曾成佛，名曰龙

种尊也。

[二] 什曰：言乃超出我上，岂直诸贤？此盖深往之情耳，岂其实哉！

肇曰：三万二千何必不任，文殊师利何必独最，意谓至人变谋无方，隐显殊迹，故迭为修短应物之情耳。孰敢定其优劣，辩其得失乎？文殊将适群心而奉使命，故先叹净名之德，以生众会难遭之想也。其人道尊，难为酬对，为当承佛圣旨，行问疾耳。

[三] 肇曰：实相难测，而能深达。

[四] 什曰：此文不便。依经本应言，以要言说法，谓能简要之言折繁理也。

肇曰：善以约言而举多义，美其善得说法之要趣也。

[五] 肇曰：辞辩圆应而无滞，智慧周通而无阂。

[六] 什曰：谓神通变化诸威仪也。

[七] 什曰：如《密迹经》说身口意是也。

肇曰：近知菩萨之仪式，远入诸佛之秘藏。秘藏，谓佛身口意秘密之藏。

[八] 肇曰：众魔，四魔也。

[九] 什曰：神通变化，为迹引物，于我非真，故名戏也。复次，神通虽大，能者易之，于我无难，犹如戏也。亦云：于神通中善能入住出，自在无碍。

肇曰：游通化人，以之自娱。

[一〇] 肇曰：穷智用，尽权道，故称度也。

[一一] 肇曰：其德若此，非所堪对，当承佛圣旨，然后行耳。

［一二］什曰：余声闻专以离苦为心，不求深法，故不同举耳。五百弟子智慧深入，乐闻深法，所以俱行也。

［一三］肇曰：大士胜集，必有妙说，故率欲同举也。

［一四］肇曰：庵罗园在城外，净名室在城内也。

尔时，长者维摩诘心念："今文殊师利与大众俱来。"即以神力空其室内，除去所有[一]，及诸侍者[二]，唯置一床，以疾而卧[三]。文殊师利既入其舍，见其室空，无诸所有，独寝一床[四]。

时维摩诘言："善来，文殊师利[五]，不来相而来，不见相而见[六]。"

文殊师利言："如是，居士，若来已更不来，若去已更不去[七]。所以者何？来者无所从来，去者无所至[八]。所可见者，更不可见[九]。且置是事[一〇]。居士，是疾宁可忍不[一一]？疗治有损，不至增乎？世尊殷勤，致问无量。居士，是疾何所因起[一二]？其生久如，当云何灭[一三]？"

维摩诘言："从痴有爱，则我病生[一四]。以一切众生病，是故我病。若一切众生病灭，则我病灭[一五]。所以者何？菩萨为众生故入生死，有生死则有病。若众生得离病者，则菩萨无复病[一六]。譬如长者，唯有一子，其子得病，父母亦病。若子病愈，父母亦愈。菩萨如是，于诸众生，爱之若子，众生病，则菩萨病，众生病愈，菩萨亦愈。又言：'是疾何所因起[一七]？'菩萨病者，以大悲起[一八]。"

文殊师利言："居士，此室何以空无侍者[一九]？"

维摩诘言："诸佛国土，亦复皆空[二〇]。"

又问："以何为空[二一]？"

答曰："以空空[二二]。"

又问："空何用空[二三]？"

答曰："以无分别空故空[二四]。"

又问："空可分别耶[二五]？"

答曰："分别亦空[二六]。"

又问："空当于何求[二七]？"

答曰："当于六十二见中求[二八]。"

又问："六十二见当于何求[二九]？"

答曰："当于诸佛解脱中求[三〇]。"

又问："诸佛解脱当于何求[三一]？"

答曰："当于一切众生心行中求[三二]。又仁所问何无侍者，一切众魔及诸外道，皆吾侍也[三三]。所以者何？众魔者乐生死，菩萨于生死而不舍[三四]。外道者乐诸见，菩萨于诸见而不动[三五]。"

文殊师利言："居士所疾为何等相[三六]？"

维摩诘言："我病无形不可见[三七]。"

又问："此病身合耶？心合耶[三八]？"

答曰："非身合，身相离故[三九]。亦非心合，心如幻故[四〇]。"

又问："地大、水大、火大、风大，于此四大，何大之病[四一]？"

答曰："是病非地大，亦不离地大。水火风大，亦复如是[四二]。而众生病，从四大起[四三]。以其有病，是故我病[四四]。"

【注释】

[一] 什曰：将欲明宗，故现空相，以发兴也。尽敬致供，必称其所安。以文殊乐虚静，故应之以空也。

生曰：发斯念者，因以空室示有虚纳之怀。有去故空，密在用标宗致也。现神力者，念之使也。使有不改位而实得去也，以明变化若斯者，必无虚言也。

[二] 生曰：为妨已，陪侍者须别。将又以明体，夫宗致无舍群生之怀。苟不弃之，莫非皆侍矣？

[三] 肇曰：现病之兴，事在今也。空室、去侍，以生言端，事证于后。唯置一床，借座之所由也。

生曰：众多室小，虽床亦妨。且坐卧行立，本随人体所宜，须之便设，何必在豫？以此去之，岂曰不延？乃所以有客，故尔而实设之。待须者，将现神力以表说理之功。功既非测，以验所说是实。

[四] 生曰：见之者，得其旨也。

[五] 什曰：若默然无言，似宾主不谐。赞言善来者，欲明宾来得会，主亦虚受也。

[六] 肇曰：将明法身大士，举动进止，不违实相。实相不来，以之而来。实相无见，以之相见。不来而能来，不见而能见，法身若此，何善如之？

生曰：既以体理为怀，来则旌其为不来相之来矣。有不来相之来者，善之极也。

[七] 生曰：如是者，谓前理尔也。若者，设使来，不能自表于不来。既来不复更来，来为不来相居然显矣。体之无功，我何有善哉？

[八] 生曰：来本生于不来，来者尚无所从而来，况来者可得更来耶？以去对来相明也。

[九] 肇曰：明无来去相，成净名之所善也。夫去来相见，皆因缘假称耳。未来亦非来，来已不更来，舍来已未来，复于何有来去？见亦然耳。其中曲辩，当求之诸论也。

生曰：已备前文，故不复广之也。

[一〇] 肇曰：虽贪微言，而使命未宣，故且止其论而问疾矣。

[一一] 什曰：若病重难忍，则废其道业也。问疾轻重，宁可忍不也。

[一二] 什曰：外道经书唯知有三大病，不知地大。佛法中说四大病。病之所生，生于四大增损。四大增损，

必自有因而然，故问其因起也。

［一三］肇曰：使命既宣，故复问疾之所由生也。是病何因而起？起来久近？云何而得灭乎？

生曰：作问实疾之迹，以求假病之意也。

［一四］道融曰：众生受痴故有爱，有爱故受身，受身则病。以彼病故，则我病生矣。众生有病，而我病生者，明为物故生。维摩为物来久，故知不近也。下言彼病灭则我病灭，明其起病不齐限众生也。新学菩萨未能久处生死，为一切起病，故明大士旷怀处疾，推其前际以发心为始，寻其后际则与众生俱灭。新学闻之，局心自旷。病生灭二句，言虽在病，意在明悲，故但说病生灭久近。久近既明，则大悲自显，是以先答生灭，后答大悲起也。此集以明宗为本，而先说大悲者，有二门入佛法：一大悲，二智慧。阶浅至深，弘之有渐，故先说大悲，后说实相也。什公作空解云：痴无前际，无前则亦无中后。病亦如是，无久近也。此中不似有空义，故别记私通如上。

肇曰：答久近也。菩萨何疾？悲彼而生疾耳。群生之疾，痴爱为本。菩萨之疾，大悲为源。夫高由下起，是因非生，所以悲疾之兴，出于痴爱。而痴爱无绪，莫识其源，吾疾久近，与之同根。此明悲疾之始，不必就己为言也。

生曰：夫现疾之意，欲拔众生无始痴爱，尽其无穷之源。虽我今生，而实无我。今生意存彼昔义，乃是彼昔病。然则病起于有痴爱之时，非适今也。不以一切言之者，今答病久，义不在普故也。然泛云痴爱，普亦在其中矣。又不以众生言之者，菩萨无复痴爱，居然有属故也。

［一五］肇曰：答灭也。大士之病，因彼生耳。彼病既灭，吾复何患？然以群生无边，痴爱无际，大悲所被，与之齐量。故前悲无穷，以痴爱为际。后悲无极，与群生俱灭。此因悲所及，以明悲灭之不近也。

生曰：痴爱是众生染病之源，源尽，其病亦除也。菩萨之病本在于此，而彼病既愈，得无灭乎？又菩萨病以泛济为主，众生有不蒙者，彼自不应从化，非有偏也。然则虽曰一人病愈，菩萨便愈，乃所以是一切众生得不复病，然后菩萨病灭也。以众生言之者，菩萨友亦有病，不得不以别之也。

［一六］肇曰：夫法身无生，况复有形？既无有形，病何由起？然为彼受生，不得无形。既有形也，不得无患，故随其久近，与之同疾。若彼离病，菩萨无复病也。

［一七］生曰：问本在前，今答居后，故称又焉。不先答者，其病之因，以生灭而显故也。

［一八］肇曰：菩萨之疾，以大悲为根，因之而起，答初问也。

生曰：自非大悲，病不妄起也。

［一九］肇曰：空室之兴，事在于此。问室何空，又无侍者。无侍者，后别答。

生曰：问疾既毕，次问室空意也。夫人所住，自应有资生之物，而今廓然，其故何耶？又凡病者，理必须侍，亦莫知其所，复何在乎？并问二事者，以侍者在空而别故也。

[二〇] 肇曰：平等之道，理无二迹。十方国土，无不空者，曷为独问一室空耶？

生曰：有去故空者，空则非实也。苟以不实为空，有亦空矣。所以然者，空即不实，有独不也。有若不实，与夫向空，岂有异哉？有今可得而去，居然非实，以明诸佛国土，虽若湛安，然亦空矣。诸佛国者，有佛之国也。举此为言者，良以佛得自在，尚不能使己国为有，况余事乎？亦以是人情所重，故标为悟端也。

[二一] 什曰：室中以无物为空，国土复以何理为空耶？

肇曰：室以无物为空，佛土以何为空？将辩毕竟空义也。

生曰：犹存国安为有，不悟同此所无。然居言其同，以何独得之耶？

[二二] 什曰：无以无物故空。以国土性空，即是毕竟空，故空也。

肇曰：夫有由心生，心因有起，是非之域，妄想所存。故有无殊论，纷然交竞者也。若能空虚其怀，冥心真境，妙存环中，有无一观者，虽复智周万物，未始为有，幽鉴无照，未始为无。故能齐天地为一旨，而不乖其实，镜群有以玄通，而物我俱一。物我俱一，故智无照功。不乖其实,故物物自同。故经曰"圣智无知,以虚空为相。诸法无为,与之齐量"也。故以空智而空于有者,即有而自空矣,岂假屏除然后为空乎?上空,智空。下空,法空也。直明法空,无以取定,故内引真智,外证法空也。

生曰:上空,是空慧空也。下空,是前理空也。言要当以空慧然后空耳。若不以空慧,终不空也,岂可以我谓为不空哉?

［二三］什曰:若法性自空,则应直置而自空,诸贤圣复何用空慧空诸法耶?

肇曰:上空,法空。下空,智空也。诸法本性自空,何假智空然后空耶?

生曰:若理果是空,何用空慧然后空耶?自有得解之空慧。此空即是慧之所为,非理然也。何可以空慧然后空,便言理为空哉?

［二四］什曰:上空是空慧也,下空是法空也。虽法性自空,不待空慧,若无空慧,则于我为有。用此无分别空慧,故得其空,则于我为空也。

肇曰:智之生也,起于分别。而诸法无相,故智无分别。智无分别,即智空也。诸法无相,即法空也。以智不分别于法,即知法空已矣,岂别有智空假之以空法乎?然则智不分别法时,尔时智法俱同一空,无复异空,故曰以无分别为智空。故智知法空矣,不别有智空以空法也。

生曰：向言空慧者，非谓分别作空之慧也，任理得悟者耳。若以任理为悟而得此空，然后空者，理可不然乎哉？

[二五] 什曰：问解空慧也。向虽明空慧不见空有分别，未明慧体空无分别，故问此空慧可分别耶。

肇曰：上以无分别为慧空，故知法空无复异空。虽云无异，而异相已形。异相已形，则分别是生矣。若智法无异空者，何由云以无分别为智空，故知法空乎？故问智空、法空可分别耶。智法俱空，故单言一空则满足矣。

生曰：即空之言，空似有相，有相便与余事分别也。空苟分别，而慧不分别者，则空与慧异矣。空既异慧，复不从慧来也。

[二六] 什曰：慧异于空，则是分别。虽有分别，其性亦空也。

肇曰：向之言者，有分别于无分别耳。若能无心分别，而分别于无分别者，虽复终日分别，而未尝分别也，故曰分别亦空。

生曰：夫言空者，空相亦空。若空相不空，空为有矣。空既为有，有岂无哉？然则皆有而不空也，是以分别亦空，然后空耳。

[二七] 肇曰：上因正智明空，恐惑者将谓空义在正不在邪，故问空义之所在，以明邪正之不殊也。

生曰：言之诚已尽，然而惑者犹未能全信，故复请效斯语以悟之焉。前推理实为空极，分别亦空，空则无相矣。若果以无相空为实者，于何求之得其然耶？

［二八］什曰：上明毕竟空，则无法不空。然造心求解，要必有津。求津之要，必有所惑。惑之所生，生于见异。异之甚者，莫过邪正。邪正之极，莫过于此。故问于何求，而答以二法也。

肇曰：夫邪因正生，正因邪起。本其为性，性无有二，故欲求正智之空者，当于邪见中求。

生曰：夫以相为怀者，极不出六十二见。见则邪矣，而此中无空，空不然乎？

［二九］生曰：若六十二见以存相为邪者，复于何求得其然邪？

［三〇］肇曰：舍邪见名解脱，背解脱名邪见。然则邪解相靡，孰为其原？为其原者，一而已矣。故求诸邪见，当本之解脱也。

生曰：解脱者，解脱结缚也。若存相不邪，不可去矣。而解脱中无之者，故知诸见理必然也。言诸佛者，明妙必同。

［三一］生曰：若诸佛解脱，解脱结缚者，复于何求得其然耶？

［三二］肇曰：众生心行，即缚行也。缚行，即解脱之所由生也。又邪正同根，解缚一门，本其真性，未尝有异，故求佛解脱，当于众生心行也。

生曰：心行者，不从理为怀也。怀不从理者，缠缚生死不相出也。若一切众生心行中都无解脱者，故知解脱解脱之也。心行，亦六十二见耳，但其为义不同，故取之有彼此。若无以明诸佛解脱为解脱结缚，犹未足以验六十二见为邪。若无以明六十二见为邪，亦不足以验空之为实，是以次请问则明矣。

别本云：六十二见、诸佛解脱、众生意行。

什曰：二见，有之根、邪之极也。解脱，有之终、正之妙也。众生意行，二见之中也。此三聚法，众情所滞，决定见其异也。夫取相兴惑，因兹而起，反迷求宗，亦必至于此。三性同致，故展转相涉者也。

［三三］肇曰：世之侍者，唯恭己顺命，给侍所须，谓之侍者。菩萨侍者，以慢己违命违道者，同其大乘，和以冥顺，侍养法身，谓之侍者。所以众魔异学，为给侍之先也。

［三四］生曰：魔乐生死，则住其中矣。若不就化，永与之乖，岂得使悟有宗理乎？

［三五］什曰：言不见其有异相也。

肇曰：魔乐着五欲，不求出世，故系以生死。异学虽求出世，而执着己道，故系以邪见。大士观生死同涅槃，故能不舍。观邪见同正见，故能不动。不动不舍，故能即之为侍也。

生曰：亦不舍诸见也。魔与外道，是背理之极，而得其宗已。自此以外，复何言哉？

［三六］什曰：即事而观，若无病而云有，又未见其相，故求

其相也。

肇曰：既知病起之所由，复问由生之疾相也。四百四病，各有异相，大悲之疾，以何为相乎？将明无相大悲，应物生病者，虽终日现疾，终日无相也。

生曰：问疾之状，应在空前，前以答必。表实妨问空意，又空义既明，其状乃显故也。

［三七］肇曰：大悲无缘，而无所不缘。无所不缘，故能应物生疾。应物生疾，则于我未尝疾也。未尝疾，故能同众疾之相，而不违无相之道。何者？大悲无缘，无缘则无相。以此生疾，疾亦无相，故曰我病无形不可见也。

生曰：病是形，理有必可见，而无其实，故言尔也。

［三八］什曰：上答无形不可见，即是说毕竟空也。就言亦似是有病不见，故生此问耳。

肇曰：或者闻病不可见，将谓心病无形故不可见，或谓身病微细故不可见，为之生问也。病于身心，与何事合，而云不可见乎？

生曰：夫身为受病之本，心为觉痛之主，病或合之为无形矣。故假兹以问，乃致明病无所寄，然后尽无形也。

［三九］什曰：无身故无病也。

［四〇］什曰：心无真实，故无病也。

肇曰：身相离则非身，心如幻则非心。身心既无，病与谁合？无合故无病，无病故不可见也。

生曰：身本殊表，故言离相也。心动无方，故言幻也。身心既无，何所合哉？

［四一］什曰：此将明病所由起。病所由起，不以一事，必由四大假会而生。假会而生，则病无自性。病无自性，则同上不可见也。此虽明病所因起，乃明所以无病也。

肇曰：身之生也，四大所成。上总推身，今别推四大，曲寻其本也。

生曰：身心本是四大合之所成，身心可无，四大或有。而四大各起百一诸病，便可是之，故无形也。复得寄斯为问，以明因四大有病，无实形矣。

［四二］肇曰：四大本性自无患也，众缘既会，增损相克，患以之生耳。欲言有病，本性自无。欲言无病，相假而有。故病非地，亦不离地，余大类尔也。

［四三］生曰：实因之也。

［四四］肇曰：四大本无，病亦不有。而众生虚假之疾，从四大起，故我以虚假之疾应彼疾耳。逆寻其本，彼我无实，而欲观其形相，当何有耶？

生曰：亦是因之，而非实病。

尔时，文殊师利问维摩诘言："菩萨应云何慰谕有疾菩萨［一］？"

维摩诘言："说身无常，不说厌离于身［二］。说身有苦,不说乐于涅槃[三]。说身无我,而说教导众生[四]。说身空寂[五],不说毕竟寂灭[六]。说悔先罪,而不说入于过去[七]。以己之疾,愍于彼疾[八]。当识宿世无数劫苦[九],当念饶益一切众生[一〇]。忆所修福[一一],念于净命[一二]。勿生忧恼[一三],常起精进[一四]。当作医王,疗治众病[一五]。菩萨应如是慰谕有疾菩萨,令其欢喜。"

文殊师利言:"居士,有疾菩萨云何调伏其心[一六]?"

维摩诘言:"有疾菩萨应作是念:今我此病,皆从前世妄想颠倒诸烦恼生[一七],无有实法,谁受病者[一八]?所以者何?四大合故,假名为身。四大无主[一九],身亦无我[二〇]。又此病起,皆由着我[二一],是故于我,不应生着[二二]。既知病本[二三],即除我想及众生想[二四],当起法想[二五]。应作是念:但以众法合成此身[二六],起唯法起,灭唯法灭[二七]。又此法者,各不相知[二八]。起时不言我起,灭时不言我灭[二九]。彼有疾菩萨,为灭法想[三〇],当作是念:此法想者,亦是颠倒。颠倒者是即大患,我应离之[三一]。云何为离?离我、我所[三二]。云何离我、我所?谓离二法[三三]。云何离二法?谓不念内外诸法,行于平等[三四]。云何平等?谓我等涅槃等[三五]。所以者何?我及涅槃,此二皆空[三六]。以何为空?

但以名字故空[三七]。如此二法，无决定性[三八]。得是平等，无有余病，唯有空病[三九]，空病亦空[四〇]。是有疾菩萨，以无所受而受诸受[四一]。未具佛法，亦不灭受而取证也[四二]。设身有苦，念恶趣众生，起大悲心[四三]。我既调伏，亦当调伏一切众生[四四]。但除其病，而不除法[四五]。为断病本，而教导之[四六]。何谓病本？谓有攀缘[四七]。从有攀缘，则为病本[四八]。何所攀缘？谓之三界[四九]。云何断攀缘[五〇]？以无所得[五一]。若无所得，则无攀缘[五二]。何谓无所得？谓离二见[五三]。何谓二见？谓内见、外见，是无所得[五四]。文殊师利，是为有疾菩萨调伏其心。为断老病死苦，是菩萨菩提[五五]。若不如是，己所修治，为无慧利[五六]。譬如胜怨，乃可为勇[五七]。如是兼除老病死者，菩萨之谓也[五八]。彼有疾菩萨应复作是念：如我此病非真非有，众生病亦非真非有[五九]。作是观时，于诸众生若起爱见大悲，即应舍离[六〇]。所以者何？菩萨断除客尘烦恼[六一]而起大悲[六二]。爱见悲者，则于生死有疲厌心[六三]。若能离此，无有疲厌[六四]。在在所生，不为爱见之所覆[六五]。所生无缚，能为众生说法解缚[六六]。如佛所说：'若自有缚，能解彼缚，无有是处。若自无缚，能解彼缚，斯有是处。'是故菩萨不应起缚。何谓缚？何谓解[六七]？贪着禅味，是菩萨缚[六八]。以方便生，是菩萨解[六九]。又无方便慧缚，有方便慧解，无慧方便缚，有慧方便解[七〇]。何谓无方便慧缚？谓菩萨以爱见心庄严佛土，成就众生，于空、无相、无作法中而自调伏，是名无方便慧缚[七一]。何谓有方便慧解？谓不以爱见心庄严佛土，成就众生，于空、无相、无作法中以自调伏而不疲厌[七二]，是名有方便慧解[七三]。何谓无慧方便缚？谓菩萨住贪欲、瞋恚、邪见等诸烦恼而植众德本，是名无慧方便缚[七四]。何谓有慧方便解？谓离诸贪欲、瞋恚、邪见等诸烦恼而植众德本，回向阿耨多罗三藐三菩提[七五]，是名有慧方便解[七六]。文殊师利，彼有疾菩萨应如是观诸法[七七]。又复观身无常、苦、空、无我，是名为慧[七八]。虽身有疾，常在生死，饶益一切而不厌倦，是名方便[七九]。又复观身，身不离病，病不离身[八〇]，是病是身，非新非故[八一]，是名为慧。设身有疾，而不永灭[八二]，是名方便[八三]。文殊师利，有疾菩萨应如是调伏其心[八四]：不住其中[八五]，亦复不住不调伏心[八六]。所以者何？若住不调伏心，是愚人法。若住调伏心，是声闻法。是故菩萨不当住于调伏、不调伏心。离此二法，是菩萨行[八七]。在于生死，不为污行，住于涅槃，不永灭度，是菩萨行[八八]。非凡夫行[八九]，非圣贤行[九〇]，是菩萨行。非垢行，非净行，是菩萨行[九一]。虽过魔行，而现降伏众魔，是菩萨行[九二]。虽求一切智，无非时求，是菩萨行[九三]。虽观诸法不生，而不入正位，是菩萨行[九四]。虽观十二缘起，而入诸邪见，是菩萨行[九五]。虽摄一切众生，而不爱着，是菩萨行[九六]。虽乐远离，而不依身心尽，是菩萨行[九七]。虽行三界[九八]，而不坏法性，是菩萨行[九九]。虽行于空，而殖众德本，是菩萨行[一〇〇]。虽行无相，而度众生，是菩萨行[一〇一]。虽行无作，而现受身，是菩萨行[一〇二]。虽行无起，而起一切善行，是菩萨行[一〇三]。虽行六波罗蜜，而遍知众生心、心数法，是菩萨行[一〇四]。虽行六通，而不尽漏，是菩萨行[一〇五]。虽行四无量心，而不贪着生于梵世，是菩萨行[一〇六]。虽行禅定解脱三昧[一〇七]，而不随禅生，是菩萨行[一〇八]。虽行四念处，而不永离身受心法，是菩萨行[一〇九]。虽行四正勤，而不舍身心精进，是菩萨行[一一〇]。虽行四如意足，而得自在神通，是菩萨行[一一一]。虽行五根，而分别众生诸根利钝，是菩萨行[一一二]。虽行五力，而乐求佛十力，是菩萨行。虽行七觉分，而分别佛之智慧，是菩萨行。虽行八正道，而乐行无量佛道，是菩萨行[一一三]。虽行止观[一一四]助道之法，而不毕竟堕于寂灭，是菩萨行[一一五]。虽行诸法不生不灭，而以相好庄严其身，是菩萨行[一一六]。虽现声闻、辟支佛威仪，而不舍佛法，是菩萨行[一一七]。虽随诸法究竟净相，而随所应为现其身，是菩萨行[一一八]。虽观诸佛国土永寂如空，而现种种清净佛土，是菩萨行[一一九]。虽得佛道转于法轮，入于涅槃，而不舍于菩萨之道，是菩萨行[一二〇]。"

说是语时，文殊师利所将大众，其中八千天子皆发阿耨多罗三藐三菩提心。

【注释】

[一] 肇曰：慰谕有疾，应自文殊，而逆问净名者，以同集诸人注心有在，又取证于疾者，乃所以审慰谕之会也。此将明大乘无证之道，以慰始习现疾菩萨，故生此问也。

生曰：夫慰谕有疾，本是无疾所为。维摩诘既能无之，故次以问焉。虽为菩萨而未免病者，不能不为病所苦，以之恋生而畏死也。苟有恋生畏死之情，必以增生死也。是以同道之体，宜相慰谕。慰谕之方，除其此怀。此怀若除，生死几乎息矣。

[二] 什曰：凡有三种法，谓世间法、出世间法。观无常而厌身者，是声闻法。着身而不观无常者，是凡夫法。观无常而不厌身者，是菩萨法。今为病者说菩萨

法，以此处病，则心不乱也。

肇曰：慰谕之法，应为病者说身无常，去其贪着，不应为说厌离，令取证也。不观无常不厌离者，凡夫也。观无常而厌离者，二乘也。观无常不厌离者，菩萨也。是以应慰谕初学，令安心处疾，以济群生，不厌生死，不乐涅槃。此大士慰谕之法也。

生曰：夫恋生者，是爱身情也。情既爱之，无有厌已。苟曰无常，岂可爱恋哉？若能从悟，不期遣惑而惑自亡矣。亡乎惑者，无复身也。虽已亡惑无身，终不掇理。于理不掇，必能穷之。穷理尽性，势归兼济。至于在惑之时，固应患惑求通。求通之怀，必以无常厌身。然则厌身出于在惑，非理中怀也。

［三］生曰：理若无常，则以失所爱致恼。曲而辩之，八苦之聚尤不可恋也。向在惑以无常厌离，今亦取苦，乐涅槃乐，就理为言，岂得然乎？

［四］生曰：凡爱身者，起于着我。苟是无常，而苦岂有宰之者乎？若无宰于内，复何以致恋哉？亦据其患，惑人用之独善而已。既在悟怀，谓之教导也。

［五］什曰：随其利钝，故说有广略。譬如大树，非一斧所倾。累根既深，非一法能除。或有虽闻无常，谓言不苦，则为说苦。既闻苦，便谓有苦乐之主，故说无我及空也。

［六］肇曰：虽见身苦，而不乐涅槃之乐。虽知无我，不以

众生空故阙于教导。虽解身空，而不取涅槃毕竟之道。故能安住生死，与众生同疾。是以慰谕之家，宜说其所应行。所不应行，不宜说也。

生曰：既无能为宰，我身何有耶？若不有身，恋复从何生乎？所言空寂，明无实耳，非谓无也。然此四句，皆随义作次，理尽兼矣。

［七］什曰：利根者，闻上四句则能处疾不乱。自此已下，更为钝根者也，说近切之言，谕其心也。今日之病，必由先罪，故教令悔先罪也。既言有先罪，则似罪有常性，入于过去，故为说不入过去，去其常想也。

肇曰：教有疾菩萨悔既往之罪。往罪虽系人，不言罪有常性，从未来至现在，从现在入过去也。

生曰：夫恋生畏死者，恐有罪故也。若能改而悔之，则出其境矣，复何畏哉？是以教悔前罪，以除其畏也。此则据缘故耳，不言有实。

［八］什曰：令其推己而悲物也。当念言：我今微疾，苦痛尚尔，况恶趣众生受无量苦也？

肇曰：劝疾者推己之疾，愍于他疾也。

生曰：我有智慧，犹有疾苦，况乃不达者乎？推己愍彼，是兼济之怀，岂得自畏死焉？

［九］生曰：无数劫来，经苦无量，如何一旦忽忘之耶？

［一〇］什曰：无数劫来，受苦无量，未曾为道。为道受苦，必获大利。既以此自谕，又当念饶益众生，令得此

利也。

肇曰：当寻宿世受苦无量，今苦须臾，何足致忧？但当力疾救彼苦耳。

生曰：念欲饶益一切众生者，方入生死，不得有畏也。

［一一］什曰：外国法，从生至终所作福业，一一书记。若命终时，傍人为说，令其恃福，心不忧畏也。

肇曰：恐新学菩萨为疾所乱，故劝忆所修福，悦其情也。

生曰：若有福者，所生必胜，有何畏哉？

［一二］什曰：净命，即正命也。自念从生至今，常行正命，必之善趣，吾将何畏也？

肇曰：勿为救身疾起邪命也。邪命，谓为命谄饰，要利存生也。

生曰：行善之时，本为得道度世，未始求利衣食，尚不畏为生死所牵，况罪苦者乎？

［一三］生曰：忧之无益，徒以致恼耳。

［一四］什曰：虽身逝命终，而意不舍也。

生曰：因疾致懈，懈乃愈生其忧。勤与命竞，恒患不至，岂复容恼哉？

［一五］什曰：令其因疾发弘誓，如是诸病无能救者，当作法医疗众病也。

肇曰：当为大法医王，疗治群生之疾，自疾何足忧乎？

生曰：唯当勤求疗方，以兼一切，勿起忧恼，徒苦而无益也。

［一六］肇曰：上问慰谕之宜，今问调心之法。外有善谕，内有善调，则能弥历生死，与群生同疾，辛酸备经，而不以为苦。此即净名居疾之所由也。将示初学处疾之道，故生斯问也。

生曰：夫心为事驰，无恶不作，譬犹放逸之马，难可禁制。是以波流生死，莫出其境。将欲自拔，要在伏而调之。调伏之方，必有道也，譬犹调马以埒，岂能不从？既得其道，然后伏矣。而菩萨未免乎疾者，必为病切所牵，愈难制也，故复问之尔焉。

［一七］生曰：苟为病切所牵，不得不推病理也。病理是无，何能牵我哉？夫从缘起者，已自非有，况乎惑想颠倒所生者哉？

［一八］肇曰：处病之法，要先知病本。病疾之生也，皆由前世妄想颠倒。妄想颠倒，故烦恼以生。烦恼既生，不得无身。既有身也，不得无患。逆寻其本，虚[①]妄不实。本既不实，谁受病者？此明始行者初习无我观也。

生曰：又无所病也。既无所病，病又无矣。

［一九］什曰：四大是身之本。本既无主，故身亦无我也。

［二〇］肇曰：释无我义也。四大和合，假名为身耳。四大

① “虚”，原作“虗”，据《大正藏》本改。

既无主,身我何由生?譬一沙无油,聚沙亦无也。主、我,一物异名耳。

生曰:夫计我者,或即以身为我,或谓身中有我也。今推身为理,唯以四大合成,无复别法。四大无主,身亦无我。四大四矣,我则一矣。苟云处中为主之矣,然其无主则我无中矣。身为一也,我亦一也。苟云即是身是之也,然无我则我不即也。我果是无,何所病哉?

［二一］什曰:病起有二事:一者,由过去着我,广生结业,结业果孰,则受于苦。二者,由现在着我心恼,着我心恼,故病增也。

［二二］肇曰:我若是实,曷为生病?

生曰:复原此病本空,而有病者,皆由着我起也。若能于我不着,病何有哉?

［二三］什曰:着我是也。

［二四］什曰:此三者,事同而义异耳。

肇曰:病本,即上妄想也。因有妄想,故见我及众生。若悟妄想之颠倒,则无我无众生。

生曰:既知病由着我而起,便应即除之也。众生虽即是我,而将欲推众法合中无我,故以帖之,征现此义焉。

［二五］什曰:此假法以遣我,犹人养此怒以灭彼怒也。

肇曰:我想,患之重者,故除我想而起法想。法想于空为病,于我为药,卑隆相靡,故假之以治也。

生曰：除之为何？教起法想。起法想者，非谓着法也。

［二六］生曰：众法者，阴、界、入也。合成身者，明其为因也。言但者，因中无我也。

［二七］肇曰：释法想也。五阴诸法，假会成身，起唯诸法共起，灭唯诸法共灭，无别有真宰主其起灭者也。既除我想，唯见缘起诸法，故名法想。

生曰：起灭者，是果也。言唯者，果中亦无我也。

［二八］生曰：此下二句，又明因果即非我也。众法合成之时，相缘而起。相缘起者，不能不相起，非能相起也。若能相起者，必有相起之知。而所知在彼，不在于己，反复为相知矣。是即自在为我义焉。

［二九］肇曰：万物纷纭，聚散谁为？缘合则起，缘散则离。聚散无先期，故法法不相知也。

生曰：从缘起者，亦不能不从起，非能从他起也。若能从起者，必有从起之知。而所知在己，不在于彼，故无相知之义也。是亦自在为我义焉。

［三〇］什曰：向以法遣我，自此以下，以空遣法也。

［三一］肇曰：法想虽除我，于真犹为倒，未免于患，故应离之。

生曰：夫以法想除我想者，岂复有法生着也哉？有于言迹生惑，故次除之。又兼得对明，以尽其义焉。

［三二］肇曰：我为万物主，万物为我所。若离我、我所，则无法不离。

生曰：有我之情，自外诸法皆以为我之所有。我之所有，是对我之法。我既已无，所有岂独存乎？

［三三］生曰：向直云二事耳。今言要当离二事，相对为二，然后是离也。

［三四］肇曰：有我、我所，则二法自生。二法既生，则内外以形。内外既形，则诸法异名。诸法异名，则是非相倾。是非相倾，则众患以成。若能不念内外诸法，行心平等者，则入空行，无法想之患。内外法者，情尘也。

生曰：内者，我也。外者，一切法也。此则相对为二矣。谓不念之，行于平等，为离也。

［三五］肇曰：极上穷下，齐以一观，乃应平等也。

生曰：涅槃虽非无，是表无之法也。故于外法中指举此一事，以对我明等也。

［三六］肇曰：即事无不异，即空无不一。

［三七］生曰：名下无实。

［三八］肇曰：因背涅槃，故名吾我。以舍吾我，故名涅槃。二法相假，故有名生。本其自性，性无决定，故二俱空也矣。

生曰：无定尔也。

［三九］生曰：亦以言迹除之也。义以粗妙，故云尔也。

［四〇］生曰：空理无病，病有空耳。就病言之，故谓空为病也。

什曰：上明无我无法，而未遣空。未遣空，则空为累，累则是病，故明空病亦空也。

肇曰：群生封累深厚，不可顿舍，故阶级渐遣，以至无遣也。上以法除我，以空除法，今以毕竟空空于空者，乃无患之极耳。

[四一] 什曰：受，谓苦、乐、舍三受也。若能解受无受，则能为物受生而忍受三受也。

生曰：诸受者，谓三受也。既观病空，三受皆无也。能无三受者，三受自除也。非是欲舍，故有入受为化之情焉。

[四二] 肇曰：善自调者，处有不染有，在空不染空，此无受之至也。以心无受，故无所不受。无所不受，故能永与群生同受诸受。诸受者，谓苦受、乐受、不苦不乐受也。佛法未具，众生未度，不独灭三受而取证也。

生曰：据患受之情，欲求无灭之者，必取其足能除患之处以为妙极，不复希尽理也。是则证明无义中道而止矣。

[四三] 什曰：我功德智慧之身，尚苦痛如是，况恶趣众生受苦无量耶？即起悲心，志拔苦也。

生曰：向有入受为化之情，是大悲心也。大悲为何？设身有苦，以念恶趣众生而拔济之。前虽观病空，正可使情不惑苦，未得便实无之。若久观理明，后生则无矣，是以言设身有苦也。以念恶趣众生者，言我在人中有福，又资智慧之明，犹尚有苦如是，况三恶道中无福慧者？但念恶趣者，夫在生死皆不免之，故以为发大悲之缘矣。

［四四］肇曰：要与群生同其苦乐也。

生曰：自非调伏，则不免三恶道矣。

［四五］什曰：谓妄见者所见常乐净等法也。所以言无者，不以有乐净法而以无除之，直为除妄想病耳。无法可除，故能处之，不除其法也。

生曰：调伏，除其所惑之有，不除法有也。

［四六］肇曰：诸法缘生，聚散非己，会而有形，散而无像，法自然耳，于我何患？患之生者，由我妄想于法，自为患耳，法岂使我生妄想乎？然则妄想为病本，法非我患也，故教导之兴，但除病本，不除法也。

生曰：病本断，然后病除也。

［四七］生曰：所取之相，为攀缘也。有者，彼有之矣。

［四八］什曰：上说菩萨自寻病本，以理处心，故能处疾不乱。今明为断众生病，故推其病原，然后应其所宜耳。机神微动，则心有所属。心有所属，名为攀缘。攀缘取相，是妄动之始，病之根也。

肇曰：攀缘，谓妄想微动，攀缘诸法也。妄想既缘，则美恶已分。美恶既分，则憎爱并炽。所以众结烦于内，万疾生于外。自兹以往，巧历不能记。本其所由，微想而已，故曰攀缘为本。

生曰：向言有之，今言始有也矣。

［四九］肇曰：明攀缘之境也。三界外法，无漏无为，其法无

相,非是妄想所能攀缘。所能攀缘者,三界而已耳。

生曰:三界之法耳,非实理也。

[五〇] 肇曰:既知其根,何由而断?

[五一] 生曰:以无所得理断之也。

[五二] 肇曰:所以攀缘,意存有取。所以有取,意存有得。若能知法虚诳,无取无得者,则攀缘自息矣。

[五三] 生曰:二见无所得也。

[五四] 肇曰:内有妄想,外有诸法。此二虚假,终已无得。

生曰:二见本以得内外法为怀。智慧观之,理无内外,然后二见不复得内外也。

[五五] 生曰:菩提以实济为道。菩萨若能如是,虽未得之,便是有矣。

[五六] 肇曰:若能善调其心,不怀异想,而永处生死断彼苦者,是菩萨菩提之道。若不能尔,其所修行,内未足为有慧,外未足为有利也。

生曰:无慧利于物也。

[五七] 生曰:己及所亲,皆无复怨也。

[五八] 生曰:菩萨念众生如亲无异,若不除其老病死怨,便是己怨亦不除矣。

[五九] 什曰:解病非真,故能处之不乱也。言若以病为真有,则病不可除。众生无边,病亦无尽。无尽之病,其性实有,云何可度?即时迷乱,心生退转。若病非真,易可除耳。悲心即生,弘誓兼济也。

生曰:又以此念起大悲心也。如我此病非真非有者，言己已悟也。众生病亦非真非有者，云彼不悟也。是欲教之令知此法也。然其起大悲之怀，已自备于前文，故今但明念而已矣。

［六〇］什曰：谓未能深入实相，见有众生，心生爱着，因此生悲，名为爱见大悲。爱见大悲，虚妄不净，能令人起疲厌想，故应舍离也。

肇曰：若自调者，应先观己病及众生病，因缘所成，虚假无实，宜以此心而起悲也。若此观未纯，见众生爱之而起悲者，名爱见悲也。此悲虽善，而杂以爱见有心之境，未免于累，故应舍之。

生曰：作上二观起大悲之时，若于观中有爱念心，又见众生而欲拔济之者，为爱见大悲也。

［六一］什曰：心本清净，无有尘垢。尘垢事会而生，于心为客尘也。

［六二］肇曰：心遇外缘，烦恼横起，故名客尘。菩萨之法，要除客尘而起大悲。若爱见未断，则烦恼弥滋，故应舍之。

生曰：爱见是惑想所起，为客尘也，除之乃可以起大悲者矣。

［六三］什曰：若因爱见生悲者，有疲厌也。

［六四］生曰：若以爱拔之，憎必舍焉。既见而无除，岂能尽化哉？

［六五］什曰：若能除爱见，即弃舍结业，受法化生，自在无碍也。

肇曰：夫有所见必有所滞，有所爱必有所憎，此有极之道，安能致无极之用？若能离此，则法身化生，无在不在，生死无穷，不觉为远，何有爱见之覆，疲厌之劳乎？

生曰：在在生者，无疲厌故也，岂为爱见所覆然耶？

［六六］肇曰：爱见既除，法身既立，则所生无缚，亦能解彼缚也。

生曰：大悲既不为爱见所覆而生者，不复于生缚也矣。

［六七］肇曰：将因缚解，释内调之义也。

［六八］什曰：贪着禅味有二障，障涅槃及菩萨道也。

肇曰：三界受生，二乘取证，皆由着禅味，所以为缚。

生曰：贪报行禅，则有味于行矣。既于行有味，报必惑焉。夫惑报者，缚在生矣。

［六九］肇曰：自既离生，方便为物而受生者，则彼我无缚，所以为解也。

生曰：欲济群生而生者，为方便生也。以本不为己，故报无惑焉。

［七〇］肇曰：巧积众德，谓之方便。直达法相，谓之慧。二行俱备，然后为解耳。若无方便而有慧，未免于缚。若无慧而有方便，亦未免于缚。

生曰：复广缚解义也。方便凡有二种：一造行有功，终致妙果。二以之为化，使必成遂。慧亦二种：一为观理伏心，二为于观结尽。观理伏心者，三乘所同，偏执则缚在小也。若以为化，方便用之，则不缚矣。行功致果者，有结便受三界之报，则缚在生也。若得结尽之慧，则解矣。

［七一］什曰：观空不取，涉有不着，是名巧方便也。今明六住已还，未能无碍，当其观空，则无所取着。及其出观，净国化人，则生见取，想心爱着，拙于涉动，妙于静观。观空慧不取相，虽是方便，而从慧受名。此中但取涉有不着为方便，故言无方便而有慧也。七住以上，其心常定，动静不异，故言有方便慧也。

肇曰：六住以下，心未纯一，在有则舍空，在空则舍有，未能以平等真心，有无俱涉，所以严土化人，则杂以爱见。此非巧便修德之谓，故无方便。而以三空自调，故有慧也。

［七二］生曰：观理伏心，必恶生死，以为化方便造之而得尔也。

［七三］肇曰：七住以上，二行俱备，游历生死，而不疲厌，所以为解。

［七四］什曰：七住以还，又优劣不同也。此明新学不修正观，不制烦恼，故言无慧也。而能修德回向，仰求大果，故言有方便也。若能修四念处，除四颠倒，是名离烦恼慧也。又善能回向，心不退转，是能求方便也。六住以还，虽通在缚境，若能具此二法，则是缚中之解也。上说无相慧及涉有不着方便，是二门出世间法也。此说有相慧及能求方便，是二门世间

法也。

肇曰：不修空慧以除烦恼，是无慧也。而勤积众德，有方便也。

［七五］生曰：虽以无结免缚于生，容可资以成小，故须言回向也。

［七六］肇曰：上有方便慧解，今有慧方便解，致解虽同，而行有前后。始行者，自有先以方便积德，然后修空慧者，亦有先修空慧，而后积德者。各随所宜，其解不殊也。离烦恼，即三空自调之所能。积德向菩提，即严土化人之流也。前后异说，互尽其美矣。

［七七］肇曰：非真以下，无缚之观也。

［七八］什曰：上四句，杂说世间出世间慧方便。今此四句，偏明出世间慧方便。亦云：上统慧方便。此旨明处疾中用慧方便，故能不灭身取证也。若以身为有，病至则恼。若知身非实，则处疾不乱。出世间慧，亦有深浅。无常，则空言初相，故先说无常。无常是出世间浅慧也。

［七九］什曰：生死可厌，而能不厌，善处崄难，故名方便也。

肇曰：大乘四非常观，即平等真观，故名为慧。以平等心而处世不倦，故名方便。慰谕之说，即其事也。

［八〇］什曰：离身则无病，故不相离。又云：身病一相，故不相离也。

［八一］什曰：此明身病实相无有新故，说出世间深慧也。

［八二］生曰：虽云方便有慧，而方便中不复更有慧也。以

方便造慧者，慧中又有方便也。是以明之，而因广义焉。

［八三］什曰：不取可灭之相，故能不灭，是方便力也。涉有应取相而不取相，不取相，则理与有绝，而能涉有，巧于难事，故名方便也。

肇曰：新故之名，出于先后。然离身无病，离病无身，众缘所成，谁后谁先？既无先后，则无新故。新故既无，即入实相，故名慧也。既有此慧，而与彼同疾，不取涅槃，谓之方便。自调初说，即其事也。慰谕自调，略为权智。权智，此经之关要，故会言有之矣。

［八四］生曰：观察得失，亦调伏矣。

［八五］生曰：若欲除不调伏，必以调伏为怀。

［八六］肇曰：大乘之行，无言无相，而调伏之言，以形前文。今将明言外之旨，故二俱不住。二俱不住，即寄言之本意。寄言之本意，即调伏之至也。

生曰：不以调伏为怀耳，非不调伏也。

［八七］肇曰：不调之称，出自愚人。调伏之名，出自声闻。大乘行者，本无名相，欲言不调，则同愚人。欲言调伏，则同声闻。二者俱离，乃应菩萨处中之行。

［八八］肇曰：欲言在生死，生死不能污。欲言住涅槃，而复不灭度。是以处中道而行者，非在生死，非住涅槃。

［八九］什曰：凡夫行者有三种：善、不善、无动行。无动行，色、无色界行也。上二界寿命劫数长久，外道以

为有常不动义也，佛亦因世所名而名之也。

［九〇］什曰：谓行三脱而不证也。

［九一］肇曰：不可得而名者也。

［九二］肇曰：不可得而有，不可得而无者，其唯大乘行乎！何则？欲言其有，无相无名。欲言其无，万德斯行。万德斯行，故虽无而有。无相无名，故虽有而无。然则言有不乖无，言无不乖有，是以此章或说有行，或说无行。有无虽殊，其致不异也。魔行，四魔行也。久已超度，而现降魔者，示有所过耳。

［九三］什曰：功行未足，而求至足之果，名非时求也。

肇曰：一切智未成，而中道求证，名非时求也。

［九四］什曰：观无生，是取证法。不入正位，明不证也。

肇曰：正位，取证之位也。三乘同观无生，慧力弱者不能自出，慧力强者超而不证也。

［九五］肇曰：观缘起，断邪见之道也。而能反同邪见者，岂二乘之所能乎？

［九六］什曰：四摄法也。四摄是爱念众生法，今明爱而不着也。

肇曰：四摄摄彼，慈惠之极。视彼犹己，而能无着也。

［九七］什曰：心识灭尽，名为远离。远离，即空义也。不依者，明于空不取相也。

肇曰：小离离愦闹，大离身心尽。菩萨虽乐大离，而不依恃也。

[九八] 什曰：现生三界。

[九九] 什曰：处而不惑也。

肇曰：三界即法性，处之何所坏焉？

[一〇〇] 肇曰：行空欲以除有，而方殖众德也。

[一〇一] 肇曰：行无相，欲除取众生相而方度众生也。

[一〇二] 肇曰：行无作，欲不造生死而方现受身也。

[一〇三] 肇曰：行无起，欲灭诸起心而方起诸善行。

[一〇四] 什曰：六度是自行法。自行既足，然后化人，化人乃知众生心。今虽自行，而已能知彼。复次，第六度观法无相，不以无相为碍，亦能知众生心也。

肇曰：六度，无相行也。无相则无知，而方遍知众生心行也。

[一〇五] 肇曰：虽具六通，而不为漏尽之行也。何者？菩萨观漏即是无漏，故能永处生死，与之同漏，岂以漏尽而自异于漏乎？

[一〇六] 什曰：四无量行，则应生四禅地。今偏言梵者，以众生宗事梵天，举其宗也。亦四禅地通名梵耳。

[一〇七] 什曰：禅，四禅也。定，四空也。解脱，八解脱也。三昧，空、无相、无作也。

[一〇八] 肇曰：取其因而不取其果，可谓自在行乎？

[一〇九] 什曰：虽观此四法，而不永灭而取证也。

肇曰：小乘观身受心法，离而取证，菩萨虽观此四，不永离而取证也。

[一一〇] 什曰：精进，即四正勤也。不取，故言离也。

肇曰：小乘法行四正勤，功就则舍入无为。菩萨虽同其行，而不同其舍也。

[一一一] 什曰：虽现学神足，实已神通自在也。

肇曰：虽同小乘行如意足，而久得大乘自在神通。如意足，神通之因也。

[一一二] 肇曰：小乘唯自修己根，不善人根。菩萨虽同其自修，而善知人根，令彼我俱顺也。

[一一三] 什曰：尽明现行浅法，而内已实入深法也。

肇曰：虽同声闻根、力、觉、道，其所志求，常在佛行也。

[一一四] 什曰：初系心在缘，名为止。止相应，名为观也。

[一一五] 肇曰：系心于缘，谓之止。分别深达，谓之观。止观，助涅槃之要法。菩萨因之而行，不顺之以堕涅槃也。

[一一六] 肇曰：修无生灭无相行者，本为灭相，而方以相好严身也。

[一一七] 肇曰：虽现行小乘威仪，而不舍大乘之法。

[一一八] 肇曰：究竟净相，理无形貌，而随彼所应，现若干象也。

[一一九] 肇曰：空本无现，而为彼现。

[一二〇] 肇曰：虽现成佛，转法轮，入涅槃，而不永寂，还入生死，修菩萨法。如上所列，岂二乘之所能乎？独菩萨行耳。

注维摩诘经卷第五终

注维摩诘经卷第六

后秦释僧肇撰

不思议品第六

尔时，舍利弗见此室中无有床座，作是念[一]："斯诸菩萨、大弟子众，当于何坐[二]？"

长者维摩诘知其意，语舍利弗言："云何，仁者，为法来耶[三]？求床座耶[四]？"

舍利弗言："我为法来，非为床座。"

维摩诘言："唯，舍利弗，夫求法者[五]，不贪躯命，何况床座？夫求法者，非有色受想行识之求[六]，非有界入之求[七]，非有欲、色、无色之求[八]。唯，舍利弗，夫求法者，不着佛求，不着法求，不着众求。夫求法者，无见苦求，无断集求，无造尽证、修道之求。所以者何？法无戏论。若言我当见苦断集证灭修道，是则戏论，非求法也[九]。唯，舍利弗，法名寂灭，若行生灭，是求生灭，非求法也。法名无染，若染于法，乃至涅槃，是则染着，非求法也。法无行处，若行于法，是则行处，非求法也。法无取舍，若取舍法，是则取舍，非求法也。法无处所，若着处所，是则着处，非求法也。法名无相，若随相识，是则求相，非求法也。法不可住，若住于法，是则住法，非求法也。法不可见闻觉知[一〇]，若行见闻觉知，是则见闻觉知，非求法也。法名无为，若行有为，是求有为，非求法也。是故，舍利弗，若求法者，于一切法应无所求[一一]。”

说是语时，五百天子于诸法中得法眼净[一二]。

【注释】

[一] 什曰：法身大士，身心无倦。声闻结业之形，心虽乐法，身有疲厌，故发息止之想。身子于弟子中，年耆体劣，故先发念，不用现其累迹。又以维摩必悬得其心，故直念而不言也。寻下言诸大人当于何坐，似是推己之疲，以察众人之体，恐其须，故发念之也。

[二] 生曰：前除座待须，故舍利弗发须之念也。

[三] 什曰：不直讥而问者，欲现其所念乖理，进退入负门也。

[四] 肇曰：独寝一床，旨现于此。舍利弗默领悬机，故扣其兴端。净名将辨无求之道，故因而诘之也。

生曰：须座之念，迹在有求。有求则乖法，非所以来意者也。

[五] 什曰：不取法相，理会于法，名为求法。若取相生着，心与法乖，非求法也。

[六] 肇曰：真求乃不求法，况安身之具乎？自此下，遍于诸法明无求义也。

[七] 肇曰：界，十八界。入，十二入也。

[八] 肇曰：无三界之求也。

[九] 肇曰：有求则戏论，戏论则非求，所以知真求之无求也。

[一〇] 肇曰：六识略为四名：见、闻，眼、耳识也。觉，鼻、舌、身识也。知，意识也。

[一一] 肇曰：法相如此，岂可求乎？若欲求者，其唯无求，乃真求耳。

生曰：夫求法者，非谓求也，以无复诸求为求耳。

[一二] 肇曰：大乘法眼净也。

尔时，长者维摩诘问文殊师利言："仁者游于无量千万亿阿僧祇国，何等佛土有好上妙功德，成就师子之座[一]？"

文殊师利言："居士，东方度三十六恒河沙国，有世界名须弥相，其佛号须弥灯王，今现在。彼佛身长八万四千由旬[二]，其师子座高八万四千由旬，严饰第一。"

于是，长者维摩诘现神通力，即时彼佛遣三万二千师子之座，高广严净，来入维摩诘室[三]。诸菩萨、大弟子、释、梵、四天王等，昔所未见。其室广博，悉皆包容三万二千师子之座，无所妨阂。于毗耶离城及阎浮提四天下，亦不迫迮，悉见如故。

尔时，维摩诘语文殊师利："就师子座，与诸菩萨上人俱坐。当自立身，如彼座像。"

其得神通菩萨，即自变形为四万二千由旬，坐师子座。诸新发意菩萨及大弟子，皆不能升。

尔时，维摩诘语舍利弗："就师子座。"舍利弗言："居士，此座高广，吾不能升[四]。"

维摩诘言："唯，舍利弗，为须弥灯王如来作礼，乃可得坐。"

于是新发意菩萨及大弟子，即为须弥灯王如来作礼，便得坐师子座。

舍利弗言："居士，未曾有也。如是小室，乃容受此高广之座，于毗耶离城无所妨阂，又于阎浮提聚落城邑，及四天下诸天龙王鬼神宫殿，亦不迫迮。"

维摩诘言："唯，舍利弗，诸佛菩萨有解脱，名不可思议[五]。若菩萨住是解脱者，以须弥之高广，内芥子中，无所增减，须弥山王本相如故[六]，而四天王、忉利诸天，不觉不知己之所入，唯应度者，乃见须弥入芥子中，是名不可思议解脱法门。又以四大海水入一毛孔，不娆鱼、鳖、鼋、鼍水性之属，而彼大海本相如故，诸龙、鬼、神、阿修罗等，不觉不知己之所入，于此众生亦无所娆。又舍利弗，住不可思议解脱菩萨，断取三千大千世界，如陶家轮着右掌中，掷过恒沙世界之外，其中众生不觉不知己之所往，又复还置本处，都不使人有往来想，而此世界本相如故。又舍利弗，或有众生乐久住世而可度者，菩萨即演七日以为一劫[七]，令彼众生谓之一劫。或有众生不乐久住而可度者，菩萨即促一劫以为七日，令彼众生谓之七日。又舍利弗，住不可思议解脱菩萨，以一切佛土严饰之事集在一国，示于众生。又菩萨以一佛土众生置之右掌，飞到十方，遍示一切，而不动本处。又舍利弗，十方众生供养诸佛之具，菩萨于一毛孔皆令得见。又十方国土所有日月星宿，菩萨于一毛孔普使见之。又舍利弗，十方世界所有诸风，菩萨悉能吸着口中，而身无损，外诸树木亦不摧折。又十方世界劫尽烧时，以一切火内于腹中，火事如故，而不为害。又于下方过恒河沙等诸佛世界，取一佛土举着上方，过恒河沙无数世界，如持针锋举一枣叶，而无所娆。又舍利弗，住不可思议解脱菩萨，能以神通现作佛身，或现辟支佛身，或现声闻身，或现帝释身，或现梵王身，或现世主身，或现转轮王身。又十方世界所有众声，上中下音，皆能变之令作佛声，演出无常、苦、空、无我之音，及十方诸佛所说种种之法，皆于其中普令得闻。舍利弗，我今略说菩萨不可思议解脱之力，若广说者，穷劫不尽。”

是时，大迦叶闻说菩萨不可思议解脱法门，叹未曾有，谓舍利弗：“譬如有人，于盲者前现众色像，非彼所见。一切声闻，闻是不可思议解脱法门，不能解了，为若此也。智者闻是，其谁不发阿耨多罗三藐三菩提心？我等何为永绝其根，于此大乘已如败种？一切声闻，闻是不可思议解脱法门，皆应号泣，声震三千大千世界[八]。一切菩萨应大欣庆，顶受此法[九]。若有菩萨信解不可思议解脱法门者，一切魔众无如之何[一〇]。”

【注释】

[一] 什曰：自知而问者，欲令众会取信也。借座彼国，其义有二：一者欲现诸佛严净功德，致殊特之座，令始行菩萨深其志愿也。二者欲因往反之迹，使化流二国也。

肇曰：文殊大士游化无疆，必见诸国殊妙之座。净名欲生时会敬信之情，故问而后取，示审其事也。

生曰：先问之者，欲明后所致是实也。

［二］肇曰：由旬，天竺里数名也。上由旬六十里，中由旬五十里，下由旬四十里也。

［三］肇曰：净名虽以神力往取，彼佛不遣，亦无由致。

［四］什曰：维摩神力所制，欲令众知大小乘优劣若此之悬也。亦云：诸佛功德之座，非无德所升，理自冥绝，非所制也。

［五］肇曰：夫有不思议之迹显于外，必有不思议之德著于内。覆寻其本，权智而已乎！何则？智无幽而不烛，权无德而不修。无幽不烛，故理无不极。无德不修，故功无不就。功就在于不就，故一以成之。理极存于不极，故虚以通之。所以智周万物而无照，权积众德而无功，冥寞无为而无所不为，此不思议之极也。巨细相容，殊形并应，此盖耳目之粗迹，遽足以言乎？然将因末以示本，托粗以表微，故因借座略显其事耳。此经自始于净土，终于法供养，其中所载大乘之道，无非不思议法者也。故《嘱累》云："此经名不思议解脱法门，当奉持之。"此品因现外迹，故别受名耳。解脱者，自在心法也。得此解脱，则凡所作为，内行外应，自在无阂。此非二乘所能议也。七住法身已上，乃得此解脱也。

别本云：神足、三昧、解脱。

什曰：同体异名也。夫欲为而不能，则为缚也。应念即成，解脱无不能，名为解脱。能然而莫知所以然，故曰不思议也。

［六］什曰：须弥，地之精也。此地大也。下说水火风地，其四大也。惑者谓四大有神，亦云最大，亦云有常。今制以道力，明不神也。内之纤芥，明不大也。巨细相容，物无定体，明不常也。此皆反其所封，拔其幽滞，以去其常习，令归宗有涂焉。

［七］什曰：惑者亦云时为常法，令修短改度，示不常也。

［八］肇曰：所乖处重，故假言应号泣耳。二乘忧悲永除，尚无微泣，况震三千乎？

［九］肇曰：迦叶将明大小之殊，抑扬时听，故非分者宜致绝望之泣，已分者宜怀顶受之欢也。

［一〇］肇曰：但能信解，魔不能娆，何况行应者乎？

大迦叶说是语时，三万二千天子皆发阿耨多罗三藐三菩提心。

尔时，维摩诘语大迦叶："仁者，十方无量阿僧祇世界中作魔王者，多是住不可思议解脱菩萨，以方便力教化众生，现作魔王［一］。又迦叶，十方无量菩萨，或有人从乞手足耳鼻、头目髓脑、血肉皮骨、聚落城邑、妻子奴婢、象马车乘、金银琉璃、车璩玛瑙、珊瑚琥珀、真珠珂贝、衣服饮食，如此乞者，多是住不可思议解脱菩萨，以方便力而往试之，令其坚固［二］。所以者何？住不可思议解脱菩萨，有威德力，故行逼迫，示诸众生如是难事。凡夫下劣，无有力势，不能如是逼迫菩萨[三]。譬如龙象蹴踏，非驴所堪[四]。是名住不可思议解脱菩萨智慧方便之门[五]。”

【注释】

[一] 肇曰：因迦叶云信解不可思议者，魔不能娆，而十方亦有信解菩萨为魔所娆者，将明不思议大士所为自在，欲进始学，故现为魔王，非魔力之所能也。此亦明不思议，亦成迦叶言意。

[二] 什曰：结业菩萨于施度将尽而未极，是以不思议菩萨强从求索，令其无惜心，尽具足坚固，亦令众生知其坚固，亦使其自知坚固。

肇曰：凡试之兴，出于未分。不思议大士神通已备，逆睹人根，何试之有？然为坚固彼志，故不须而索。不须而索者，同魔试迹，故以试为言耳，岂待试而后知耶？

[三] 肇曰：截人手足，离人妻子，强索国财，生其忧悲，虽有目前小苦，而致永劫大安。是由深观人根，轻重相权，见近不及远者，非其所能为也。

[四] 肇曰：能不能为喻。象之上者，名龙象也。

[五] 肇曰：智慧远通，方便近导，异迹所以形，众庶所以成，物无不由，而莫之能测，故权智二门，为不思议之本也。

观众生品第七

尔时，文殊师利问维摩诘言："菩萨云何观于众生[一]？"

维摩诘言："譬如幻师见所幻人，菩萨观众生为若此[二]。如智者见水中月，如镜中见其面像，如热时炎，如呼声响，如空中云[三]，如水聚沫，如水上泡，如芭蕉坚，如电久住，如第五大，如第六阴，如第七情，如十三入，如十九界[四]，菩萨观众生为若此。如无色界色，如燋谷牙，如须陀洹身见，如阿那含入胎[五]，如阿罗汉三毒[六]，如得忍菩萨贪恚毁禁[七]，如佛烦恼习[八]，如盲者见色，如入灭尽定出入息[九]，如空中鸟迹，如石女儿，如化人烦恼，如梦所见已寤，如灭度者受身[一〇]，如无烟之火[一一]，菩萨观众生为若此。"

文殊师利言："若菩萨作是观者，云何行慈[一二]？"

维摩诘言："菩萨作是观已，自念：'我当为众生说如斯法[一三]，是即真实慈也[一四]。'行寂灭慈，无所生故[一五]。行不热慈，无烦恼故[一六]。行等之慈，等三世故[一七]。行无诤慈，无所起故[一八]。行不二慈，内外不合故[一九]。行不坏慈，毕竟尽故[二〇]。行坚固慈，心无毁故[二一]。行清净慈，诸法性净故[二二]。行无边慈，如虚空故[二三]。行阿罗汉慈，破结贼故[二四]。行菩萨慈，安众生故[二五]。行如来慈，得如相故[二六]。行佛之慈，觉众生故[二七]。行自然慈，无因得故[二八]。行菩提慈，等一味故[二九]。行无等慈，断诸爱故[三〇]。行大悲慈，导以大乘故[三一]。行无厌慈，观空无我故[三二]。行法施慈，无遗惜故[三三]。行持戒慈，化毁禁故[三四]。行忍辱慈，护彼我故[三五]。行精进慈，荷负众生故[三六]。行禅定慈，不受味故[三七]。行智慧慈，无不知时故[三八]。行方便慈，一切示现故[三九]。行无隐慈，直心清净故[四〇]。行深心慈，无杂行故[四一]。行无诳慈，不虚假故[四二]。行安乐慈，令得佛乐故[四三]。菩萨之慈为若此也[四四]。”

【注释】

[一] 什曰：众生若有真实定相者，则不思议大士不应徒行逼试，令其受苦。以非真实，易可成就，故行恼逼也。复次，佛法有二种：一者有，二者空。若常在有，则累于想着。若常观空，则舍于善本。若空有迭用，则不设二过，犹日月代用，万物以成。上已说有，故今明空门也。观众生为若此，众生、神、主、我，是一义耳。如一痴人行路，遇见遗匣，匣中有大

镜。开匣视镜,自见其影,谓是匣主,稽首归谢,舍之而走。众生入佛法藏珍宝镜中,取相计我,弃之而去,亦复如是。亦如一盲人行道中,遇值国王子,坚抱不舍。须臾王官属至,加极楚痛,强逼夺之,然后放舍。如邪见众生,于非我见我,无常苦至,随缘散坏,乃知非我,亦复如是。如空中云,近之则无也。真实慈观诸法空,则是真实慧。真实慧中生无缘慈,名为真慈。亦以慈为本,为人说真实法,名真慈。亦慈为本,然后行布施等众行为名,或以自性为名,或以所因为名。自此已下,例可寻也。

肇曰:悲疾大士自调之观,幽言幽旨,亦备之前文矣。然法相虚玄,非有心之所睹。真观冥默,非言者之所辩。而云不证涅槃,与群生同疾。又现不思议,其迹无端,或为魔王逼迫初学,斯皆自调大士之所为也。自调之观,彼我一空。然其事为喻,乃更弥甚,至令希宗者惑亡言之致,存已者增众生之见。所以无言之道难为言也,将近取诸喻,远况真观,以去时人封言之累,故生斯问也。

生曰:上不思议是应化众生之迹,无方应之,似有众生之情矣。有众生情者,不能为化,故须问焉。

[二] 肇曰:幻师观幻,知其非真。大士观众生,亦若此也。

生曰:非不有幻人,但无实人耳。既无实人,以悟幻人亦无实矣。苟幻人之不实,众生岂独实哉?

[三] 肇曰：远见有形，近则无像。

[四] 肇曰：经有定数。

[五] 肇曰：阿那含虽有暂退，必不经生也。

[六] 什曰：大乘法中云，通三界直[①]轻微耳。

[七] 肇曰：七住得无生忍，心结永除，况毁禁粗事乎？

[八] 肇曰：唯有如来结习都尽。

[九] 肇曰：心驰动于内，息出入于外。心想既灭，故息无出入也。

[一〇] 肇曰：未有入涅槃而复受身者。

[一一] 肇曰：火必因质。

[一二] 肇曰：慈以众生为缘，若无众生，慈心何寄乎？将明真慈无缘而不离缘，成上无相真慈义也。

生曰：既悟众生不实，必自兼物，是以有慈矣。然复似无所加慈，故复次问之焉。

[一三] 生曰：理常皎然若此，而众生乖之弥劫。菩萨既以悟之，能不示诸？此假为观意设念，非实念也。

[一四] 肇曰：众生本空，不能自觉，故为说斯法，令其自悟耳，岂我有彼哉？若能观众生空，则心行亦空。以此空心而于空中行慈者，乃名无相真实慈也。若有心于众生而为慈者，此虚诳慈耳，何足以称乎？

生曰：必能实济，非虚念而已矣。

[一五] 什曰：知诸法寂灭无生，因此生慈而不失寂灭，故以

① “直”，《大正藏》本作“外”。

寂灭为名也。

肇曰：七住得无生忍已后，所行万行，皆无相无缘，与无生同体。无生同体，无分别也。真慈无缘，无复心相。心相既无，则泊然永寂。未尝不慈，未尝有慈，故曰行寂灭慈，无所生也。自此下，广明无相慈行，以成真实之义。名行虽殊，而俱出慈体，故尽以慈为名焉。

生曰：欲以众生如幻为说之者，是即如幻慈也。凡曰可以为慈，莫不皆然。是以推而名之，不复甲乙言也。如幻已自辨之于前，无所释也。下既无辨，得不释乎？

［一六］肇曰：烦恼之兴，出于爱见。慈无爱见，故无热恼也。

［一七］肇曰：慈被三世，而不觉三世之异也。

［一八］什曰：见法有起，则与法诤也。

肇曰：彼我一虚，诤讼安起？

［一九］什曰：内外，内外入也。内外为二，相对为合。

肇曰：内慈外缘，俱空无合。

［二〇］肇曰：无缘真慈，慈相永尽，何物能坏？

［二一］肇曰：上明外无能坏，此明内自无毁。

［二二］肇曰：真慈无相，与法性同净也。

［二三］肇曰：无心于覆，而心无不覆也。

［二四］什曰：秦言杀结使贼也。此从除结中生，因以为名。亦能除结，故因能受名也。

肇曰：阿罗汉，秦言破结贼。嫉恚邪疑诸恼结，因慈而灭，可名罗汉矣。

［二五］肇曰：菩萨之称，由安众生。慈安众生，可名菩萨。

［二六］肇曰：如来之称，由得如相。慈顺如相，可名如来。

［二七］什曰：群生长寝，菩萨觉之。

肇曰：自觉觉彼，谓之佛也。慈既自悟，又能觉彼，可名为佛也。

［二八］什曰：无因即自然，自然即无师义也。

肇曰：大乘之道，无师而成，谓之自然。菩萨真慈，亦无因而就，可名自然也。

［二九］什曰：唯佛菩提能解一切法一相一味也。今无相解中生慈，故远同菩提也。

肇曰：平等一味无相之道，谓之菩提。无相真慈亦平等一味，可名菩提也。

［三〇］什曰：凡夫有爱结而行慈，则可与等。爱断行慈者，无能等也。

肇曰：二乘六住已下，皆爱彼而起慈。若能无心爱彼而起慈者，此慈超绝，可名无等。

［三一］肇曰：济彼苦难，导以大乘，大悲之能。慈欲彼乐，亦导以大乘，可名大悲也。

［三二］肇曰：疲厌之情，出于存我。以空无我心而为慈者，与生死相毕，无复疲厌也。

［三三］肇曰：未有得真实慈而吝法财者，可名法施也。

［三四］肇曰：未有得真实慈而为杀盗不兼化者，可名持戒。

［三五］什曰：若能行忍，则内不自累，外不伤物，故言护彼我也。凡此中慈上“行”字，梵本中无。

肇曰：未有得真实慈而不护彼己致忿诤者，可名忍辱也。

［三六］肇曰：未有得真实慈而不荷负众生者，可名精进也。

［三七］肇曰：未有得真实慈而以乱心受五欲味者，可名禅定也。

［三八］什曰：行未满而求果，名不知时也。

肇曰：未有得真实慈而为不知时行者，可名智慧也。

［三九］肇曰：未有得真实慈而不权现普应者，可名方便也。

［四〇］什曰：其心质直，有罪必悔，不隐其过，此二业也。

肇曰：未有得真实慈而心有曲隐不清净者，可名无隐耳。

［四一］什曰：直心中犹有累结，今深入佛法无杂想也。

肇曰：未有得真实慈而杂以浅行者，可名深心。

［四二］什曰：身业直正，不诳物也。

肇曰：未有得真实慈而虚假无实者，可名无诳也。

［四三］什曰：梵本云：住涅槃乐。

肇曰：未有得真实慈而不令彼我得佛乐者，可名安乐。

［四四］肇曰：自上诸名，皆真实慈体。自有此能，故有此名耳，不外假他行以为己称也。真慈若此，岂容众生见乎？

文殊师利又问："何谓为悲？"

答曰："菩萨所作功德，皆与一切众生共之[一]。"

"何谓为喜？"

答曰："有所饶益，欢喜无悔[二]。"

"何谓为舍？"

答曰："所作福祐[三]，无所悕望[四]。"

文殊师利又问："生死有畏，菩萨当何所依[五]？"

维摩诘言："菩萨于生死畏中，当依如来功德之力[六]。"

文殊师利又问："菩萨欲依如来功德之力，当于何住[七]？"

答曰："菩萨欲依如来功德力者，当住度脱一切众生[八]。"

又问："欲度众生，当何所除[九]？"

答曰："欲度众生，除其烦恼[一〇]。"

又问："欲除烦恼，当何所行[一一]？"

答曰："当行正念[一二]。"

又问："云何行于正念[一三]？"

答曰："当行不生不灭[一四]。"

又问："何法不生？何法不灭？"

答曰："不善不生，善法不灭[一五]。"

又问："善不善孰为本[一六]？"

答曰："身为本[一七]。"

又问："身孰为本？"

答曰："欲贪为本[一八]。"

又问："欲贪孰为本？"

答曰："虚妄分别为本[一九]。"

又问："虚妄分别孰为本？"

答曰："颠倒想为本[二〇]。"

又问："颠倒想孰为本？"

答曰："无住为本[二一]。"

又问："无住孰为本？"

答曰："无住则无本[二二]。文殊师利，从无住本，立一切法[二三]。"

【注释】

[一] 什曰：功德及功德果报悉施众生，此布施救苦众生也。三等尽就施中明等，若广说，亦应如慈等。

肇曰：因观问慈，备释四等也。哀彼长苦，不自计身，所积众德，愿与一切，先人后己，大悲之行也。

生曰：夫欲拔苦，要当舍己之乐以济之也，又为实悲矣。

[二] 肇曰：自得法利，与众同欢。喜于彼己俱得法悦，谓之喜。

生曰：慈悲既以益之，唯喜而无悔也，亦为实喜矣。

[三] 什曰：亦施中明等也。

[四] 什曰：现世不求恩，未来不求报也。声闻行四等，不能实益众生。今菩萨行四等已，实能利益众生，故四等皆名大也。

肇曰：大悲苦行，忧以之生。慈喜乐行，喜以之生。忧喜既陈，则爱恶征起，是以行者舍苦乐行，平观众生。大乘正舍，行报俱亡，故无所悕望也。三等俱无相无缘，与慈同行。慈行既备，类之可知也。

生曰：虚想众生以舍憎爱者，非实舍也。若能不望功德之报，舍之极者也。

[五] 什曰：为物受身，而未离结业。结业之体，未能无畏，必有所依，然后能克终大业，故问其所依，趣能不废退也。

肇曰：生死为畏，畏莫之大。悲疾大士何所依恃，而能永处生死，不以为畏乎？

生曰：行实等者，必入生死也。而据生死言之，是可畏之境。苟未能免，或为所得。菩萨何所依怙，不畏之耶？

[六] 什曰：如来功德如是深妙，我当得之，宁可以此微苦而生疲厌？一心求佛道，直进不回，则众苦自灭，恐畏斯除。亦以念为依，亦以求趣为依。

肇曰：生死之畏，二乘所难。自不依如来功德力者，孰能处之？

生曰：夫以等入生死者，必欲济生死也。苟以济而入，终成如来果矣。若以利重推之，故不应难于小苦。又乃有此冥报，生死岂能加诸苦？如来功德之力，能使众恶不加之者也。

［七］什曰：欲依趣如来功德，要标心有在，故问其所住也。

生曰：若直欲济而入，或不必能济。不必能济，不成大果。故复问入当何住也。

［八］肇曰：住化一切，则其心广大。广大其心，则所之无难，此住佛功德力之谓也。

生曰：明以济而入，必住度脱中者也。

［九］生曰：所谓度脱，必有所度，有所脱，故问之焉。

［一〇］肇曰：将寻其本，故先言其末也。

生曰：度烦恼之河，脱烦恼之缚矣。

［一一］生曰：问众生既有烦恼，当作何行乃得除之耶？

［一二］生曰：夫有烦恼，出于惑情耳，便应观察法理，以遣之也。然始观之时，见理未明，心不住理，要须念力，然后得观也。念以不忘为用，故得存而观焉。

别本云：正忆念。

什曰：正忆念，通始终，兼精粗。凡非邪想，念不乖理，皆名忆念也。

［一三］生曰：问正念为行也。重问也。

［一四］肇曰：正念，谓正心念法，审其善恶。善者增而不灭，恶者灭令不生。

生曰：以不生不灭为行。

［一五］什曰：恶法生则灭之，未起，不令生也。善法不灭，令其增广也。

生曰：念力而观，为造理之初，始是制恶就善者。

［一六］肇曰：既知善之可生，恶之可灭，将两舍以求宗，故逆寻其本也。

生曰：夫一善一恶者，迭为根本，永无判也。要当求其本原而观之者，然后判矣。

［一七］什曰：身谓五阴也。

肇曰：善恶之行，非身不生。

生曰：所以为善恶者，为身故也。

［一八］什曰：由欲着情深，故广生结业。亦以爱润，所以受生。是以于诸结中，偏举欲贪也。

肇曰：爱为生本，长众结缚。凡在有身，靡不由之。

生曰：欲者贪使在我，故受身者矣。

［一九］什曰：法无定相，相由惑生，妄想分别，是好是丑。好恶既形，欲心自发，故为欲本也。

肇曰：法无美恶，虚妄分别，谓是美是恶。美恶既形，则贪欲是生也。

生曰：妄分别法，故有可贪着也。

［二〇］什曰：有无见反于法相，名为颠倒。先见有无，然后分别好恶。然则有无见是惑累之本，妄想之初，故偏受倒名也。

肇曰：法本非有，倒想为有。既以为有，然后择其美恶，谓之分别也。

生曰：惑心内转为倒，然后妄分别外事。

［二一］什曰：法无自性，缘感而起。当其未起，莫知所寄。莫知所寄，故无所住。无所住故，则非有无。非有无，而为有无之本。无住则穷其原，更无所出，故曰无本。无本而为物之本，故言立一切法也。

肇曰：心犹水也，静则有照，动则无鉴。痴爱所浊，邪风所扇，涌溢波荡，未始暂住。以此观法，何往不倒？譬如临面涌泉，而责以本状者，未之有也。倒想之兴，本乎不住，义存于此乎？一切法从众缘会而成体，缘未会则法无寄。无寄则无住，无住则无法。以无法为本，故能立一切法也。

生曰：所谓颠倒，正反实也，为不实矣。苟以不实为体，是自无住也。既不自住，岂他住哉？若有所住，不得为颠倒也。

［二二］肇曰：若以心动为本，则有有相生，理极初动，更无本也。若以无法为本，则有因无生，无不因无，故更无本也。

生曰：无住即是无本之理也。

［二三］肇曰：无住故想倒，想倒故分别，分别故贪欲，贪欲故有身。既有身也，则善恶并陈。善恶既陈，则万法斯起。自兹以往，言数不能尽也。若善得其本，则众末可除矣。

生曰：一切诸法，莫不皆然，但为理现于颠倒，故就颠倒取之为所明矣。以此为观，复得有烦恼乎？

时维摩诘室有一天女[一]，见诸大人，闻所说法，便现其身，即以天华散诸菩萨大弟子上[二]。华至诸菩萨，即皆堕落[三]。至大弟子，便着不堕[四]，一切弟子神力去华，不能令去[五]。

尔时，天问舍利弗："何故去华[六]？"

答曰："此华不如法，是以去之[七]。"天曰："勿谓此华为不如法[八]，所以者何？是华无所分别[九]，仁者自生分别想耳[一〇]。若于佛法出家，有所分别，为不如法。若无分别，是则如法[一一]。观诸菩萨华不着者，已断一切分别想故[一二]。譬如人畏时，非人得其便[一三]。如是弟子畏生死故[一四]，色、声、香、味、触得其便也[一五]。已离畏者，一切五欲无能为也[一六]。结习未尽，华着身耳。结习尽者，华不着也[一七]。"

舍利弗言："天止此室，其已久如[一八]？"

答曰："我止此室，如耆年解脱[一九]。"

舍利弗言："止此久耶[二〇]？"

天曰："耆年解脱，亦何如久[二一]？"

舍利弗默然不答[二二]。

天曰："如何耆旧大智而默[二三]？"

答曰："解脱者无所言说，故吾于是不知所云[二四]。"

天曰："言说文字，皆解脱相[二五]。所以者何？

解脱者，不内不外，不在两间[二六]。文字亦不内不外，不在两间[二七]。是故舍利弗，无离文字说解脱也[二八]。所以者何？一切诸法是解脱相[二九]。”

舍利弗言：“不复以离淫怒痴为解脱乎[三〇]？”

天曰：“佛为增上慢人说离淫怒痴为解脱耳[三一]。若无增上慢者，佛说淫怒痴性即是解脱[三二]。”

舍利弗言：“善哉！善哉！天女，汝何所得，以何为证[三三]，辩乃如是[三四]？”

天曰：“我无得无证，故辩如是[三五]。所以者何？若有得有证者，则于佛法为增上慢[三六]。”

舍利弗问天：“汝于三乘，为何志求[三七]？”

天曰：“以声闻法化众生故，我为声闻。以因缘法化众生故，我为辟支佛。以大悲法化众生故，我为大乘[三八]。舍利弗，如人入瞻卜林，唯嗅瞻卜，不嗅余香[三九]。如是若入此室，但闻佛功德之香，不乐闻声闻、辟支佛功德香也[四〇]。舍利弗，其有释、梵、四天王、诸天龙鬼神等，入此室者，闻斯上人讲说正法，皆乐佛功德之香，发心而出。舍利弗，吾止此室十有二年，初不闻说声闻、辟支佛法，但闻菩萨大慈大悲不可思议诸佛之法[四一]。舍利弗，此室常现八未曾有难得之法[四二]。何等为八？此室常以金色光照[四三]，昼夜无异，不以日月所照为明，是为一未曾有难得之法。此室入者，不为诸垢之所恼也，是为二未曾有难得之法[四四]。此室常有释、梵、四天王、他方菩萨来会不绝，是为三未曾有难得之法。此室常说六波罗蜜不退转法，是为四未曾有难得之法。此室常作天人第一之乐，弦出无量法化之声，是为五未曾有难得之法。此室有四大藏，众宝积满，周穷济乏，求得无尽，是为六未曾有难得之法。此室释迦牟尼佛、阿弥陀佛、阿閦佛、宝德、宝炎、宝月、宝严、难胜、师子响、一切利成，如是等十方无量诸佛，是上人念时，即皆为来[四五]，广说诸佛秘要法藏，说已还去，是为七未曾有难得之法。此室一切诸天严饰宫殿，诸佛净土皆于中现[四六]，是为八未曾有难得之法。舍利弗，此室常现八未曾有难得之法，谁有见斯不思议事，而复乐于声闻法乎[四七]？”

舍利弗言：“汝何以不转女身[四八]？”

天曰：“我从十二年来，求女人相了不可得，当何所转[四九]？譬如幻师化作幻女，若有人问何以不转女身，是人为正问不？”

舍利弗言：“不也。幻无定相，当何所转？”

天曰：“一切诸法亦复如是，无有定相，云何乃问不转女身[五〇]？”

【注释】

［一］什曰：无宅无神，随宅主有优劣，故神有精粗。未曾有室，故以天女为神也。

生曰：外国亦以神为天也。夫有福之家，必有福神附焉，是以菩萨托为之矣。是入生死事也。

［二］什曰：诸菩萨上嫌其室空，今所以供养，将以宅主处疾，故其神承旨而致供也。

肇曰：天女，即法身大士也。常与净名共弘大乘不思议道，故现为宅神，同处一室。见大众集，闻所说法，故现身散华，欲以生论也。

生曰：现女神散华者，示卑而重法，以敦仰法之怀。密欲因事畅理，以明不畏生死，故虽入而不染也。若畏而避之，愈致着也。

［三］生曰：任之自堕。

［四］什曰：天以此未曾有室，无杂教故，毁贱小乘，显扬大道，所以共为影响，发明胜致也。

生曰：虽曰天力使然，招之自有在矣。

［五］肇曰：将辨大小之殊，故使华若此。

生曰：夫制饰华者，本欲除其好情也。苟无情于好饰，终日在己，岂有犯哉？而用神力去华，恶其着身者，盖托全戒，将明恶必致好，虽欲顺律，乃反违其意矣。然则以致好之本排之，岂可去乎？故因事以明斯义，理亦如事也。

［六］生曰：怪而问之。

[七] 肇曰：香华着身，非沙门法，是以去之。一义，华法散身应堕，不堕，非华法也。

生曰：不如律法。

[八] 别本云：不如法分别。

什曰：梵本云不净。沙门绝于饰好，故以华为不净也。

[九] 什曰：华性本不二，故无分别也。

生曰：华性无实，岂有如法不如法之分别哉？

[一〇] 肇曰：华岂有心于堕不堕乎？分别之想，出自仁者耳。

生曰：如法不如法，出惑想之情耳，非华理然也。

[一一] 肇曰：如法不如法，在心不在华。

生曰：若体华理无好恶者，乃合律之法耳。

[一二] 生曰：非直不致着，亦不能使着也。

[一三] 什曰：如一罗刹变形为马，有一士夫乘之不疑。中道，马问士夫："马为好不？"士夫拔刀示之。问言："此刀好不？"知其心正无畏，竟不敢加害。若不如是，非人得其便也。

生曰：恐畏之时，情已怯弱，故得其便矣。

[一四] 生曰：华香致好，则增生死。然恶之者，是畏生死也。

[一五] 生曰：苟曰恶之，好得便矣。

[一六] 生曰：既已离恶，正使五情所欲陈列于前，不复能使好之矣。

［一七］什云：问曰："菩萨结习亦未尽，云何不着耶？"答曰："有二种习：一结习，二佛法中爱习。得无生忍时，结习都尽，而未断佛法爱习。"亦云：法身菩萨虽有结习，以器净故，习气不起也。

肇曰：着与不着，一由内耳，华何心乎？

生曰：向恶华去之，虽非结病，然是其习矣。习尚招华着身而不可去，况有结乎？

［一八］什曰：梵本云几久也。

肇曰：止净名大乘之室久近，妙辩若此乎？

生曰：既已屈之，便嫌其止室为天，而不欲便相指斥，故寄久为问焉。

［一九］肇曰：将明第一无久近之义，故以解脱为喻。解脱，即无为解脱也。

生曰：止室是有缚矣，如解脱，明无实缚矣。

［二〇］肇曰：解脱之道，无形无相，逆之不见其首，寻之不见其后，眇莽无朕，谓之解脱。若止此，犹解脱久近不可知者，乃大久也。

生曰：舍利弗前问意虽云止室，而语交在久。于不达者取之，便谓向答是矣。苟答其语，则云如舍利弗解脱来久也。今舍利弗解脱来实久，止室得不久乎？止室既已有久，便不复得同解脱也，是以不得不以久为问焉。

［二一］肇曰：逆问其所得，令自悟也。耆年所得无为解脱，宁可称久乎？

生曰：言耆年解脱之为久，亦何所似乎？

［二二］肇曰：言久于前，责实于后，故莫知所答也。

生曰：既言解脱无久，迹为实无也。解脱苟以无为实者，言亦实有也。有无相乖，岂可得以言解脱？是以托用斯默，以明解脱非实无矣。解脱既非实无，然后止言，乃可得必同之矣。

［二三］肇曰：五百弟子，仁者智慧第一，默然何耶？

生曰：默然似有所不达，故尔也。

［二四］肇曰：向闻如解脱，谓始终难知，说以为久。而解脱相者，非心所知，非言所及，将顺解脱无言之旨，故莫知所云焉。

生曰：不知其会也。

［二五］肇曰：舍利弗以言久为失，故默然无言，谓顺真解。未能语默齐致，触物无阂，故天说等解以晓其意也。

生曰：有会矣乎？

［二六］生曰：夫解脱者，我解于缚也。不偏在我，故不内也。亦不偏在缚，故不外也。会成解脱，又不两在。

［二七］生曰：我为内，所说为外，合之为两间矣。

［二八］肇曰：法之所在，极于三处。三处求文字解脱俱不可得，如之何欲离文字而别说解脱乎？

生曰：舍利弗向言解脱无所言说，故默者，是谓言说异于解脱。既明无异，故诫之焉。

［二九］肇曰：万法虽殊，无非解脱相，岂文字之独异焉？

生曰：无不是解脱相故也。

［三〇］肇曰：二乘结尽，无为为解脱，闻上等解乖其本趣，故致斯问。

生曰：以佛言离淫怒痴为解脱，而问之耳。

［三一］生曰：增上慢人以得法为怀，不能即淫怒痴为解脱也，故验终以语之，令其悟耳。

［三二］肇曰：卑生死，尊己道，谓增上慢人也。为此人说离结为解脱。若不卑生死，不尊己道者，则为说三毒诸结性即解脱，无别解脱也。二乘虽无结慢，然卑生死，尊涅槃，犹有相似慢结。慢者，未得道，言已得，以生慢。

生曰：以无执为怀者，不复待验然后悟矣。

［三三］什曰：有为果言得，无为果言证。

［三四］肇曰：善其所说，非己所及，故问得何道，证何果，辩乃如是乎。

生曰：既解而善其言也。要有所得，有所证，然后有如此之辩，故问之焉。

［三五］什曰：若见有得证，则情有所封，有所封则有所阂，有阂则无辩。以无得证，故能若是也。

肇曰：夫有阂之道，不能生无阂之辩。无阂之辩，必出于无阂之道。道有得有证者，必有所不得，有所不证。以大乘之道，无得无证，故无所不得，无所不证。从此生辩，故无所不辩也。

生曰：无得为得，无证为证，故辩如是也。

［三六］肇曰：若见己有所得，必见他不得。此于佛平等之

法，犹为增上慢人，何能致无阂之辩乎？

生曰：若有得者，则不得也。以不得为得，增上慢矣。

［三七］什曰：伏其德音，知其不常。然则未测其所乘，故问其志也。

肇曰：上直云无得无证，未知何乘，故复问也。

生曰：三乘同以无得为怀，故不知为何志也。

［三八］肇曰：大乘之道，无乘不乘。为彼而乘，吾何乘也。

生曰：随彼为之，我无定也。

［三九］什曰：非谓有而不嗅，谓足于所闻，不复外求耳。依喻义可知也矣。

［四〇］肇曰：无乘不乘，乃为大乘。故以香林为喻，明净名之室不杂二乘之香。止此室者，岂他嗅哉？以此可知吾志何乘也。

生曰：维摩诘居此室而应者，大明宗极之理也。而宗极之理，无取小义，此则表佛功德外勋矣。

［四一］肇曰：大乘之法，皆名不可思议。上问止室久近，欲生论端，故答以解脱。今言实年，以明所闻之不杂也。

生曰：诸天鬼神暂入此室，尚无不发大意而出，况我久闻妙法乎？然则不能不为大，非能为大矣。

［四二］生曰：既闻妙法，又见未曾有事，岂得不为大哉？

［四三］生曰：应主在慈，岂不有照时乎？而不见之者，彼自绝耳，非室无也。

［四四］什曰：其室清净，无逆气恶神，垢缘绝故，垢不生也。恶神起，如十头罗刹入一王体，怒害即生，是其类也。

肇曰：入此室者，烦恼自息。

生曰：此室常表于理，见之乃为入耳。果得入之，不复为诸垢所恼矣。

［四五］生曰：佛理常在其心，念之便至矣。

［四六］什曰：如有方寸金刚，数十里内石壁之表，所有形色，悉于是现。此室明彻，其喻如此。

［四七］肇曰：显室奇特之事，以成香林之义。

［四八］肇曰：汝以无碍之智，受有碍之身，而不转舍，何耶？

［四九］肇曰：止此室来所闻正法，未觉女人异于男子，当何所转？天悟女相岂十二年而已乎？欲明此室纯一等教，无有杂声，故齐此为言耳。天为女像，为生斯论矣。

［五〇］肇曰：万物如幻，无有定相，谁好谁丑，而欲转之乎？

即时，天女以神通力，变舍利弗令如天女，天自化身如舍利弗，而问言："何以不转女身[一]？"

舍利弗以天女像而答言："我今不知所转[二]而变为女身[三]。"

天曰："舍利弗，若能转此女身，则一切女人亦当能转[四]。如舍利弗非女而现女身，一切女人亦复如是，虽现女身而非女也[五]。是故佛说一切诸法非男非女[六]。”

即时，天女还摄神力，舍利弗身还复如故。

天问舍利弗：“女身色相，今何所在[七]？”

舍利弗言：“女身色相，无在无不在[八]。”

天曰：“一切诸法亦复如是，无在无不在。夫无在无不在者，佛所说也[九]。”

舍利弗问天：“汝于此没，当生何所[一〇]？”

天曰：“佛化所生[一一]，吾如彼生[一二]。”

曰：“佛化所生，非没生也。”

天曰：“众生犹然，无没生也[一三]。”

舍利弗问天：“汝久如当得阿耨多罗三藐三菩提[一四]？”

天曰：“如舍利弗还为凡夫，我乃当成阿耨多罗三藐三菩提[一五]。”

舍利弗言：“我作凡夫，无有是处[一六]。”

天曰：“我得阿耨多罗三藐三菩提，亦无是处[一七]。所以者何？菩提无住处，是故无有得者[一八]。”

舍利弗言：“今诸佛得阿耨多罗三藐三菩提，已得当得，如恒河沙，皆谓何乎[一九]？”

天曰：“皆以世俗文字数故，说有三世，非谓菩提有去来今[二〇]。”

天曰:“舍利弗,汝得阿罗汉道耶[二一]?”

曰:“无所得故而得[二二]。”

天曰:“诸佛菩萨亦复如是,无所得故而得[二三]。”

尔时,维摩诘语舍利弗:“是天女曾已供养九十二亿佛,已能游戏菩萨神通,所愿具足,得无生忍,住不退转。以本愿故,随意能现,教化众生[二四]。”

【注释】

[一] 肇曰:将成幻化无定之义,故现变而问,令其自悟也。

[二] 什曰:此从解中据理而言。

[三] 肇曰:吾不知所以转而为此身,如之何又欲转之乎?

[四] 肇曰:仁者不知所以转而转为女身,众女亦不知所以转而为女也。若仁者无心于为女,而不能转女身者,则众女亦然,不能自转,如何劝人转女身乎?此明女虽无定相,而因缘所成,不得自在转也。

[五] 肇曰:如舍利弗实非女,而今现是女像,众女亦现是女像,实非女也。男女无定相,类已可知矣。

[六] 肇曰:佛语岂虚妄哉?

[七] 肇曰:将推女相之所在,故复身而问。

[八] 肇曰:欲言有在,今见无相。欲言无在,向复有相。犹幻化无定,莫知所在也。

[九] 肇曰:岂唯女相,诸法皆尔。称佛所说,以明理不

可易。

［一〇］肇曰：既知现相之无在，又问当生之所在。

［一一］什曰：不直说无生而说生者，欲据有生相结，而理无生灭者也。

［一二］肇曰：此生身相既如幻化，没此更生，岂得异也？

［一三］肇曰：岂我独如化，物无非化也。

［一四］肇曰：身相没生，可如幻化。菩提真道，必应有实，故问久如当成。

［一五］肇曰：所期必无。

［一六］肇曰：圣人还为凡夫，何有是处耶？

［一七］肇曰：彼圣人为凡夫，我成菩提道，无处一也。

［一八］肇曰：菩提之道，无为无相，自无住处，谁有得者？

［一九］肇曰：据得以问。

［二〇］什曰：菩提性空，故超于三世。菩提既空，则无得佛。无得佛者，则亦无菩提。缘会而生，理不相离，故有无宜同也。

肇曰：世俗言数有三世得耳，非谓菩提第一真道有去来今也。

［二一］什曰：佛道深妙，有之真极。己所未得，犹谓不无。即其所得，了其非有。故问令推己以悟佛也。

肇曰：罗汉入无漏心，不见得道。入有漏心，则见有得。今问以第九解脱自证成道时，见有得耶，欲令自悟无得义也。

［二二］什曰：以其解法无得，则理会于法，故因其所会，假

名为得。

肇曰：推心而答也。无得故有得，有得则无得，此明真得乃在于不得。

［二三］什曰：三乘取证，无得俱同，但大乘悟法既深，又无出入之异耳。

［二四］肇曰：上但即言生论，未知其道深浅。净名傍显其实，以生众会敬信之情。

注维摩诘经卷第六终

注维摩诘经卷第七

后秦释僧肇撰

佛道品第八

尔时，文殊师利问维摩诘言："菩萨云何通达佛道[一]？"

维摩诘言："若菩萨行于非道[二]，是为通达佛道[三]。"

又问："云何菩萨行于非道？"

答曰："若菩萨行五无间，而无恼恚[四]。至于地狱，无诸罪垢[五]。至于畜生，无有无明憍慢等过[六]。至于饿鬼，而具足功德[七]。行色、无色界道，不以为胜[八]。示行贪欲，离诸染着。示行瞋恚，于诸众生无有恚阂。示行愚痴，而以智慧调伏其心[九]。示行悭贪，而舍内外所有，不惜身命。示行毁禁，而安住净戒，乃至小罪犹怀大惧。示行瞋恚，而常慈忍。示行懈怠，而勤修功德。示行乱意，而常念定。示行愚痴，而通达世间、出世间慧[一〇]。示行谄伪，而善方便随诸经义[一一]。示行憍慢，而于众生犹如桥梁[一二]。示行诸烦恼，而心常清净[一三]。示入于魔，而顺佛智慧，不随他教[一四]。示入声闻，而为众生说未闻法[一五]。示入辟支佛，而成就大悲，教化众生[一六]。示入贫穷，而有宝手，功德无尽[一七]。示入形残，而具诸相好以自庄严。示入下贱，而生佛种姓中具诸功德[一八]。示入羸劣丑陋，而得那罗延身[一九]，一切众生之所乐见[二〇]。示入老病，而永断病根，超越死畏[二一]。示有资生，而恒观无常，实无所贪。示有妻妾彩女，而常远离五欲淤泥[二二]。现于讷钝，而成就辩才，总持无失。示入邪济，而以正济[二三]度诸众生[二四]。现遍入诸道，而断其因缘[二五]。现于涅槃，而不断生死[二六]。文殊师利，菩萨能如是行于非道，是为通达佛道。”

【注释】

[一] 什曰：因上章天女随愿受身，流通佛法，故广圆应之迹，以明通达之功也。

肇曰：上云诸佛之道以无得为得。此道虚玄，非常行之所通，通之必有以，故问所以通也。

生曰：应化无方，为佛之道。既能体之，为通达矣。

[二] 什曰：非道有三种：一者恶趣果报，二者恶趣行业，三者世俗善业及善业果报也。凡非其本实而处之，皆名非道。处非而不失其本，故能因非道以弘道。因非道以弘道，则斯通达矣。譬如良医，触物为药，故医术斯行，遇病斯治。

[三] 肇曰：夫以道为道，非道为非道者，则爱恶并起，垢累兹彰，何能通心妙旨，达平等之道乎？若能不以道为道，不以非道为非道者，则是非绝于心，遇物斯可乘矣。所以处是无是是之情，乘非无非非之意，故能美恶齐观，履逆常顺，和光尘劳，愈晦愈明，斯可谓通达无碍平等佛道也。

生曰：既出其表而行之者，皆应化然也。因天女即是其事，故广之焉。

[四] 什曰：五无间，罪业也。地狱至饿鬼，恶趣果报也。

肇曰：五逆罪必由恼恚生。此罪舍身，必入地狱，受苦无间也。菩萨示行五逆而无恼恚，是由不以逆为逆，故能同逆耳。若以逆为逆，孰敢同之？

[五] 肇曰：罪垢，地狱因也。示受其报，实无其因。

[六] 肇曰：痴慢偏重，多堕畜生。

[七] 肇曰：悭贪无福，多堕饿鬼。

[八] 什曰：梵本云：至色、无色界。凡夫生彼，则谓为涅槃第一最胜。今有为而生，不以为胜也。

肇曰：上二界道，受有之因，虽同其行，知其卑陋也。

[九] 肇曰：示行三毒，而不乖三善也。

［一〇］肇曰：示行六弊，而不乖六度也。

［一一］什曰：虽迹与谄同，而实不乖正，所谓善方便随诸经义也。

肇曰：外现随俗谄伪，内实随经方便也。

［一二］什曰：言其谦下，为物所凌践，忍受无慢，犹如桥梁也。

肇曰：使物皆践我上，取卑下之极也。

［一三］肇曰：烦恼显于外，心净著于内。

［一四］肇曰：外同邪教，内顺正慧也。

［一五］什曰：处非不舍其本，则胜习愈明，故不待闻而后说也。

肇曰：声闻不从人闻，不能自悟，况能为人说所未闻？

［一六］肇曰：大悲，大乘法，非辟支佛所能行。

［一七］什曰：手能出宝，广施无尽。

肇曰：手出自然宝，周穷无尽。

［一八］什曰：佛种姓即是无生忍。得是深忍，名曰法生，则已超出下贱，入佛境也。

肇曰：得无生忍，必继佛种，名生佛种姓中也。

［一九］什曰：天力士坚固端正身也。

［二〇］肇曰：那罗延，天力士名也。端正殊妙，志力雄猛。

［二一］肇曰：法身大士生死永尽，况老病乎？

［二二］什曰：如太子慕魄比也。

［二三］什曰：渡处名为济也。

[二四] 肇曰：津河可度处名正济，险难处名邪济。佛道名正济，外道名邪济也。

[二五] 肇曰：遍入异道，岂曰慕求？欲断其缘耳。

[二六] 肇曰：现身涅槃，而方入生死。自上所列，于菩萨皆为非道，而处之无阂，乃所以为道，故曰通达佛道也。

于是，维摩诘问文殊师利[一]："何等为如来种[二]？"

文殊师利言："有身为种[三]，无明有爱为种[四]，贪恚痴为种，四颠倒为种，五盖为种[五]，六入为种[六]，七识住为种[七]，八邪法为种，九恼处为种[八]，十不善道为种。以要言之，六十二见及一切烦恼，皆是佛种[九]。"

曰："何谓也[一〇]？"

答曰："若见无为入正位者[一一]，不能复发阿耨多罗三藐三菩提心[一二]。譬如高原陆地，不生莲华，卑湿淤泥，乃生此华。如是，见无为法入正位者，终不复能生于佛法。烦恼泥中，乃有众生起佛法耳[一三]。又如殖种于空，终不得生，粪壤之地，乃能滋茂。如是，入无为正位者，不生佛法。起于我见如须弥山[一四]，犹能发于阿耨多罗三藐三菩提心，生佛法矣[一五]。是故当知，一切烦恼为如来种[一六]。譬如不下巨海，终不能得无价宝珠。如是，不入烦恼大海，则不能得一切智宝[一七]。”

尔时，大迦叶叹言：“善哉！善哉！文殊师利，快说此语。诚如所言，尘劳之俦，为如来种。我等今者不复堪任发阿耨多罗三藐三菩提心，乃至五无间罪犹能发意生于佛法，而今我等永不能发。譬如根败之士，其于五欲不能复利，如是声闻诸结断者，于佛法中无所复益，永不志愿[一八]。是故，文殊师利，凡夫于佛法有反复，而声闻无也。所以者何？凡夫闻佛法，能起无上道心，不断三宝。正使声闻终身闻佛法，力、无畏等，永不能发无上道意[一九]。”

【注释】

[一] 什曰：自相遇以来，维摩独说，似是辩慧之功偏有所归。今令彼说，欲显其德者也。亦云：推美以为供养也。

[二] 什曰：种、根本、因缘，一义耳。因上大士随类化物，通达佛道，固知积恶众生能发道心。能发道心，则是佛道因缘，故问佛种也。亦云：新学欲得佛而未知佛因，故问其因也。

肇曰：既辩佛道所以通，又问其道之所出也。维摩、文殊迭为问答，应物而作，孰识其故？

生曰：如来种，是拟谷种为言也。向以示众恶为佛，今明实恶为种，故次反问焉。

[三] 什曰：有身，谓有漏五受阴也。义云：有身应是身见。身见，三有之原，结累根本，故直言身见。身见计我，欲令得乐，则能行善，故为佛种也。

肇曰：有身，身见也。夫心无定所，随物而变，在邪而邪，在正而正，邪正虽殊，其种不异也。何则？变邪而正，改恶而善，岂别有异邪之正，异恶之善，超然无因，忽尔自得乎？然则正由邪起，善因恶生，故曰众结烦恼为如来种也。

[四] 什曰：向总说，此开为二门也。一切结属二门，故偏举二门也。自此已下，次第广开者也。

[五] 什曰：四倒为因，五盖为果，是则名曰生死两轮。两轮既具，六趣斯游。

[六] 什曰：义言：六情爱也。爱为生本，故偏广开也。

[七] 什曰：初禅中，除劫初梵王及劫初诸小梵，自后合为第一识住。劫初唯有梵王，未有余梵。梵王念欲有余梵，余梵尔时遇会来生。梵王因起邪见，谓是己造，余梵亦自谓从梵王生。虽有精粗，其邪想不异，是名异身一想，第二识住也。二禅形无优劣，而心有若干，除入解脱，种种异念，是名一形异想，是第三识住也。三禅形无精粗，心无异想，所谓一乐想，第四识住也。并无色前三地，是名七识住也。识住，识得安住也。识念分明，无有恼患，无坏者，是

名为住。恶趣则苦痛坏,四禅则无想坏,非想灭定坏,亦彼地心想微昧,念不分明,故识不安住也。问曰:"欲界亦恶趣所坏,云何立识住也?"答曰:"取地坏,不取界坏。欲界恶趣善趣,趣乖地异,苦乐殊致,义不相涉,故不相坏也。"又义云:应为七使也。

[八] 什曰:爱我怨家,憎我知识,恼我己身,一世则三,三世为九。又义云:九结也。

[九] 肇曰:尘劳众生即成佛道,更无异人之成佛,故是佛种也。

生曰:夫大乘之悟,本不近舍生死,远更求之也。斯为在生死事中,即用其实为悟矣。苟在其事而变其实为悟始者,岂非佛之萌芽,起于生死事哉?其悟既长,其事必巧,不亦是种之义乎?所以始于有身,终至一切烦恼者,以明理转扶疏,至结大悟实也。

[一〇] 肇曰:夫妙极之道,必有妙极之因,而曰尘劳为种者,何耶?

生曰:佛为至极之慧,而以众恶为种,未可孑孤,故问云尔。

[一一] 什曰:苦法忍至罗汉,无生至佛,皆名正位也。言无为而入者,由取相见,故入正位而取证。又言见无为,无为者尽谛。尽谛是其证,法决定分明。见前二谛时,虽无反势,未决定分明。言据其决定取证处。

[一二] 生曰:以现事明之也。见无为入正位者,苦法忍已上,结使已断。既至其所,始为见之。以本欲舍生

死求悟，悟则在生死外矣。无复不舍即悟之义，故不能复发菩提心也。

[一三] 生曰：喻入正位。

[一四] 什曰：言其见深而高也。

肇曰：我心自高，如须弥之在众山也。

[一五] 生曰：喻见无为也。此二喻以明萌发其事焉。

[一六] 什曰：谓为众生无央数劫，以烦恼受身，深入生死，广积善本，兼济众生，然后得成佛道，所以为种也。

[一七] 肇曰：二乘既见无为，安住正位，虚心静漠，宴寂恬怡，既无生死之畏，而有无为之乐，澹泊自足，无希无求，孰肯蔽蔽以大乘为心乎？凡夫沉沦五趣，为烦恼所蔽，进无无为之欢，退有生死之畏，兼我心自高，唯胜是慕，故能发迹尘劳，标心无上，树根生死，而敷正觉之华。自非凡夫没命洄渊，游盘尘海者，何能致斯无上之宝乎？是以凡夫有反覆之名，二乘有根败之耻也。

生曰：无价宝珠，是海之所成。一切智宝，亦是烦恼所作也，要入烦恼海中求之，然后得矣。此一喻以明既不舍结，有反入义焉。

[一八] 肇曰：迦叶自知己心微弱，不能发大道意，至于胜求，乃后五逆之人，伤己无堪，故善文殊之说。

[一九] 肇曰：凡夫闻法，能续佛种，则报恩有反复也。声闻独善其身，不弘三宝，于佛法为无反复也。又《法华》云，二乘中止，终必成佛。而此经以根败为喻，

无复志求。夫涅槃者，道之真也，妙之极也。二乘结习未尽，暗障未除，如之何以垢累之神而求真极之道乎？以其三有分尽，故假授涅槃，非实涅槃也。此经将以二乘疲厌生死，进向已息，潜隐无为，绵绵长久，方于凡夫，则为永绝。又抑扬时听，卑鄙小乘，至人殊应，其教不一，故令诸经有不同之说也。

尔时，会中有菩萨，名普现色身，问维摩诘言："居士，父母妻子、亲戚眷属、吏民知识，悉为是谁？奴婢僮仆、象马车乘，皆何所在[一]？"

于是，维摩诘以偈答曰：

智度菩萨母[二]，方便以为父[三]，
一切众导师，无不由是生[四]。
法喜以为妻[五]，慈悲心为女[六]，
善心诚实男[七]，毕竟空寂舍[八]。
弟子众尘劳[九]，随意之所转[一〇]，
道品善知识[一一]，由是成正觉[一二]。
诸度法等侣[一三]，四摄为妓女[一四]，
歌咏诵法言，以此为音乐[一五]。
总持之园苑[一六]，无漏法林树[一七]，
觉意净妙华[一八]，解脱智慧果[一九]。
八解之浴池[二〇]，定水湛然满[二一]，

布以七净华[二二]，浴此无垢人[二三]。
象马五通驰[二四]，大乘以为车[二五]，
调御以一心[二六]，游于八正路[二七]。
相具以严容，众好饰其姿[二八]，
惭愧之上服[二九]，深心为华鬘[三〇]。
富有七财宝[三一]，教授以滋息[三二]，
如所说修行，回向为大利[三三]。
四禅为床座[三四]，从于净命生[三五]，
多闻增智慧，以为自觉音[三六]。
甘露法之食[三七]，解脱味为浆[三八]，
净心以澡浴[三九]，戒品为涂香[四〇]。
摧灭烦恼贼[四一]，勇健无能逾，
降伏四种魔，胜幡建道场[四二]。
虽知无起灭，示彼故有生，
悉现诸国土，如日无不见[四三]。
供养于十方，无量亿如来，
诸佛及己身，无有分别想[四四]。
虽知诸佛国，及与众生空，
而常修净土，教化于群生[四五]。
诸有众生类，形声及威仪，
无畏力菩萨，一时能尽现。
觉知众魔事，而示随其行，

以善方便智，随意皆能现。
或示老病死[四六]，成就诸群生，
了知如幻化，通达无有阂。
或现劫尽烧，天地皆洞然，
众生有常想，照令知无常[四七]。
无数亿众生，俱来请菩萨，
一时到其舍，化令向佛道。
经书禁咒术，工巧诸伎艺，
尽现行此事，饶益诸群生。
世间众道法，悉于中出家[四八]，
因以解人惑，而不堕邪见[四九]。
或作日月天[五〇]，梵王世界主，
或时作地水，或复作风火[五一]。
劫中有疾疫，现作诸药草[五二]，
若有服之者，除病消众毒。
劫中有饥馑，现身作饮食，
先救彼饥渴，却以法语人[五三]。
劫中有刀兵，为之起慈悲[五四]，
化彼诸众生，令住无诤地。
若有大战阵，立之以等力，
菩萨现威势，降伏使和安[五五]。
一切国土中，诸有地狱处，

辄往到于彼，勉济其苦恼。
一切国土中，畜生相食啖，
皆现生于彼，为之作利益[五六]。
示受于五欲，亦复现行禅，
令魔心愦乱，不能得其便[五七]。
火中生莲华，是可谓希有，
在欲而行禅，希有亦如是[五八]。
或现作淫女，引诸好色者，
先以欲钩牵，后令入佛智[五九]。
或为邑中主，或作商人导，
国师及大臣，以祐利众生。
诸有贫穷者，现作无尽藏，
因以劝导之，令发菩提心。
我心憍慢者，为现大力士，
消伏诸贡高，令住无上道[六〇]。
其有恐惧者，居前而慰安，
先施以无畏，后令发道心。
或现离淫欲，为五通仙人，
开导诸群生，令住戒忍慈[六一]。
见须供事者，现为作僮仆，
既悦可其意，乃发以道心。
随彼之所须，得入于佛道，

以善方便力，皆能给足之。
如是道无量[六二]，所行无有涯，
智慧无边际，度脱无数众。
假令一切佛，于无数亿劫，
赞叹其功德，犹尚不能尽[六三]。
谁闻如是法，不发菩提心，
除彼不肖人，痴冥无智者[六四]。

【注释】

[一] 肇曰：净名权道无方，隐显难测，外现同世家属，内以法为家属。恐惑者见形，不及其道，故生斯问也。
生曰：普现色身以通达佛道为迹也。问此义者，欲明其事，要必有本，反于生死之致，故能无不入矣。是以答终戒品，便云所为无方也。

[二] 生曰：所谓菩萨，以智慧为主，而智慧以内解为用，有母义焉。

[三] 什曰：穷智之原，故称度。梵音中有母义，故以为母。亦云：智度虽以明照为体，成济万行，比其功用，不及方便，故以为母。正方便父，梵音中有父义。方便有二种：一深解空，而不取相受证。二以实相理深，莫能信受，要须方便诱引群生，令其渐悟。方便义深而功重，故为父也。
肇曰：智为内照，权为外用。万行之所由生，诸佛之

所因出，故菩萨以智为母，以权为父。

生曰：方便以外济为用，成菩萨道，父义也。

［四］什曰：菩萨、如来，通名导师。以新学谓其未离受生，应有父母。今欲显其以法化生，绝于受身，故答之以法也。

生曰：菩萨以上至佛也。

［五］什曰：如二禅中，自欣离下地，故生喜。亦于诸善及实法，深心爱乐，发大欢喜。以此自娱，外无余欣。喜为乐具，其喻如妻也。

肇曰：法喜，谓见法生内喜也。世人以妻色为悦，菩萨以法喜为悦也。

生曰：妻以守节为欣，失节则忧。喜于法者，此之谓也。

［六］什曰：慈悲性弱，从物入有，犹如女之为性，弱而随物也。

肇曰：慈悲之情，像女人性，故以为女。

生曰：慈悲以外适为用，有女义焉。

［七］什曰：诚实之心，于事能办，犹男有贞固之性，济成于家业也。

肇曰：诚实贞直，男子之性。亦有为恶而实，故标以善心。

生曰：其心既善，加以诚实，必能干济菩萨家而成大业。有男事焉，故云诚实男也。

［八］什曰：障蔽风雨，莫过于舍。灭除众想，莫妙于空。

亦能绝诸问难，降伏魔怨，犹密宇深重，寇患自消。亦云：有非真要，时复暂游。空为理宗，以为常宅也。

肇曰：堂宇以蔽风霜，空寂以障尘想。

生曰：于缘为有，是外有也。自性则无，为内虚也。可以庇非法风雨，而障结贼之患，是舍之理也。

[九] 什曰：众尘，即尘劳众生。化使从己，令受正道也。

[一〇] 什曰：转，令从己化也。

肇曰：尘劳众生，随意所化，无非弟子也。

生曰：转众尘之患以为智慧之明，岂非从化义哉？

[一一] 什曰：三十七品，三乘通用，菩萨兼以六度为道品。取其亲附守护，利益成就，义同三益，故类之知识。

[一二] 肇曰：成益我者，三十七道品也，可谓善知识乎？

生曰：益我以道，由之而成，善友义也。

[一三] 什曰：或有虽为知识，不必能为克终之伴。或虽为伴，而不为知识。又言伴侣，明善始令终，必至道场也。

肇曰：六度，大乘之要行。发心为侣，俱至道场，吾真侣也。

生曰：我本欲到诸法彼岸，而假诸度得至，伴之良者也。

[一四] 什曰：四摄聚众，犹众妓之引物也。

肇曰：四摄悦众，以当妓女也。

生曰：悦以取人，四摄理也。

［一五］肇曰：口咏法言，以当音乐。

生曰：悦耳致乐，莫善于此。

［一六］什曰：总持广纳，为众妙之林。奇玩娱心，犹如园苑也。

生曰：持诸法使不得散失，为园苑义也。

［一七］生曰：无漏之法，既根深不可拔，又理高而扶疏，为树之象。漏法不复得间错其间，林之义矣。

［一八］什曰：华之体，合则不妙，开过则毁，开合得适，乃尽其妙也。调顺觉意，亦复如是，高则放散，下则沉没，高下得中，乘平直往。开合之相，其犹净华也。

生曰：七觉以开悟为道，无染为净，华之法者也。

［一九］什曰：解脱，无为果也。智慧，有为果也。

生曰：结尽为解脱也。从智慧生，即以名之，终期所得为果矣。

［二〇］什曰：水之为用，除垢去热。解脱之性，亦除执去阂也。

生曰：八，以拟八方也。解脱者，除垢怀也，故有浴池义焉。

［二一］生曰：止则能鉴，水之义也。既定意足，湛然满矣。

［二二］什曰：一戒净，始终净也。身口所作，无有微恶。意不起垢，亦不取相，亦不愿受生。施人无畏，不限众生。二心净。三乘制烦恼心、断结心，乃至三乘漏尽心，名为心净。三见净。见法真性，不起妄想，是名见净。四度疑净。若见未深，当时虽了，后或生

疑。若见深疑断，名度疑净。五分别道净。善能见是道宜行，非道宜舍，是名分别道净。六行断知见净。行谓苦难、苦易、乐难、乐易四行也。断，谓断诸结也。学地中尽，未能自知所行所断。既得无学尽智、无生智，悉自知见所行所断，通达分明，是名行断知见净。七涅槃净也。

生曰：一戒净，二心净，三见净，四度疑净，五道非道知见净，六行知见净，七断知见净。此七既以净好为理，而从定水中出，义为水中华焉。

［二三］什曰：无垢而浴者，为除热取适也。菩萨无结而入八解者，外将为众生，内自娱心也。

肇曰：总持强记，万善之苑也。于此苑中，树无漏之林，敷七觉之华，结解脱之果，严八解之池。积禅定之水，湛然充满，布七净之华，罗列水上。然后无垢之士，游此林苑，浴此华池，闲宴嬉游，乐之至也。岂等俗苑林水之欢乎？觉意，七觉意也。解脱，有为无为果也。智慧，即果智也。

生曰：浴此则乃无复垢矣。

［二四］什曰：驾大乘车，游于十方，自在无阂，兼运众生，俱至道场也。

生曰：五通不疾而速，以喻象马。

［二五］生曰：驾以大乘车矣。

［二六］什曰：一心，梵本云和合。道品心中有三相：一发动，二摄心，三名舍。若发动过则心散，散则摄之。

摄之过则没,没则精进,令心发动。若动静得适,则任之令进,容豫处中,是名谓舍。舍即调御,调御即和合也。譬如善御,迟则策之,疾则制之,舒疾得宜,则放之令去,纵步夷涂,必之所往也。

生曰:一心,谓舍也。若无复高下迟疾,便宜任之以一心矣。

[二七] 肇曰:五通为象马,大乘为上车。一心为御者,游于八正路也。

生曰:八正为通衢,而游其上矣。

[二八] 什曰:严饰足于体,不假外也。

生曰:相好为严饰具者也。

[二九] 什曰:旨取其防非止恶,犹衣服可以御风寒也。

肇曰:惭愧障众恶,法身之上服。

生曰:衣服障形者,耻露其丑也。惭愧不为恶事,此之谓者也。

[三〇] 什曰:深心信乐,故能修善。处善之先,犹鬘之在首。又云:深心发明众善,亦如华鬘饰形服也。

肇曰:深心,法身之上饰,犹华鬘之在首。

生曰:华鬘者,既为首饰而束发使不乱也。深心是检行之初,故以喻焉。

[三一] 什曰:信、戒、闻、舍、慧、惭、愧也。处家则能舍财,出家则能舍五欲及烦恼也。由信善故持戒,持戒则止恶,止恶已则进行众善,进行众善要由多闻,闻法故能舍,能舍则慧生。故五事次第说也。五事为

宝，惭愧为守人。守人于财，主亦是财，故七事通名财也。

生曰：财宝有七，其理无穷，富之极者也。

［三二］生曰：教授众生，是与人之长善也。

［三三］什曰：行，自行也。以七财为本，又彼我兼利，复以此福回向佛道，七财弥增，则利之大也。

肇曰：七财，信、戒、闻、舍、慧、惭、愧也。世人以玉帛为饶，菩萨以七财为富。出入法宝，与人同利，兼示以滋息之法，令如说修行，回向佛道，此利之大者也。

生曰：如所说修行，既收外益，而可以易得大宝，故为大利也。

［三四］什曰：言四禅，取其似床座，能离三患也：一离毒螫，二离垢尘，三离湿冷。四禅亦离三患也，离瞋恚毒、贪欲尘、睡眠冷。离此三患，安隐快乐也。

肇曰：世人为毒螫、下湿，所以伐木为床。菩萨为下界毒恶，故以四禅为床。

生曰：四，以拟四方也。禅以安乐为理，床之象者也。

［三五］肇曰：四禅高床，修净命之所成。

生曰：净命为禅之巧功。

［三六］什曰：向说床，则致其安寝。安寝则觉之有法，故次说乐。外国贵人眠时，要先敕乐人，明相出时，微奏乐音，然后乃觉。今以多闻法音，觉其禅寝也。

肇曰：外国诸王卧欲起时，奏丝竹自觉。菩萨安寝四禅，多闻以自觉。

生曰：外国贵人卧欲觉时，作乐以觉之也。从闻而悟者，此之谓也。

[三七] 什曰：诸天以种种名药着海中，以宝山摩之，令成甘露。食之得仙，名不死药。佛法中以涅槃甘露，令生死永断，是真不死药也。亦云：劫初地味甘露，食之则长生。佛法中则实相甘露，养其慧命，是真甘露食也。

生曰：天食为甘露味也。食之长寿，遂号为不死食也。泥洹是不死之法，故以喻焉。

[三八] 什曰：味有四种：一出家离五欲，二行禅离愦乱烦恼，三智慧离妄想，四涅槃离生死。亦有二种解脱：一解脱烦恼，二解脱于阂也。亦云：爱性无厌，名之为渴，爱断则得解脱。解脱止爱渴，故名浆。四味亦以除爱渴，故为浆也。

肇曰：无漏甘露，以充其体。八解脱法浆，以润其身也。

生曰：爱为缚之本，以无厌为怀。若渴之须水，则大苦矣。若解脱之者，以无渴爱为浆，无苦为味也。

[三九] 什曰：心净则无染，无染即为浴。亦名游八解也。

生曰：净于心垢，为澡浴也。

[四〇] 什曰：净戒除秽，不假香也。

肇曰：净心为澡浴之水，戒具为涂身之香。

生曰：戒在形而外熏，为涂身香也。

［四一］什曰：烦恼有二种断：一遮断，二永断。摧灭，遮断也。下降伏四魔，永断也。上说资养四体，体既平健，则广兴事业。自此已下，是说其事业。

生曰：自此已下，明其有所云为。

［四二］什曰：外国破敌得胜，则竖胜幡。道场降魔，亦表其胜相也。

肇曰：外国法，战诤破敌，立幡以表胜。菩萨摧烦恼贼，降四魔怨，乃立道场，建胜相也。

［四三］肇曰：知无起灭，则得法身。无复生分，为彼有生，故无往不见。自此已下，尽叹菩萨变应之德，以法为家，故其能若此。

［四四］肇曰：未尝觉彼己之异也。

［四五］肇曰：知空不舍有，所以常处中。

［四六］什曰：如佛欲化弗迦沙王，故现作老比丘。亦如四城门所化比也。

［四七］什曰：或实烧，或不实烧。不实烧者，二日乃至三四日出时，众生见烧相，即悟无常，还摄不烧也。

［四八］什曰：以同习相感，先同而后乖也。出家人有德，为物所宗，故现入出家，修德引物也。

［四九］肇曰：九十六种，皆出家求道。随其出家，欲解其惑，不同其见也。

［五〇］什曰：劫初时未有日月，亦未有众生。幽冥处初不见日月，故为作日月，令得照明也。

［五一］什曰：劫初地未成，以神力令六方风来吹水结而成地。或见人入海，船欲没时，为化作地，令得安稳。至须水火风处，皆应其所求也。或化作，或以身作也。食及药草，亦如是也。

肇曰：遇海漂人，则变身为地。水火风，皆随彼所须而自变形也。

［五二］什曰：或令除病，或得升仙，因而化之，使入正道。外国有奇妙药草，或似人形，或似象马。形似象马者，有人乘之，径凌虚而去。或但见闻此药，众病即消也。

［五三］肇曰：菩萨法身，于何不为？或为药草，令服者病除。或为饮食，令饥渴者得饱满。

［五四］什曰：将来世劫尽时，刀兵起，人寿十岁。婆须蜜从忉利天下，生王家，作太子，化众人言："我等祖父，寿命极长，以今瞋恚无慈，故致此短寿。是故汝等当行慈心。"众人从命，恶心渐薄，此后生子，寿二十岁。如是转续至弥勒时，八万四千岁也。

［五五］什曰：两阵相对，助其弱者。二众既均，无相胜负，因是彼此和安矣。

［五六］什曰：如过去世时，人无礼义，欲残害长老。猴、象及鸟，推敬长老，令人修善，咸相和顺，如《大智度论》中说。

［五七］肇曰：欲言行禅，复受五欲。欲言受欲，复现行禅。莫测其变，所以愦乱也。

[五八] 肇曰：自非静乱齐旨者，孰能为之者也?

[五九] 肇曰：反欲以顺。

[六〇] 肇曰：慢心自高，如山峰不停水。菩萨现为力士，服其高心，然后润以法水。

[六一] 什曰：世无贤圣，众生下劣，不入深法，故化以戒忍也。

[六二] 生曰：应适无方，皆是佛之道矣。

[六三] 肇曰：其权智之道，无涯无际，虽复众圣殊辩，犹不能尽。

[六四] 肇曰：下士闻道，大而笑之。日月虽明，何益瞽者?

注维摩诘经卷第七终

注维摩诘经卷第八

后秦释僧肇撰

入不二法门品第九

尔时，维摩诘谓众菩萨言："诸仁者，云何菩萨入不二法门[一]？各随所乐说之[二]。"

会中有菩萨名法自在，说言："诸仁者，生灭为二。法本不生，今则无灭。得此无生法忍，是为入不二法门[三]。"

德守菩萨曰："我、我所为二。因有我故，便有我所。若无有我，则无我所。是为入不二法门[四]。"

不眴菩萨曰[五]："受、不受为二[六]。若法不受，则不可得。以不可得故，无取无舍[七]，无作[八]无行[九]。是为入不二法门[一〇]。"

德顶菩萨曰："垢净为二。见垢实性[一一]，则无净相，顺于灭相，是为入不二法门[一二]。"

善宿菩萨曰："是动、是念为二[一三]。不动则无念，无念则无分别。通达此者，是为入不二法门。”

善眼菩萨曰：“一相、无相为二。若知一相即是无相，亦不取无相，入于平等，是为入不二法门[一四]。”

妙臂菩萨曰[一五]：“菩萨心、声闻心为二。观心相空如幻化者，无菩萨心，无声闻心，是为入不二法门。”

弗沙菩萨曰[一六]：“善、不善为二[一七]。若不起善、不善，入无相际而通达者，是为入不二法门。”

师子菩萨曰：“罪福为二[一八]。若达罪性，则与福无异，以金刚慧决了此相[一九]，无缚无解者，是为入不二法门。”

师子意菩萨曰[二〇]：“有漏、无漏为二。若得诸法等，则不起漏、不漏想，不着于相，亦不住无相，是为入不二法门。”

净解菩萨曰：“有为、无为为二。若离一切数，则心如虚空，以清净慧无所阂者，是为入不二法门。”

那罗延菩萨曰：“世间、出世间为二[二一]。世间性空，即是出世间，于其中不入不出[二二]，不溢[二三]不散[二四]，是为入不二法门。”

善意菩萨曰：“生死、涅槃为二[二五]。若见生死性，则无生死，无缚无解，不然不灭，如是解者，是为入不二法门[二六]。”

现见菩萨曰:“尽、不尽为二。法若究竟尽[二七],若不尽,皆是无尽相。无尽相即是空,空则无有尽、不尽相,如是入者,是为入不二法门[二八]。”

普守菩萨曰[二九]:“我、无我为二。我尚不可得,非我何可得[三〇]?见我实性者,不复起二,是为入不二法门[三一]。”

电天菩萨曰:“明、无明为二。无明实性即是明[三二],明亦不可取,离一切数,于其中平等无二者,是为入不二法门[三三]。”

喜见菩萨曰:“色、色空为二。色即是空,非色灭空,色性自空。如是受想行识、识空为二,识即是空,非识灭空,识性自空。于其中而通达者,是为入不二法门[三四]。”

明相菩萨曰:“四种异、空种异为二[三五]。四种性即是空种性,如前际后际空故,中际亦空。若能如是知诸种性者,是为入不二法门[三六]。”

妙意菩萨曰:“眼色为二。若知眼性于色不贪不恚不痴,是名寂灭。如是耳声、鼻香、舌味、身触、意法为二,若知意性于法不贪不恚不痴,是名寂灭。安住其中,是为入不二法门[三七]。”

无尽意菩萨曰:“布施、回向一切智为二。布施性即是回向一切智性，如是持戒、忍辱、精进、禅定、智慧、回向一切智为二，智慧性即是回向一切智性。于其中入一相者，是为入不二法门[三八]。”

深慧菩萨曰：“是空、是无相、是无作为二。空即无相，无相即无作。若空、无相、无作，即无心意识，于一解脱门即是三解脱门者，是为入不二法门[三九]。”

寂根菩萨曰：“佛、法、众为二[四〇]。佛即是法[四一]，法即是众[四二]，是三宝皆无为相[四三]，与虚空等。一切法亦尔，能随此行者，是为入不二法门。”

心无阂菩萨曰：“身、身灭为二[四四]。身即是身灭，所以者何？见身实相者，则不起见身及见灭身。身与灭身无二无分别，于其中不惊不惧者，是为入不二法门[四五]。”

上善菩萨曰：“身、口、意业为二。是三业皆无作相，身无作相即口无作相，口无作相即意无作相。是三业无作相，即一切法无作相，能如是随无作慧者，是为入不二法门[四六]。”

福田菩萨曰：“福行、罪行、不动行为二[四七]。三行实性即是空，空即无福行、无罪行、无不动行。于此三行而不起者，是为入不二法门[四八]。”

华严菩萨曰：“从我起二为二。见我实相者，不起二法。若不住二法,则无有识。无所识者,是为入不二法门[四九]。"

德藏菩萨曰:"有所得相为二。若无所得,即无取舍。无取舍者,是为入不二法门[五〇]。"

月上菩萨曰:"暗与明为二。无暗无明,即无有二。所以者何?如入灭受想定[五一],无暗无明。一切法相亦复如是,于其中平等入者,是为入不二法门[五二]。"

宝印手菩萨曰:"乐涅槃、不乐世间为二。若不乐涅槃、不厌世间,则无有二。所以者何?若有缚,则有解。若本无缚,其谁求解?无缚无解,则无乐厌,是为入不二法门[五三]。"

珠顶王菩萨曰:"正道、邪道为二。住正道者,则不分别是邪是正。离此二者,是为入不二法门。"

乐实菩萨曰:"实、不实为二。实见者尚不见实,何况非实?所以者何?非肉眼所见,慧眼乃能见。而此慧眼,无见无不见,是为入不二法门[五四]。"

如是,诸菩萨各各说已,问文殊师利:"何等是菩萨入不二法门?"文殊师利曰:"如我意者,于一切法无言[五五]、无说[五六]、无示[五七]、无识,离诸问答,是为入不二法门[五八]。"

于是,文殊师利问维摩诘:"我等各自说已,仁者当说何等是菩萨入不二法门?"时维摩诘默然无言[五九]。文殊师利叹曰:"善哉!善哉!乃至无有文字语言,是真入不二法门[六〇]。"

说是入不二法门品时,于此众中,五千菩萨,皆入不二法门,得无生法忍。

【注释】

[一] 什曰:有无迭用,佛法之常。前品说有,故次说空门。复次,从始会以来,唯二人相对,余皆默然。今欲各显其德,故问令尽说。亦云情惑不同,发悟有因,令各说悟,广释众迷。夫胜会明宗,必以令终为美。今法坐将散,欲究其深致,广说不二,乃尽其妙也。问曰:"亦有三四乃至无量法门,云何独说不二耶?"答曰:"二事少而惑浅,余门事广而累深。二尚应破,则余可知也。"复次,万法之生,必从缘起。缘起生法,多少不同。极其少者,要从二缘。若有一缘生,未之闻也。然则有之缘起,极于二法。二法既废,则入于玄境。亦云二法门摄一切法门。问曰:"云何不破一耶?"答曰:"若名数之,则非一也。若以一为一,亦未离于二,遣二则一斯尽矣。"复次,无相之一,名假而实玄①。实玄则体与相绝,故直置而自无也。

肇曰:言为世则谓之法,众圣所由谓之门。

① "玄",《大正藏》本作"立",乙本作"亡"。

生曰：既悟其一，则众事皆得，故一为众事之所由也。

［二］肇曰：自经始已来，所明虽殊，然皆大乘无相之道。无相之道，即不可思议解脱法门，即第一义无二法门。此净名现疾之所建，文殊问疾之所立也。凡圣道成，莫不由之。故事为篇端，谈为言首，究其所归，一而已矣。然学者开心有地，受习不同，或观生灭以反本，或推有无以体真，或寻罪福以得一，或察身口以冥寂。其涂虽殊，其会不异。不异，故取众人之所同，以证此经之大旨也。

生曰：所以无方其道，皆入不二故也。今令人人说之，以为成验。

［三］肇曰：灭者，灭生耳。若悟无生，灭何所灭？此即无生法忍也。此菩萨因观生灭以悟道，故说己所解为不二法门也。下皆类尔。万法云云，离真皆名二，故以不二为言。

［四］肇曰：妙主常存，我也。身及万物，我所也。我所，我之有也。法既无我，谁有之者？

［五］肇曰：不眴有三义：一如天。二爱敬佛身，谛观不眴。三心无尘翳，慧眼常开。

［六］什曰：受、不受，取相、不取相也。亦有漏五阴名为受，无漏名不受也。亦云受心、不受心，如《阿毗昙心》说。

［七］什曰：无取，遣受也。无舍，遣不受也。

[八] 什曰：言不复作受生业也。

[九] 什曰：心行灭也。

[一〇] 肇曰：有心，必有所受。有所受，必有所不受。此为二也。若悟法本空，二俱不受，则无得无行，为不二也。

[一一] 什曰：如洗秽物，至尽乃净。净则尽，尽则无净也。

[一二] 肇曰：净生于垢，实性无垢，净何所净？

[一三] 什曰：惑心微起名为动，取相深著名为念，始终为异耳。

肇曰：情发为动，想我为念也。

[一四] 肇曰：言一欲以去二，不言一也。言无欲以去有，不言无也。而惑者闻一则取一相，闻无则取无相，故有二焉。

[一五] 什曰：以施报故，手能出无尽宝物，如五河流，故名妙臂也。

[一六] 什曰：二十八宿中鬼星名也。生时所值宿，因以为名也。

肇曰：弗沙，星名也，菩萨因以为字焉。

[一七] 什曰：一切有漏善心及善身口业，无漏乃至涅槃，名为善。一切烦恼所作身口业，名不善也。

[一八] 什曰：三界烦恼、烦恼相应及烦恼所作身口业，尽名罪。一切有漏善，尽名为福。

[一九] 什曰：金刚置地，下至地际然后乃止，实相慧要尽法性然后乃止也。

肇曰：金刚慧，实相慧也。

［二〇］什曰：师子度水，要截流直度，曲则不度。此大士以实智慧深入诸法，直过彼岸，故借以为名也。

［二一］什曰：世间，三界也。出世间，一切无漏有为道品法也。

［二二］什曰：出义生于入也。无入生死，故无出世间也。

［二三］什曰：梵本云流也。

［二四］肇曰：夫有入则有出，有出必有溢，有溢必有散，此俗中之常数。

［二五］什曰：上言无为，三无为也。今明究竟涅槃也。

［二六］肇曰：缚、然，生死之别名。解、灭，涅槃之异称。

［二七］什曰：无常是空之初门。破法不尽，名为不尽。若乃至一念不住，则无有生，无有生则生尽，生尽则毕竟空，是名为尽也。

［二八］肇曰：有为虚伪法，无常故名尽。实相无为法，常住故不尽。若以尽为尽，以不尽为不尽者，皆二法也。若能悟尽、不尽俱无尽相者，则入一空不二法门也。

［二九］什曰：万善所持，众圣所护，故名普守焉。

［三〇］什曰：妄见有我，解则无我。言无我，为遣我耳，非复别有无我法也。

［三一］肇曰：非我出于我耳。见我实性者，我本自无，而况非我也？

［三二］什曰：无明能生明，故不异于明。明由无明生，故不异于无明。无明故不可取，能生明故不可舍。明亦

如是,非无明故不可离,无明生故不可取。譬如莲华,色虽严洁,所因不净,推其所因,心不生着也。

[三三] 肇曰:明,慧明也。无明,痴冥也。见无明性,即是为明。若见明为明,即是无明,故不可取也。

[三四] 肇曰:色即是空,不待色灭然后为空。是以见色异于空者,则二于法相也。

[三五] 什曰:外道法中有五大,佛法中有四大。此四种于作法中最大,故称为大。

[三六] 肇曰:四种,四大也。空种,空大也。此五,众生之所由生,故名种。然四大之性,无前后中,无异空大也。

[三七] 肇曰:存于情尘,故三毒以生。若悟六情性,则于六尘不起三毒,此寂灭之道也。

[三八] 肇曰:以六度为妙因,回向一切智者,二也。若悟因果同性,入于一相,乃应不二。

[三九] 肇曰:三行虽异,然俱是无缘解脱,故无心意识也。无缘既同,即三解脱无异。

[四〇] 生曰:有相则有对,有对则为二,不系一与三也。

[四一] 生曰:以体法为佛,不可离法有佛也。若不离法有佛,佛是法也,然则佛亦法矣。

[四二] 生曰:亦以体法为众。

[四三] 肇曰:无相真智,佛宝也。实相无为,法宝也。修无为道,僧宝也。三宝虽异,皆无为相也。

生曰:乖理为造,故三宝皆无为也。

［四四］什曰：身，五受阴也。身灭，涅槃也。

［四五］肇曰：诸法生时空生，灭时空灭。身存身亡，亦何以异，而怀惊惧于其中乎？

［四六］肇曰：三业虽殊，无作一也。诸法之生，本于三业。三业既无，谁作诸法也？

［四七］什曰：福行，欲界善行，能得乐报也。罪行，十不善道，能得苦报也。无动行，色、无色界行。不动义，如通达佛道中说也。

［四八］肇曰：福，欲界善行。罪，十恶之流。不动，色、无色界行也。

［四九］肇曰：因我故有彼，二名所以生。若见我实相，则彼我之识无由而起。

［五〇］肇曰：得在于我，相在于彼。我不得相，谁取谁舍？

［五一］什曰：旨明此中知照灭，无有明暗也。

［五二］肇曰：二乘入灭尽定，六根尽废，心想都灭，虽经昼夜，不觉晦明之异。喻菩萨无心于明暗耳。

［五三］肇曰：世间无缚，曷为而厌？涅槃无解，曷为而乐？

［五四］肇曰：实相，慧眼之境，非肉眼所见。慧眼尚不见实，而况非实？虽曰无见，而无所不见，此真慧眼之体。

［五五］什曰：说曲辩也。

［五六］什曰：说，一往说也。

［五七］什曰：显现其相，言是善是恶，名为示也。

［五八］肇曰：上来诸人所明虽同，而所因各异，且直辩法

相，不明无言。今文殊总众家之说，以开不二之门，直言法相不可言。不措言于法相，斯之为言，言之至也，而方于静默，犹亦后焉。

生曰：前诸菩萨各说不二之义，似有不二可说也。若有不二可说者，即复是对一为不二也。是以文殊明无可说乃为不二矣。

［五九］什曰：如佛泥洹后六百年，有一人年六十出家，未几时，诵三藏都尽，次作三藏论议。作论已，思惟言："佛法中复有何事？唯有禅法，我当行之。"于是受禅法，自作要誓："若不得道，不具一切禅定功德，终不寝息，胁不着地。"因名胁比丘。少时，得成阿罗汉，具三明六通，有大辩才，善能论议。有外道师，名曰马鸣，利根智慧，一切经书皆悉明练，亦有大辩才，能破一切论议。闻胁比丘名，将诸弟子往到其所，唱言："一切论议悉皆可破。若我不能破汝言论，当斩首谢屈。"胁比丘闻是论，默然不言。马鸣即生憍慢："此人徒有虚名，实无所知。"与其弟子舍之而去。中路思惟已，语弟子言："此人有甚深智慧，我堕负处。"弟子怪而问曰："云何尔？"答曰："我言一切语言可破，即是自破。彼不言，则无所破。"即还到其所，语胁比丘言："我堕负处，则是愚痴。愚痴之头，非我所须，汝便斩之。若不斩我，我当自斩。"胁比丘言："不斩汝头，当斩汝结发。比于世间，与死无异。"即下发，为胁比丘作弟子。智慧辩

才，世无及者，广造经论，大弘佛法，时人谓之为第二佛。夫默语虽殊，明宗一也。所会虽一，而迹有精粗。有言于无言，未若无言于无言，故默然之论，论之妙也。

肇曰：有言于无言，未若无言于无言，所以默然也。上诸菩萨措言于法相，文殊有言于无言，净名无言于无言。此三明宗虽同，而迹有深浅，所以言后于无言，知后于无知，信矣哉！

生曰：文殊虽明无可说，而未明说为无说也。是以维摩默然无言，以表言之不实。言若果实，岂可默哉？

［六〇］肇曰：默领者，文殊其人也。为彼持言，所以称善也。

生曰：言迹尽于无言，故叹以为善矣。

香积佛品第十

于是，舍利弗心念："日时欲至，此诸菩萨当于何食[一]？"

时维摩诘知其意，而语言："佛说八解脱，仁者受行，岂杂欲食而闻法乎[二]？若欲食者，且待须臾，当令汝得未曾有食[三]。"

时维摩诘即入三昧，以神通力，示诸大众：上方界分过四十二恒河沙佛土，有国名众香，佛号香积，今现在。其国香气，比于十方诸佛世界人天之香，最为第一。彼土无有声闻、辟支佛名，唯有清净大菩萨众，佛为说法。其界一切皆以香作，楼阁经行香地苑园皆香。其食香气，周流十方无量世界。是时，彼佛与诸菩萨方共坐食。有诸天子，皆号香严，悉发阿耨多罗三藐三菩提心，供养彼佛及诸菩萨。此诸大众，莫不目见。

时维摩诘问众菩萨言："诸仁者，谁能致彼佛饭[四]？"

以文殊师利威神力故，咸皆默然[五]。

维摩诘言："仁此大众，无乃可耻[六]。"文殊师利曰："如佛所言，勿轻未学[七]。"

于是，维摩诘不起于座，居众会前，化作菩萨，相好光明，威德殊胜，蔽于众会，而告之曰："汝往上方界分，度如四十二恒河沙佛土，有国名众香，佛号香积，与诸菩萨方共坐食。汝往到彼，如我辞曰：'维摩诘稽首世尊足下，致敬无量，问讯起居，少病少恼，气力安不[八]？愿得世尊所食之余，当于娑婆世界施作佛事[九]，令此乐小法者[一〇]得弘大道，亦使如来名声普闻[一一]。'"

【注释】

[一] 什曰：舍利弗独发念者，其旨有三：一者结业之体，未能无资。二绝意大方，乐法不深。三推己有待，谓众亦然。处弟子之上，宜为众致供也。

肇曰：置座设食，拟宾之常。而待客先发者，欲以生论耳。舍利弗，时会之长，故每扣兴端。

生曰：不念弟子者，以其自有乞食法也。

[二] 什曰：能于前法自在无阂，无阂则累想宜废。亦云解脱为用，厌身舍着。而今念食，乖致何深！

肇曰：佛说八解脱，乃是无欲之嘉肴，养法身之上膳。仁者亲受，谓无多求。然方杂食想而欲听法，岂是元①举来求之情乎？

① "元"，《大正藏》本作"无"。

生曰：八解脱以不净观为初，而食是不净之物。既以体八为怀者，岂复有欲食之情哉？又法中无食可欲，盖不可以欲食闻之乎？

[三] 什曰：不化作者，恐致欺妄之嫌故。不设常食，以非净妙、无利益故。欲令此众见清净国，又因香饭得弘道意，故因其须食，请饭香积也。

生曰：常食是生欲法也，除欲食为未曾有食矣。

[四] 肇曰：既现彼国，推有力者令取饭也。

[五] 肇曰：文殊将显净名之德，故以神力令众会默然矣。

[六] 肇曰：励未成也。

[七] 肇曰：进始学也。

[八] 什曰：不言无而言少者，明身为病本，本宜弃也。

肇曰：将示有身不得无患，故致问如来，犹云少病少恼。

[九] 什曰：佛事，谓化众生。

[一〇] 别本云：乐少之人。

什曰：乐不胜远者，皆名为小，非但小乘也。

[一一] 什曰：欲令闻而信者发道心也。此三事，请饭之意也。

肇曰：余，卑逊言也。彼土因香以通大道。此国众生，志意狭劣，故请香饭之余，以弘佛事也。

时化菩萨即于会前升于上方，举众皆见其去。到众香界，礼彼佛足，又闻其言："维摩诘稽首世尊足下，致敬无量，问讯起居，少病少恼，气力安不？愿得世尊所食之余，欲于娑婆世界施作佛事，使此乐小法者得弘大道，亦使如来名声普闻。”

彼诸大士见化菩萨，叹未曾有：“今此上人从何所来？娑婆世界为在何许？云何名为乐小法者？”即以问佛[一]。

佛告之曰：“下方度如四十二恒河沙佛土，有世界名娑婆，佛号释迦牟尼，今现在，于五浊恶世，为乐小法众生敷演道教。彼有菩萨名维摩诘，住不可思议解脱，为诸菩萨说法。故遣化来，称扬我名，并赞此土，令彼菩萨增益功德。”

彼菩萨言：“其人如何，乃作是化，德力无畏，神足若斯？”

佛言：“甚大。一切十方，皆遣化往，施作佛事，饶益众生。”

于是，香积如来，以众香钵，盛满香饭，与化菩萨。时彼九百万菩萨俱发声言：“我欲诣娑婆世界，供养释迦牟尼佛，并欲见维摩诘等诸菩萨众[二]。”

佛言：“可往。摄汝身香，无令彼诸众生起惑着心[三]。又当舍汝本形，勿使彼国求菩萨者而自鄙耻[四]。又汝于彼，莫怀轻贱而作阂想。所以者何？十方国土，皆如虚空。又诸佛为欲化诸乐小法者，不尽现其清净土耳。”

时化菩萨既受钵饭，与彼九百万菩萨俱承佛威神及维摩诘力，于彼世界忽然不现，须臾之间，至维摩诘舍。

时维摩诘即化作九百万师子之座，严好如前，诸菩萨皆坐其上。时化菩萨以满钵香饭与维摩诘，饭香普薰毗耶离城及三千大千世界。时毗耶离婆罗门居士等，闻是香气，身意快然，叹未曾有[五]。

于是，长者主月盖从八万四千人，来入维摩诘舍[六]，见其室中菩萨甚多，诸师子座高广严好，皆大欢喜。礼众菩萨及大弟子，却住一面。诸地神、虚空神，及欲、色界诸天，闻此香气，亦皆来入维摩诘舍。

时维摩诘语舍利弗等诸大声闻：“仁者，可食如来甘露味饭[七]，大悲所薰[八]，无以限意食之，使不消也[九]。”

有异声闻念：“是饭少，而此大众人人当食[一〇]。”

化菩萨曰：“勿以声闻小德小智，称量如来无量福慧[一一]。四海有竭，此饭无尽。使一切人食，抟若须弥，乃至一劫，犹不能尽。所以者何？无尽戒、定、智慧、解脱、解脱知见，功德具足者，所食之余，终不可尽[一二]。”

于是钵饭悉饱众会，犹故不尽。其诸菩萨、声闻、天人，食此饭者，身安快乐，譬如一切乐庄严国诸菩萨也。又诸毛孔皆出妙香，亦如众香国土诸树之香。

尔时，维摩诘问众香菩萨："香积如来以何说法？"

彼菩萨曰："我土如来无文字说，但以众香令诸天人得入律行[一三]。菩萨各各坐香树下，闻斯妙香，即获一切德藏三昧。得是三昧者，菩萨所有功德皆悉具足[一四]。"

彼诸菩萨问维摩诘："今世尊释迦牟尼以何说法？"

维摩诘言："此土众生刚强难化，故佛为说刚强之语，以调伏之[一五]。言是地狱，是畜生，是饿鬼，是诸难处[一六]，是愚人生处[一七]。是身邪行，是身邪行报。是口邪行，是口邪行报。是意邪行，是意邪行报。是杀生，是杀生报。是不与取，是不与取报。是邪淫，是邪淫报。是妄语，是妄语报。是两舌，是两舌报。是恶口，是恶口报。是无义语，是无义语报[一八]。是贪嫉，是贪嫉报。是瞋恼，是瞋恼报。是邪见，是邪见报。是悭吝，是悭吝报。是毁戒，是毁戒报。是瞋恚，是瞋恚报。是懈怠，是懈怠报。

是乱意，是乱意报。是愚痴，是愚痴报。是结戒，是持戒，是犯戒[一九]。是应作，是不应作。是障阂，是不障阂[二〇]。是得罪，是离罪。是净，是垢。是有漏，是无漏。是邪道，是正道。是有为，是无为。是世间，是涅槃。以难化之人心如猿猴，故以若干种法制御其心，乃可调伏[二一]。譬如象马，㺧悷不调，加诸楚毒，乃至彻骨，然后调伏[二二]。如是刚强难化众生，故以一切苦切之言，乃可入律[二三]。"

彼诸菩萨闻说是已，皆曰："未曾有也。如世尊释迦牟尼佛，隐其无量自在之力，乃以贫所乐法，度脱众生[二四]。斯诸菩萨亦能劳谦，以无量大悲，生是佛土。"

维摩诘言："此土菩萨于诸众生，大悲坚固，诚如所言[二五]。然其一世饶益众生，多于彼国百千劫行[二六]。所以者何？此娑婆世界有十事善法，诸余净土之所无有。何等为十？以布施摄贫穷，以净戒摄毁禁，以忍辱摄瞋恚，以精进摄懈怠，以禅定摄乱意，以智慧摄愚痴[二七]，以除难法度八难者，以大乘法度乐小乘者，以诸善根济无德者，常以四摄成就众生，是为十[二八]。"

彼菩萨曰："菩萨成就几法，于此世界行无疮疣，生于净土[二九]？"

维摩诘言："菩萨成就八法，于此世界行无疮疣，生于净土。何等为八？饶益众生而不望报，代一切众生受诸苦恼，所作功德尽以施之[三〇]。等心众生，谦下无阂[三一]。于诸菩萨，视之如佛[三二]。所未闻经，闻之不疑[三三]。不与声闻而相违背[三四]。不嫉彼供[三五]，不高己利[三六]，而于其中调伏其心[三七]。常省己过，不讼彼短[三八]。恒以一心，求诸功德。是为八[三九]。"

维摩诘、文殊师利于大众中说是法时，百千天人皆发阿耨多罗三藐三菩提心，十千菩萨得无生法忍。

【注释】

[一] 肇曰：彼诸大士皆得神通，然不能常现在前。又其土纯一大乘，不闻乐小之名，故生斯问也。

[二] 肇曰：闻彼佛称此佛菩萨功德，故欲同举功德也。

[三] 什曰：大怒则狂，大喜亦迷。宜摄汝香，防其惑因。问曰："若然者，云何不摄香饭？"答曰："佛神力故，能杜其惑原，发其道意，故不摄也。"

[四] 什曰：耻深则陨，愧浅亦恼。二患交至，去道逾缅。上言惑着，此言鄙耻，二文互显，约其文也。

[五] 肇曰：异香入体，身心怡悦。

[六] 什曰：彼国无王，唯五百居士共治国政。今言主，众

所推也。

肇曰：毗耶离国无有君王，唯有五百长者共理国事。月盖，众所推重，故名主。自此下，皆闻香而后集矣。

[七] 生曰：以其向念，故教食也。亦欲因以明食之为理。泥洹是甘露之法，而食此食者，必以得之，故饭中有甘露味焉。

[八] 什曰：薰义有三：一大悲果报，二悲心所念，三以慈眼视之。

生曰：使人得悟，为外薰也，岂曰食能大悲力矣？然则饭之为气，大悲所薰矣。

[九] 什曰：食此饭，应发大心，建大业，是名报恩。报恩名为消也。

肇曰：先示受食法也。此饭大悲之果，悲意所设，悲心所兴，故名大悲所薰。以限意食之，则不能消。若知此饭大悲所成，不可思议，发道心而食者，则消。报施主恩，无限阂意也。

生曰：饭出大悲，则无限矣。而限言少者，则乃不消也。

[一〇] 肇曰：不思议食，非二乘所及，故生是念也。

[一一] 肇曰：无量福慧，即香饭之因。夫有无量之因，必有无量之果。若因可量，果亦可量。如来无量福慧，岂是声闻小智所能量乎？

[一二] 肇曰：如来具五分法身无尽功德，报应之饭，如何可

尽矣?

［一三］什曰：举其多也。上云说法,亦不必有言说,有因通教功同说耳。

肇曰：其土非都无言,但以香为通道之本。如此国因言通道,亦有因神变而得悟者。

［一四］肇曰：此三昧力能生诸功德也。

［一五］什曰：如来说法,其要有三：一软善语,二刚强语,三杂说。善行乐果,软善语也。恶行苦果,刚强语也。赞善毁恶,杂说也。

肇曰：圣化何常,随物而应耳。此土刚强,故以刚强之教而应焉。

［一六］肇曰：遍示八难处也。

［一七］肇曰：外道异学,名愚人生处也。

［一八］什曰：梵本云杂说也。凡不为善及涅槃而起心口业,悉名杂说也。

肇曰：华饰美言,苟悦人意,名无义语。

［一九］肇曰：如律藏说。

［二〇］肇曰：犯律有罪重而不障道,有轻罪而障道者。亦有三障：业障、报障、烦恼障也。

［二一］肇曰：以其难化,故示罪福之若是也。

［二二］什曰：马有五种：第一见鞭影即时调伏,第二得鞭乃伏,第三以利锥刺皮乃伏,第四穿肌乃伏,第五彻骨乃伏。众生利钝亦有五品：第一但见他无常,其心便悟。第二见知识无常,其心乃悟。第三见兄弟

亲戚无常，其心乃悟。第四见父母无常，其心乃悟。第五自身无常，极受苦恼，复加以苦言，然后乃悟也。

［二三］肇曰：非钩捶无以调象马，非苦言无以伏难化。

［二四］什曰：晦迹潜明，自同贫乞。自同贫乞，则与相接。接则易邻，故为贫所信乐也。

肇曰：诸佛平等，迹有参差。由群生下劣，志愿狭小，故佛隐自在力，同其贫陋，顺其所乐，而以济之。应感无方，不择[①]净秽，此未曾有也。

［二五］肇曰：成其所叹也。

［二六］什曰：譬如良医，遇疾疫劫中，医术大行，广施众药，所疗者众，致供无量。菩萨大士处不净国，亦复如是，众恶弥滋，兼济乃弘，十事法药，广疗众病，化广利深，一世超万劫。

肇曰：行不在久，贵其有益焉。

［二七］什曰：痴有二种：一者一切法中痴，二者于诸佛深法中不能明了。不净国中有二种痴，净国中唯有佛法中不了痴也。

［二八］肇曰：夫善因恶起，净由秽增。此土十恶法具，故十德增长。彼土纯善，故施德无地。所以百千劫行，不如一世也。

别本云：十恶业。

---

① “择”，《大正藏》本作“摄”。

什曰：十恶业有上中下：上地狱报，中畜生报，下饿鬼报。一品中复有三品，如是九品。不善三恶道中，受九品苦报者也。

［二九］什曰：深行菩萨，非所疑也。今浅行者，处不净国，恐其行浅功微，未能自拔。譬如少汤投之大水，亦如少力之人，入水救溺，未能兼济，则与彼俱沦。故问以何为法，得生净国也。

肇曰：将历此土始学菩萨令生净国，故发斯问也。

［三〇］肇曰：代彼受苦，不自计身，所有功德尽施众生，岂以有益而想其报乎？若不为众生，应久入涅槃。为彼受苦，令其先度，彼去我留，非代谓何？此饶益之至，一法也。

［三一］肇曰：怨亲不殊，卑己厚人，等心尊卑，情无介然，二法也。

［三二］肇曰：菩萨，众生之桥梁，三宝之所系，视之如佛，则增己功德，三法也。

［三三］肇曰：佛所说经，闻则信受，不以未闻而生疑惑，四法也。

［三四］肇曰：三乘虽异，归宗不殊，不以小大而相违背，五法也。

［三五］什曰：推其致供之由，由于宿行。嫉之无益，宜应修善，以理处心，故嫉不生也。

［三六］什曰：若修善持戒得利养时，当自念言："彼供养功德，非为我也，假令有我，彼不见为。理既无我，高

竟无主。”如是思惟,则高心自灭也。

［三七］什曰:即于上彼供、己利二事中,自调伏心。调伏心如向说。三句合为一事。

肇曰:他种他获,曷为而嫉?己种己得,曷为而高?于是二中,善自调伏,六法也。

［三八］什曰:如一比丘林中坐禅,时至须食,持钵出林,路逢恶贼,恶贼引弓射之。比丘恕他自责,不生恶心。又指腹语贼:“汝应射此。我为腹出林,故致斯恼,此腹之罪耳。”省己恕物,类如此也。不讼彼短,不如彼钝根维那,就地舐秽,求人短也。省己过,乃至求诸功德,通为一事。

肇曰:省己过,则过自消。讼彼短,则短在己。七法也。

［三九］肇曰:尘垢易增,功德难具,自非一心专求,无以克成。具此八法,则行无疮疣,终生净土矣。

注维摩诘经卷第八终

注维摩诘经卷第九

后秦释僧肇撰

菩萨行品第十一

是时，佛说法于庵罗树园，其地忽然广博严事，一切众会皆作金色[一]。阿难白佛言："世尊，以何因缘有此瑞应，是处忽然广博严事，一切众会皆作金色[二]？"

佛告阿难："是维摩诘、文殊师利与诸大众恭敬围绕，发意欲来，故先为此瑞应。"

于是，维摩诘语文殊师利："可共见佛[三]，与诸菩萨礼事供养。"

文殊师利言："善哉！行矣。今正是时[四]。"

维摩诘即以神力，持诸大众并师子座，置于右掌，往诣佛所。到已着地[五]，稽首佛足，右绕七匝，一心合掌，在一面立[六]。其诸菩萨即皆避座，稽首佛足，亦绕七匝，于一面立。诸大弟子、释、梵、四天王等，亦皆避座，稽首佛足，在一面立。于是，世尊如法慰问诸菩萨已，各令复座，即皆受教。众坐已定，佛语舍利弗："汝见菩萨大士自在神力之所为乎[七]？"

"唯然已见。"

"于汝意云何？"

"世尊，我睹其为不可思议，非意所图，非度所测[八]。"

尔时，阿难白佛言："世尊，今所闻香，自昔未有，是为何香[九]？"

佛告阿难："是彼菩萨毛孔之香[一〇]。"

于是，舍利弗语阿难言："我等毛孔亦出是香。"

阿难言："此所从来？"

曰："是长者维摩诘从众香国取佛余饭，于舍食者，一切毛孔皆香若此。"

阿难问维摩诘："是香气住当久如？"

维摩诘言："至此饭消。"

曰："此饭久如当消？"

曰："此饭势力至于七日，然后乃消[一一]。又阿难，若声闻人未入正位，食此饭者，得入正位，然后乃消[一二]。已入正位，食此饭者，得心解脱，然后乃消[一三]。若未发大乘意，食此饭者，至发意乃消。

已发意,食此饭者,得无生忍,然后乃消。已得无生忍,食此饭者,至一生补处,然后乃消[一四]。譬如有药,名曰上味,其有服者,身诸毒灭,然后乃消。此饭如是灭除一切诸烦恼毒,然后乃消。"

阿难白佛言:"未曾有也,世尊,如此香饭能作佛事[一五]。"

佛言:"如是,如是,阿难,或有佛土,以佛光明而作佛事[一六],有以诸菩萨而作佛事[一七],有以佛所化人而作佛事[一八],有以菩提树而作佛事[一九],有以佛衣服卧具而作佛事[二〇],有以饭食而作佛事,有以园林台观而作佛事[二一],有以三十二相、八十随形好而作佛事[二二],有以佛身而作佛事,有以虚空而作佛事[二三]。众生应以此缘得入律行[二四]。有以梦幻、影响、镜中像、水中月、热时炎如是等喻而作佛事[二五],有以音声语言文字而作佛事[二六]。或有清净佛土,寂寞无言,无说[二七]、无示、无识、无作、无为而作佛事[二八]。如是,阿难,诸佛威仪进止,诸所施为,无非佛事[二九]。阿难,有此四魔八万四千诸烦恼门[三〇],而诸众生为之疲劳,诸佛即以此法而作佛事[三一],是名入一切诸佛法门[三二]。菩萨入此门者[三三],若见一切净好佛土,不以为喜,不贪不高。若见一切不净佛土,不以为忧,不阂不没,但于诸佛生清净心，欢喜恭敬，未曾有也。诸佛如来功德平等，为教化众生故，而现佛土不同[三四]。阿难，汝见诸佛国土，地有若干，而虚空无若干也[三五]。如是，见诸佛色身有若干耳[三六]，其无阂慧无若干也[三七]。阿难，诸佛色身威相种姓，戒、定、智慧、解脱、解脱知见、力、无所畏、不共之法，大慈大悲，威仪所行，及其寿命，说法教化，成就众生，净佛国土，具诸佛法，悉皆同等[三八]，是故名为三藐三佛陀[三九]，名为多陀阿伽度[四〇]，名为佛陀[四一]。阿难，若我广说此三句义，汝以劫寿不能尽受[四二]。正使三千大千世界满中众生，皆如阿难多闻第一，得念总持，此诸人等，以劫之寿亦不能受[四三]。如是，阿难，诸佛阿耨多罗三藐三菩提，无有限量，智慧辩才，不可思议。"

阿难白佛："我从今已往，不敢自谓以为多闻[四四]。"

佛告阿难："勿起退意。所以者何？我说汝于声闻中为最多闻，非谓菩萨。且止，阿难，其有智者，不应限度诸菩萨也。一切海渊尚可测量，菩萨禅定、智慧、总持、辩才、一切功德不可量也[四五]。阿难，汝等舍置菩萨所行。是维摩诘一时所现神通之力，一切声闻、辟支佛，于百千劫尽力变化所不能作[四六]。"

【注释】

［一］肇曰：至人无常所，理会是邻。如来、净名，虽服殊处异，然妙存有在，所以来往兴化，共弘不思议道也。因遣问疾，所明若上。今将诣如来，封印兹典，故先现斯瑞，以启群心者也。

［二］肇曰：大士所为，非小道所及，故问其缘者也。

［三］什曰：维摩诘劝共见佛，旨可寻也：一者见其诚心，欲遂其本意。二者欲令证明香饭多所发悟。三者以其怀胜远游，宜令实反。故欲共诣佛所，谘请遗法。

［四］肇曰：有益时也。

［五］什曰：世相迎送，必结驷轻骑。大士迎送，则运以妙通。

［六］肇曰：净名置座于地，将先致敬也。

［七］什曰：欲称大士神奇，将以厉狭劣之想也。

［八］肇曰：向与文殊俱入不思议室，因借宝座睹其神力，兼食香饭乘掌而还，莫测其变，故自绝于图度。此经大旨所明不思议道，故往往多显不思议迹也。

［九］什曰：问曰："上品香气普薰三千，阿难云何不闻耶？"答曰："非分，故近而不闻，今有以得闻也。"

肇曰：如来将辨香饭之缘，故令阿难闻也。

［一〇］肇曰：彼菩萨，众香国菩萨也。所以独言彼者，欲令舍利弗自显一食之香，因明香饭之多益也。

［一一］什曰：七日乃消，有二因缘。或有人食香饭，饭不时

消，心必厌舍，故不令久也。亦云应得道者，饭气时薰，不过七日，必成圣道。如道迹七生七步，蛇啮等势不过七。事不须久，故不令过七日也。

肇曰：七日势消，饭常力也。若应因饭而阶道者，要得所应得，然后乃消也。

生曰：不过七日也。

［一二］肇曰：入无漏境，名入正位焉。

［一三］什曰：见谛十六心也。问曰："食香饭云何得道？"答曰："体安心静，发未曾有意。饭尚如此，何况道耶？"有此妙果，必有妙因。极大信乐，深达因果，即解缘起。解缘起，则见实法也。

肇曰：成无着果，名心解脱者。

［一四］生曰：七日之内，必有所得矣。然一食之悟，亦不得有二阶进也。止一生补处者，佛无因得故也。无生菩萨及正位之人，岂复假外方得进哉？而今云尔者，以明此饭为宣理之极，备有其义焉[①]。

［一五］什曰：神足变化，说法度人，化之常也。饭本充体，而今得道，故叹未曾有。佛以化人为事，凡是化人皆名佛事。以阿难谓佛事之妙，妙尽于此，故下广明佛事，以广其心也。

肇曰：饭本充体，乃除结缚，未曾闻见也。

生曰：佛以应悟为事，而香饭能之，未曾有者也。

---

① "焉"，原作"为"，据《大正藏》本改。

[一六] 肇曰：阿难见香饭所益，谓佛事理极于此，故广示其事，令悟佛道之无方也。此土众生，见佛妙光，自入道检。亦有余益，但以光为主。下皆类此。

[一七] 什曰：佛直居宗静默，令菩萨弘道以化人也。

肇曰：有佛默然居宗，以菩萨为化主也。

[一八] 肇曰：有纯以化为佛事，如须扇头比。

[一九] 什曰：或出华果，或出名香，或放光明，或为说法也。

肇曰：佛于下成道，树名菩提。此树光无不照，香无不薰，形色微妙，随所好而见。树出法音，随所好而闻。此如来报应树也。众生遇者，自然悟道。此土以树为化之本也。

[二〇] 什曰：昔阎浮提王得佛大衣，时世疾疫，王以衣着标上，以示众人。众人归命，病皆得愈，信敬益深，因是解脱。此其类也。

肇注同。

[二一] 肇曰：众香国，即其事也。园林，如极乐林树说法等。一义：饮食以舌根通道，园观以眼根通道也。

[二二] 什曰：或一相二相乃至众多相，随所应见而为现相。亦云以佛形像，如萍沙王以佛像与弗迦沙王，因是得悟也。下言佛身现全身也。

肇曰：好严饰者，示之以相好也。

[二三] 什曰：除却形色，廓然无像，令其空心虚静，累想自灭。亦如文殊师利灭众色像，现虚空相，以化阿阇世王也。

肇曰：好有者，存身以示有。好空者，灭身以示空。如《密迹经》说也。八相虽在身，而身相不一，所因各异，故佛事不同也。

[二四] 肇曰：所因虽殊，然俱入律行也。

[二五] 什曰：于梦中悟感众生也。下六事，为现不真形色，令悟深理焉。

肇曰：自有不悟正言，因喻得解者。

[二六] 肇曰：即此娑婆国之佛事。

[二七] 什曰：有形色，无言教，如维摩诘默然成论比也。

[二八] 肇曰：有真净土，纯法身菩萨，外无言说，内无情识，寂寞无为，而超悟于事外。非是言情所能称述，此佛事之上者也。

[二九] 肇曰：佛事者，以有益为事耳。如来进止举动，威仪俯仰，乃至动足，未曾无益，所以诸所作为，无非佛事。上略言之也。

[三〇] 什曰：烦恼根本有四：三毒及等分也。二万一千尘垢属一病，四病，故八万四千也。总说则八万四千，别相则无量。今言八万四千，则摄无量，故为门也。

肇曰：三毒、等分，此四，烦恼之根也。因一根生二万一千烦恼，合八万四千。因八万四千，出无量尘垢，故名门也。

[三一] 什曰：佛事有三种：一以善作佛事，光明、神力、说法等是也。二无记，虚空是也。三以不善，八万四千烦恼是也。譬如药师，或以良药，或以毒药，治人

病也。佛亦如是，以烦恼，如佛以爱度难陀也，瞋恚，化恶龙比也。

肇曰：众生皆以烦恼为病，而诸佛即以之为药。如淫女以欲为患，更极其情欲，然后悟道。毒龙以瞋为患，更增其忿恚，然后受化。此以欲除欲，以瞋除瞋，犹良医以毒除毒，斯佛事之无方也。

生曰：若投药失所，则药反为毒矣。苟曰得愈，毒为药也。是以大圣为心病之医王，触事皆是法之良药。

［三二］肇曰：若能应会无方，美恶斯顺，无事不为，为之无非佛事，乃名入诸佛法门耳。

生曰：苟达其一，众事皆毕。

［三三］肇曰：七住已上，豫入此门。

［三四］肇曰：佛无定所，应物而现，在净而净，在秽而秽。美恶自彼，于佛无二，曷为自生忧喜于其间哉？是以豫入此门者，见净不贪，己分不高，睹秽不阂，乖情不没，故能生真净心。知佛平等，而应迹不同，此窥闞之徒，非平等信也。自不入佛事门者，孰能不以净秽为心哉？

生曰：菩萨既入此门，便知佛土本是就应之义，好恶在彼，于我岂有异哉？所贵唯应，但叹应生之为奇也。

［三五］生曰：无地为空，而地出其中矣。

［三六］什曰：为化现身也。下言身色等，真报应之身也。

［三七］肇曰：佛慧如空，应形犹地。不以地异而异空，不以空一而释地也。

生曰：色身是外应之有，出无阂慧中，而无阂慧无色身也。

［三八］生曰：诸佛色身虽复若干，而一一佛无不有之，故无不等矣。

［三九］什曰：三藐三菩提，秦言正遍知。今言三藐三佛陀，言正遍觉也。见法无差，故言正。智无不周，故言遍也。出生死梦，故言觉也。

肇曰：秦言正遍知。见法无差谓之正，智无不周谓之遍，决定法相谓之知。

生曰：若不等者，便有所不尽，不得名为正遍觉人也。

［四〇］肇曰：秦言如来，亦云如去。如法而来，如法而去，古今不改，千圣同辙，故名如来，亦名如去。

生曰：如者，谓心与如冥，无复有不如之理。从此中来，故无不如矣。

［四一］什曰：多陀阿伽度，秦言如来，亦言如去。如法知，如法说，故名如也。诸佛以安隐道来，此佛亦如是来。彼佛安隐去，此佛亦如是去也。佛陀，秦言觉也。凡得道名为觉。觉有二种：一于四谛中觉，二于一切法中觉。觉而未尽，则非真觉，故无觉名也。如佛问舍利弗，三问不答，天女问，默然无言，此未免于睡也。言遍、言如、言觉，此三名则是体极之

称，足以明诸佛同等，异于二乘也。

肇曰：秦言觉。生死长寝，莫能自觉。自觉觉彼者，其唯佛也。此三句盖体极之称。若如上佛事有一毫不等者，则不足以名三号具足也。

生曰：于结使眠中而觉，故得心冥如也。

［四二］生曰：无不知，无不能者，岂可穷之哉？言阿难不能尽受，亦何足用美其广？意在以称菩萨能尽受之矣。

［四三］肇曰：三句之义，无穷若此。其道平等，理无不极，岂容优劣于其间哉？

［四四］肇曰：阿难于五百弟子中多闻强记第一，今闻佛事，乃自审寡闻也。

生曰：阿难岂不知己之多闻本有在乎？自取不达，以申佛之意也。

［四五］肇曰：物有于上不足，于下有余，不可以下有余而量于上也。

［四六］肇曰：一时，即向来所现。一时若此，况尽其事？

尔时，众香世界菩萨来者，合掌白佛言："世尊，我等初见此土，生下劣想，今自悔责[一]，舍离是心。所以者何？诸佛方便，不可思议，为度众生故，随其所应，现佛国异。唯然，世尊，愿赐少法，还于彼土，当念如来[二]。"

佛告诸菩萨："有尽无尽无阂法门[三]，汝等当学[四]。何谓为尽？谓有为法[五]。何谓无尽？谓无为法[六]。如菩萨者，不尽有为[七]，不住无为[八]。何谓不尽有为？谓不离大慈，不舍大悲[九]。深发一切智心，而不忽忘[一〇]。教化众生，终不厌倦[一一]。于四摄法，常念顺行。护持正法，不惜躯命。种诸善根[一二]，无有疲厌[一三]。志常安住，方便回向[一四]。求法不懈[一五]，说法无吝[一六]。勤供诸佛，故入生死而无所畏[一七]。于诸荣辱，心无忧喜。不轻未学，敬学如佛[一八]。堕烦恼者，令发正念[一九]。于远离乐，不以为贵[二〇]。不着己乐，庆于彼乐[二一]。在诸禅定，如地狱想[二二]。于生死中，如园观想[二三]。见来求者，为善师想[二四]。舍诸所有，具一切智想[二五]。见毁戒人，起救护想[二六]。诸波罗蜜，为父母想[二七]。道品之法，为眷属想[二八]。发行善根，无有齐限[二九]。以诸净国严饰之事，成己佛土[三〇]。行无限施，具足相好[三一]。除一切恶，净身口意[三二]。生死无数劫，意而有勇[三三]。闻佛无量德，志而不倦[三四]。以智慧剑，破烦恼贼[三五]。出阴界入[三六]，荷负众生[三七]，永使解脱[三八]。以大精进，摧伏魔军[三九]。常求无念实相智慧[四〇]。行少欲知足，而不舍世法[四一]。不坏威仪[四二]，而能随俗[四三]。起神通慧，引导众生[四四]。得念[四五]总持[四六]，所闻不忘[四七]。善别诸根，断众生疑[四八]。以乐说辩，演法无阂[四九]。净十善道，受天人福[五〇]。修四无量，开梵天道[五一]。劝请说法，随喜赞善[五二]，得佛音声[五三]。身口意善[五四]，得佛威仪[五五]。深修善法，所行转胜[五六]。以大乘教，成菩萨僧[五七]。心无放逸，不失众善本[五八]。行如此法，是名菩萨不尽有为[五九]。何谓菩萨不住无为？谓修学空，不以空为证[六〇]。修学无相无作，不以无相无作为证[六一]。修学无起，不以无起为证[六二]。观于无常，而不厌善本[六三]。观世间苦，而不恶生死。观于无我，而诲人不倦[六四]。观于寂灭，而不永寂灭[六五]。观于远离，而身心修善[六六]。观无所归，而归趣善法[六七]。观于无生，而以生法荷负一切[六八]。观于无漏，而不断诸漏[六九]。观无所行，而以行法教化众生[七〇]。观于空无，而不舍大悲[七一]。观正法位[七二]，而不随小乘[七三]。观诸法虚妄，无牢无人，无主无相，本愿未满，而不虚福德、禅定、智慧[七四]。修如此法，是名菩萨不住无为[七五]。又具福德故，不住无为[七六]。具智慧故，不尽有为[七七]。大慈悲故，不住无为[七八]。满本愿故，不尽有为[七九]。集法药故，不住无为[八〇]。随授药故，不尽有为[八一]。

知众生病故，不住无为[八二]。灭众生病故，不尽有为[八三]。诸正士菩萨以修此法，不尽有为，不住无为[八四]，是名尽、无尽无阂法门，汝等当学[八五]。”

尔时，彼诸菩萨闻说是法，皆大欢喜，以众妙华若干种色、若干种香，遍散三千大千世界，供养于佛及此经法，并诸菩萨已，稽首佛足，叹未曾有，言：“释迦牟尼佛乃能于此善行方便。”言已，忽然不现，还到彼国。

【注释】

[一] 什曰：虽奉圣旨，及见不净，劣想自发，由忆念佛教，起想微耳。既了平等，诚心自悔也。

肇曰：初见秽土，生下劣想，谓诸佛菩萨亦有升降。闻此佛事，乃自悔责也。

[二] 什曰：彼亦不必专以香为佛事，故请言教法也。亦将欲遍至十方，化不净国，故请杂法也。亦以远游异刹，不宜虚反。又以彼诸菩萨必问其上要，故禀异闻也。亦欲令彼菩萨知恩故请。云何令知恩？彼诸菩萨处清净国，但食香饭，自入律行，常乐则亡其乐。亡其乐，则亡其所由。所由者佛，而彼昧之，是不知恩也。若闻不①二门苦而后得，乃悟自然得

① “不”，《大正藏》本作“下”。

者，因妙而功深也。

肇曰：既知佛事之难议，故欲请法而反土，将宣扬如来不思议道，令本国众生念佛功德也。

生曰：请还彼土法也。

［三］什曰：尽有二种：一无为尽，二有为尽。有为尽，无常迁灭尽也。无为尽，智慧断令灭尽也。今言尽门，是有为无常尽也。言无阂，于二事不阂也。不尽功德有为，无凡夫阂也。不住无为，无二乘阂也。

［四］生曰：欲还彼土，迹在舍此之彼。是自济之怀，于菩萨为缚矣。若解脱之者，是其法也。

［五］生曰：有为是无常尽灭之法也。

［六］肇曰：有为法有三相，故有尽。无为法无三相，故无尽。

生曰：无为则不尽矣。

［七］什曰：谓一切善是有为功德也。一切有为悉是大累，可以遣累，故有宜存。譬如无量怨贼在彼大城，城中有人来降，因是人得破怨贼，故虽是贼，亦应供养之。

［八］肇曰：有为虽伪，舍之则大业不成。无为虽实，住之则慧心不明。是以菩萨不尽有为，故德无不就。不住无为，故道无不覆。至能出生入死，遇物斯乘，在净而净，不以为欣，处秽而秽，不以为戚，应彼而动，于我无为。此诸佛平等不思议之道也。夫不思议道，必出乎尽、不尽门。彼菩萨闻佛事平等，不可思

议，所以请法。故佛开此二门，示其不思议无阂之道也。

生曰：此土有苦，是有为也。彼土无苦，是无为也。若缚在欲尽有为住无为者，盖是此土患苦之情，非彼土然也。然则寄还彼土以明法实，得祛此缚矣。

[九] 什曰：慈悲，佛道根本也。声闻无此，故尽有住无也。欲不尽有为成就佛道，要由慈悲，故先说也。

肇曰：慈悲乃入有之基，树德之本，故发言有之。

生曰：菩萨之行，凡有二业：功德也，智慧也。功德在始，智慧居终。不尽有为义在前，故功德不尽之也。住无为义在后，故智慧不住之也。不尽有为，是求理。不舍生死之怀，以慈悲为本，故始明之焉。

[一〇] 什曰：志求佛道，其心深固，譬如种树，根深难拔。故历劫愈明，不暂失也。

肇曰：发心不忘，是众行之中心者也。

[一一] 别本云：心不厌倦。

什曰：恼之者众，鲜能无厌。以大悲为本，故涉苦弥勤，虽魔怨逼试，心不生倦。

[一二] 什曰：谓坚固善心，深不可动，乃名根也。如有一人到舍利弗处求出家，舍利弗观其宿命，八万大劫不种善根，弃而不度。往五百弟子所，尽皆不受。于是到祇洹门下，悲泣懊恼。佛从外还，见而问之，其人具以事答。佛即种种责舍利弗："汝智慧不深，不见人根，妄轻贱人耶？"佛即受其人，赞言："善来，比

丘。”须发自落，法衣着身，便成沙门。佛为说法，即得阿罗汉。舍利弗问佛：“此人何时种泥洹善根？”佛言：“乃往昔过去无央数劫，有佛名人耳。时有一人入林取薪，虎从林出，欲食其人。其人上树，虎在树下，其人极大恐怖。时佛从空中飞过，其人见已，称南无佛，心生信乐，极厌生死，深心誓愿，愿离此苦。因此善根，今得解脱。”时舍利弗向佛悔过，举身投地，深自悲叹。佛言：“譬如石中有金，愚人不知，弃而不取。金师见之，知其中有金，即以两囊鼓而出之。众生无明石中有智慧金，今汝智慧不深，故弃而弗度。如来深见根本，以禅定智慧囊鼓而出之也。”

［一三］肇曰：慈悲为根，发心为心，然后顺四摄化众生，护正法种善根。以此众德，茂其枝条，道树日滋，不尽有为也。下诸行愿，枝条之流，取[①]其日滋日茂，以成不尽义耳。废舍慈悲，道树不建，众德损耗，自隐涅槃，谓尽有为法也。

［一四］什曰：万善无常，随意所成，故须方便回向佛道，如瓶沙王被系在狱，狱孔中遥见佛于山上往来，心大欢喜，应生兜率天。在中闻毗沙门天王食香，以饿死故，心甚乐着：“我今当往生彼食处。”即时于毗沙门膝上化生。小既回向，大亦宜然。

肇曰：方便回向，进善之要行，故常安住焉。

① “取”，《大正藏》本作“及”。

［一五］什曰：求法不勤，果报未应，则生邪见，谓无所得。是故行者求法，不懈怠也。

［一六］什曰：梵本云：无师倦。外道师为弟子说法，法之要者，则握而不与。菩萨则尽其所怀，故言无师倦也。

［一七］肇曰：不以结生，曷为而畏？

［一八］肇曰：未学当学，所以不轻。已学当成，故敬如佛。

［一九］生曰：念邪则生累，念正则累消，故化令正忆念。

［二〇］什曰：出家离欲，及禅定、智慧，离诸妄想，悉名远离乐。假以求道，非所贵也。

肇曰：独善之道，何足贵乎？

［二一］别本云：不着己乐，庆于他乐。

什曰：凡夫见他乐则生嫉，他苦则心安。自乐则生着，自苦则心动。菩萨则不然，见他乐不嫉，其心随喜。他苦心动，欲令解脱。自乐不着，自苦心安。

［二二］什曰：禅定有三种：一大乘，二小乘，三凡夫。凡夫禅生高慢我心，小乘禅独善求证，能烧众善，坏无上道根，于菩萨则为恶趣，故视之如地狱也。

肇曰：禅定虽乐，安之则大道不成。菩萨不乐，故想之如地狱也。

［二三］什曰：意存兼济，故乐游无畏。

肇曰：生死虽苦，大道之所因。菩萨好游，故想如园观也。

［二四］什曰：本无施意，因彼来求，发我施心，则于我为师，故起师想。如月氏王出行游观，有数千乞人在路侧

举手唱声，各请所须。王问大臣：“此是何人？何所陈说？”臣答言：“乞人也。”王智慧利根，即解其意，语大臣曰：“彼等我大师，非乞人也，汝不解其言耳。彼所须者，为我说法，非为乞也。彼言我等前世亦作国王，不修布施，故受斯报。王今不施，后亦当尔。以此故，当知是我大师也。”

肇曰：乞者虽欲自益，而实益我，故想为善师也。

［二五］什曰：舍诸所有，谓身命及国城妻子，悉能弃舍，给施众生。给众生时，了知此施必能具足一切智，明见因果，施而无悔也。

肇曰：凡所施与，妙期有在，又审因果之不虚也。

［二六］肇曰：戒为人护，毁戒则无护。菩萨自己有护，故欲护无护者也。

［二七］什曰：取其能生法身也。亦云子有所须，则咨之父母。菩萨所须，则求之六度。取其饶益，比之父母也。

肇曰：余四度，行转深，法身之所由生，故想为父母也。

［二八］什曰：助成圣道，令其尊胜，犹人有眷属，益其贵也。

肇曰：助成我者，三十七道品，犹人有眷属，相助成者也。

［二九］什曰：上说始种善根，今明修习增进。修习增进，名为行。万善斯行，无所齐限。亦云不以劫数为限也。

肇曰：上云种善根，此云无齐限，转增广也。

［三〇］什曰：取彼净国相，然后修行称之，故致净国，与彼无异，是名以彼成己也。

肇曰：为好饰者，净土不得，不尽净土之美。

［三一］肇曰：开四门，恣求者所取，无碍大施法也。此施，相好之所因。

别本云：行无阂施。

什曰：或施心足而财少，或财足而施心少，二事不具，则不能应无方之求。今二事兼具，故能无所齐限，恣物所求焉。

［三二］什曰：身口意净，故众恶悉除。因净则果妙，相好之所以具也。

肇曰：此明当大施时，诸恶悉除，三业悉净，故致净相之报也。

［三三］什曰：勇，明其有力。上说意净，此说有力，净而有力，故大愿果成也。

肇曰：生死长久，苦毒无量，自非智勇，孰能处之？

［三四］肇曰：不以佛难及，倦而不修矣。

［三五］肇曰：烦恼之寇，密固难遣，自非慧剑，无以断除。

［三六］什曰：烦恼既尽，则随法化生。法化之身，超出阴界入也。

［三七］什曰：必令究竟，不中弃也。

［三八］肇曰：法身超三界，阴界入所不摄，故言出。若受阴界入身，处情尘之内，则自同羁琐，安能济彼？

［三九］什曰：魔，天魔也。

肇曰：魔兵强盛，非怠者所能制也。

［四〇］什曰：无取相念也。凡夫行有念智慧，则高慢益甚，是故菩萨求无念智也。

肇曰：真智无缘，故无念为名。俗智有缘，故念想以生。

［四一］肇曰：不以无欲而舍世法自异。

［四二］什曰：和而不同。

［四三］肇曰：同俗俯仰，不失道仪。天下皆谓我同己，而我独异人。

［四四］肇曰：见形不及道者，非通变无以导焉。

［四五］肇曰：正念也。

［四六］什曰：以念持念，持能持法，故既言念又言持。亦云众念增长，则成持也。

［四七］肇曰：由上二种持也。

［四八］肇曰：慧也。

［四九］肇曰：乐说辩，四辩之一也。上云念定持辩，此云念持慧辩，定慧互有其用，迭在四门者也。

［五〇］什曰：以不堪受道，故为说法也。

肇曰：不为福报修善，名为善净。然为物受报，报在欲界人天也。

［五一］别本云：四无量令生梵天。

什曰：欲使作梵天，请转法轮，处尊引物也。亦菩萨自行，自生梵天也。

［五二］肇曰：修四等，即开梵道也。现为梵王，请佛说法，随喜赞善，以弘正教，如尸弃之流也。

［五三］什曰：是赞善报也。

肇曰：经云有八种音，亦云有六十种音。《密迹经》云，佛不思议音，应物无量也。

［五四］肇曰：如来三不护法也。

［五五］肇曰：凡所举动，一则如来。音声、三不护、威仪，皆佛事也。菩萨虽未全具，然豫入其境，故言得也。

［五六］肇曰：善法谁不修？贵在深胜也。

［五七］肇曰：僧徒虽众，所贵大乘。

［五八］肇曰：放逸乃众恶之门，丧道之根。心无放逸，则无善不集。善法无量，故略言本也。

［五九］肇曰：修如上法，自行化彼，功德日茂，不尽有为也。夫善，有为法，变坏物耳。废舍不修，则日耗日尽矣。

［六〇］肇曰：自此下，皆无为观行也。观无为，必睹恬怕之乐，而能不证涅槃，永处生死，名不住无为也。空、无相、无作，三乘共行，而造观不同。二乘空观，唯在无我。大乘空观，无法不在。以无法不在，故空法亦空。空法既空，故能不证空。

［六一］肇曰：二乘无相，唯在尽谛。大乘无相，在一切法。二乘无作，不造生死。大乘无作，万法不造也。

［六二］肇曰：诸法缘会而有，缘散而无。何法先有，待缘而起乎？此空观之别门也。

[六三] 什曰：无常则无法不灭，灭而不断，故修善不厌。亦观无常是泥洹道，泥洹道则背善本。今不住无为，故不厌有也。

[六四] 什曰：无我则众生空，空而非无，故诲人不倦也。

[六五] 肇曰：二乘以无常为无常，故厌有为善法。以苦为苦，故恶生死苦。以无我为无我，故怠于诲人。以寂为寂，故欲永寂。菩萨不以无常为无常，故能不厌善本。不以苦为苦，故不恶生死。不以无我为无我，故诲人不倦。不以寂为寂，故不永寂也。

[六六] 什曰：远离有三：一离人间五欲，二离烦恼，三诸法性空远离。今观性空远离，而不厌善也。

肇曰：远离，无为之别称耳。虽见无为远离之安，而身心不离有为善也。

[六七] 肇曰：诸法始无所来，终无所归。虽知无归，而常归善法也。

[六八] 肇曰：虽见无生，而处生荷彼也。

[六九] 肇曰：凡诸无漏，与无为同，体自无相，皆无为行也。虽见无漏，而与彼同漏。同漏有二：有为入生死，实未断漏者。有已尽漏，而现不断者。

[七〇] 肇曰：法性无业，何所修行？虽知无行，而教必以行者也。

[七一] 肇曰：诸法之相，唯空唯无，然不以空无舍于大悲也。

[七二] 什曰：谓无生灭取证法也。

［七三］肇曰：正法位者，观无为取证之地也。

［七四］肇曰：诸法因缘所成，虚假无本，以何为实？以何为主？虽知如此，然本愿未满，不以功德定慧虚假而弗修也。

生曰：不住无为，是穷理。将入生死之怀，以满愿为极，故终明之焉。

［七五］肇曰：备修上法，则不证无为。证谓观无为自证道成。自证道成，即住无为也。

［七六］肇曰：上直明菩萨不尽有为，不住无为，未释所以不尽、所以不住。夫大士之行，行各有以，妙期有在，故复对而明之。夫德之积也，必涉有津，若住无为，则功德不具也。

［七七］什曰：上一门中现一义，今明一门中兼具二义。若不住无，则不尽有。不尽有，则不住无也。

肇曰：智之明也，必由广博。若废舍有为，则智慧不具。

生曰：总翻前也。所以欲住无为者，贪其乐耳。福德既具，便自常乐，复何贪哉？所以欲尽有为者，恶其苦耳。智慧苟备，已自无苦，有何恶哉？

［七八］肇曰：慈悲入生死，岂住无为之所能者也？

［七九］肇曰：满愿由积德，岂舍有为之所能？

生曰：别翻前也。以慈悲为怀者，不得贪己乐也。欲满本愿者，不得计己苦也。此取功德前句，智慧后句，略举二端为备也矣。

［八〇］肇曰：采良药必在山险，非华堂之所出。集法药必在险有，非无为法之所出焉。

［八一］肇曰：废舍有为，则与群生隔绝，何能随而授药？

生曰：翻前则是反入生死，必能救众人病，故有下四句也。集法药者，使备有诸法理也，为功德意矣。随授药者，知其所主，随病授也，为智慧意矣。

［八二］肇曰：习知众生病，必之病所，岂住无为之所能乎？

生曰：解其病相，功德意也。

［八三］肇曰：灭众生病，必造有治，岂尽有为之所能乎？

生曰：达病所应，智慧意也。

［八四］肇曰：二法虽异，而行必相因，故对而辩之。明行各有以，造用不同也。

［八五］肇曰：不尽有为，故无阂德之累。不住无为，故无独善之阂。此二无阂门，是菩萨弘道之要路，佛事无方之所由。劝彼令学，示其佛事不思议道，令必审诸佛无若干也。

见阿閦佛品第十二

尔时，世尊问维摩诘："汝欲见如来，为以何等观如来乎[一]？"

维摩诘言："如自观身实相，观佛亦然[二]。我观如来前际不来，后际不去，今则不住[三]。不观色，不观色如，不观色性。不观受想行识，不观识如，不观识性[四]。非四大起，同于虚空[五]。六入无积[六]，眼耳鼻舌身心已过[七]。不在三界[八]，三垢已离[九]。顺三脱门[一〇]，具足三明，与无明等[一一]。不一相，不异相[一二]。不自相，不他相[一三]。非无相，非取相[一四]。不此岸，不彼岸，不中流[一五]，而教化众生[一六]。观于寂灭，而不永灭[一七]。不此不彼[一八]，不以此，不以彼[一九]。不可以智知，不可以识识[二〇]。无晦无明[二一]，无名无相[二二]，无强无弱[二三]，非净非秽[二四]。不在方，不离方[二五]。非有为，非无为[二六]。无示无说[二七]。不施不悭，不戒不犯，不忍不恚，不进不怠，不定不乱，不智不愚[二八]，不诚不欺[二九]，不来不去[三〇]，不出不入[三一]，一切言语道断[三二]。非福田，非不福田[三三]。非应供养，非不应供养[三四]。非取非舍[三五]。非有相，非无相[三六]。

同真际，等法性[三七]。不可称，不可量，过诸称量[三八]。非大非小[三九]。非见[四〇]非闻[四一]，非觉[四二]非知[四三]。离众结缚[四四]。等诸智，同众生[四五]。于诸法无分别[四六]。一切无得无失，无浊无恼[四七]，无作无起[四八]，无生无灭[四九]，无畏无忧，无喜无厌[五〇]。无已有，无当有，无今有[五一]。不可以一切言说分别显示[五二]。世尊，如来身为若此，作如是观[五三]。以斯观者，名为正观。若他观者，名为邪观。"

【注释】

[一] 什曰：若自有慧眼，则能玄照，不待观形。若无慧眼，则对形而隔，故问其所以何等观如来。复次，观佛有三种：一观形，二观法身，三观性空。问言："汝三观中作何等观耶?"下尽以性空答。此章悉用《中》《百》观破相义，明如来性空，更无异义，故不疏问耳。

肇曰：向命文殊共来见佛，虽复举目顺俗，而致观不同。如来逆睹其情，将显其来观之旨，以明佛事不可思议，故知而问也。

生曰：维摩诘向命诸菩萨共来见佛，迹在人相佛焉。然见佛者，非谓形接得见便为见也，是以问之，以明见焉。

[二] 肇曰：佛者何也？盖穷理尽性，大觉之称也。其道虚玄，固已妙绝常境，心不可以智知，形不可以像测。同万物之为，而居不为之域，处言数之内，而止无言之乡。非有而不可为无，非无而不可为有。寂寞虚旷，物莫能测。不知所以名，故强谓之觉。其为至也亦以极矣。何则？夫同于得者，得亦得之，同于失者，失亦得之。是以则真者同真，法伪者同伪。如来灵照冥谐，一彼实相。实相之相，即如来相。故经曰："见实相法，为见佛也。"净名自观身实相，以为观如来相，义存于是。

生曰：若谓己与佛接为得见者，则己与佛异，相去远矣，岂得见乎？若能如自观身实相，观佛亦然，不复相异，以无乖为得见者也。

[三] 生曰：若以见佛为见者，此理本无佛，又不见也。不见有佛，乃为见佛耳。见佛者，见此人为佛，从未来至现在，从现在入过去，故推不见三世有佛也。过去若有，便应更来，然其不来，明知佛不在过去矣。未来若有，便应即去，然其不去，明知佛不在未来矣。现在若有，便应有住，然其不住，明知佛不在现在矣。

[四] 肇曰：法身超绝三界，非阴界入所摄，故不可以生住去来而睹，不可以五阴如性而观也。

生曰：向云不见佛者，或是己不能见，非无佛也。故复推无佛可见，以尽之焉。人佛者，五阴合成耳。

若有，便应色即是佛。若色不即是佛，便应色外有佛也。色外有佛又有三种：佛在色中，色在佛中，色属佛也。若色即是佛，不应待四也。若色外有佛，不应待色也。若色中有佛，佛无常矣。若佛中有色，佛有分矣。若色属佛，色不可变矣。色者，色之事也。如者，色不异也。性者，无本为色也。既言其事，事或可改，故言如也。虽曰不改，本或不然，故言性也。然则要备三义，然后成色义也。是以如性，五事亦不得而殊也，至识皆同之焉。既无所见，乃为见实也。以实见为佛，见实所以见佛也。

［五］肇曰：法身如空，非四大所起造也。

生曰：向虽推无人相佛，正可表无实人佛耳，未足以明所以佛者，竟无人佛也。若有人佛者，便应从四大起而有也。夫从四大起而有者，是生死人也。佛不然矣，于应为有，佛常无也。

［六］生曰：夫有人佛者，要从六入积惑而出也。既无有积，夫有人佛乎？五是四大所造，故就六以明之焉。

［七］肇曰：法身过六情，故外入无所积。

生曰：上言六入无积，故无人佛者，正可无后世人佛耳，未足以明今亦无也，故复即六入云已过也。六入已过者，无积为甚久矣。

［八］生曰：上言六入已过，容正在有六处。过或不及，无六入处也，故复云不在三界矣。

［九］肇曰：既越三界，安得三界之垢？

生曰：三垢已离，故不在三界也，以无三为不在三矣。

［一〇］生曰：顺三脱门，故离三垢也，以三离三也。

［一一］肇曰：法身无相，体顺三脱，虽有三明，而不异无明也。

生曰：顺三脱门，则等明无明也。三脱门既三而明，故复就三明言之也。

［一二］肇曰：无像不像，故不可为一。像而不像，故不可为异。

生曰：等者，两共等也。两共等者，不一不异也。

［一三］肇曰：不自而同自，故自而不自。不他而同他，故他而不他。无相之身，岂可以一异自他而观其体耶？

生曰：有自有他，则异矣。

［一四］肇曰：既非无物之相，又非可取之相。

生曰：若无相，为一矣，又不可取，无一异相也。

［一五］肇曰：顺三脱门，则到彼岸矣。若有到，则不到也。无到不到，然后为到耳。此岸者，生死也。彼岸者，涅槃也。中流者，结使也。

［一六］肇曰：欲言此岸，寂同涅槃。欲言彼岸，生死是安。又非中流，而教化众生，此盖道之极也。此岸，生死。彼岸，涅槃。中流，贤圣也。

生曰：夫化众生，使其断结，离生死，至泥洹耳。而向言无三，似若不复化之，故云尔也。然则三不无矣。

[一七] 肇曰：观于寂灭，观即寂灭。灭而不灭，岂可形名？

生曰：既云化众生，复似见有众生，故言观寂灭也。观寂灭者，非永灭之谓也。

[一八] 生曰：若化众生，似复在此在彼也。在此在彼者，应化之迹耳，非实尔也。

[一九] 肇曰：不此而同此，故此而不此。不彼而同彼，故彼而不彼。岂复以此而同此，以彼而同彼乎？此明圣心无彼此，有以而同也。

生曰：虽云不在此不在彼，或复可以此彼之迹化之矣。此彼是众生所取，非佛以也。

[二〇] 肇曰：夫智识之生，生于相内。法身无相，故非智识之所及。

生曰：既不在此彼，又不以此彼，岂可以智知、识识言其尔哉？

[二一] 肇曰：明越三光，谁谓之暗？暗逾冥室，谁谓之明？然则在暗而暗，在明而明，能暗能明者，岂明暗之所能？故曰无暗无明也。

生曰：明不在迹为晦矣，然理不得在耳，非为晦也。迹反有明，为明矣。然是彼取得耳，非为明也。

[二二] 肇曰：不可以名名，不可以相相。

生曰：迹中有名，佛无名矣。相为可名之貌也。

[二三] 肇曰：至柔无逆，谁谓之强？刚无不伏，谁谓之弱？

生曰：运动天地，非为强也。应尽无常，亦非弱也。

[二四] 肇曰：在净而净，谁谓之秽？在秽而秽，谁谓之净？

然则为强弱净秽者,果非强弱净秽之所为也。

生曰:相好严身,非其净也。金枪马麦,亦非秽也。

［二五］肇曰:法身无在而无不在。无在故不在方,无不在故不离方。

生曰:东感则东,西感则西,岂在方哉?然是佛之应,复不得言方非佛也,故言不在不离也。

［二六］肇曰:欲言有耶,无相无名。欲言无耶,备应万形。

生曰:若有则有为,若无则无为。而佛既无此有,又不无有,何所是有为无为哉?

［二七］肇曰:非六情所及,岂可说以示人?

生曰:应见者示,应闻者说也。佛本无示无说耳。

［二八］生曰:以六度为体,故能有如向之应耳。而度有度者,则不度也。无度不度,然后度耳。

［二九］肇曰:不可以善善,不可以恶恶。

生曰:六度以诚实为道也。而诚有诚者,则不诚矣。无诚不诚,然后诚耳。

［三〇］生曰:既度既诚,便应有感为来,感尽则去矣。若有此来去者,复不能来去也。

［三一］肇曰:寂尔而往,泊尔而来,出幽入冥,孰识其动?

生曰:来为出,去为入也。

［三二］肇曰:体绝言径。

生曰:稍结之也。言以六度无相为佛,岂可得以言语相说之乎?

［三三］生曰:以无相为佛,故能使人供养得福,为福田矣。

若使是者，则有相乎？

［三四］肇曰：无相之体，莫睹其畔，孰知田与非田，应与不应乎？

生曰：福田则应供养，非福田则不应供养也。

［三五］肇曰：取之则失真，舍之则乖道。

生曰：福田故应取，非福田故应舍矣。

［三六］肇曰：寂寞无形，非有相也。相三十二，非无相也。

生曰：若是福田，为福德人也。福德之人，则有相禄矣。

［三七］生曰：无相便是之矣，谓佛为异，故言同等。

［三八］肇曰：无相之体，同真际，等法性，言所不能及，意所不能思，越图度之境，过称量之域。

生曰：既同真际，等法性，岂可以意而量之哉？过诸称量者，言非所及之谓也。

［三九］肇曰：大包天地，不可为小。细入无间，不可为大。能大能小者，其唯无大小乎？

生曰：言小则大包天地，言大则细入无间。

［四〇］肇曰：非色，故非见也。

［四一］肇曰：非声，故非闻也。

［四二］肇曰：非香、味、触，故非三情所觉也。

［四三］肇曰：非法，故非意所知也。

生曰：非徒不可见闻觉知，亦无可作见闻觉知者矣。

［四四］肇曰：无漏之体，绝结缚。

生曰：既无见闻觉知，于何生结缚哉？

[四五] 生曰：岂复容智出于群智，自异于众生哉？

[四六] 肇曰：等实相之智，同众生之性，浑然无际，岂与法有别乎？

生曰：于一切法，都无复分别情也。

[四七] 肇曰：无得故无失，无清故无浊。事外之体，何可恼哉？

生曰：有失为浊，既浊成恼也。自此以下，明佛无相，理中无之也。

[四八] 生曰：有浊有恼，便是作起后身。

[四九] 肇曰：法身无为，绝于施造。孰能作之令起，生之使灭乎？

生曰：既作起后身，则有生灭者矣。

[五〇] 生曰：若有生灭，是可畏法也，便欣生而忧灭矣。忧欣无已，故可厌也。

[五一] 肇曰：法身无寄，绝三世之有，三灾不能为其患，始终无以化其体，恬淡寂泊，无为无数，岂容忧畏喜厌于其间哉？

生曰：既无忧欣，不复受诸有也。

[五二] 生曰：都结之也。

[五三] 肇曰：穷言尽智，莫能显示。来观之旨，为若是者也。

尔时，舍利弗问维摩诘："汝于何没而来生此[一]？"

维摩诘言："汝所得法，有没生乎[二]？"

舍利弗言："无没生也。"

"若诸法无没生相，云何问言'汝于何没而来生此[三]'？于意云何，譬如幻师幻作男女，宁没生耶？"

舍利弗言："无没生也。"

"汝岂不闻佛说诸法如幻相乎？"

答曰："如是。"

"若一切法如幻相者，云何问言'汝于何没而来生此[四]'？舍利弗，没者为虚诳法坏败之相，生者为虚诳法相续之相[五]。菩萨虽没，不尽善本。虽生，不长诸恶[六]。"

是时，佛告舍利弗："有国名妙喜，佛号无动，是维摩诘于彼国没而来生此[七]。"

舍利弗言："未曾有也，世尊，是人乃能舍清净土而来乐此多怒害处[八]。"

维摩诘语舍利弗："于意云何，日光出时，与冥合乎？"

答曰："不也。日光出时，则无众冥。"

维摩诘言："夫日何故行阎浮提？"

答曰："欲以明照为之除冥。"

维摩诘言："菩萨如是，虽生不净佛土，为化众生，不与愚暗而共合也，但灭众生烦恼暗耳。"

是时，大众渴仰，欲见妙喜世界无动如来，及其菩萨、声闻之众。佛知一切众会所念，告维摩诘言："善男子，为此众会现妙喜国无动如来，及诸菩萨、声闻之众，众皆欲见[九]。"

于是，维摩诘心念："吾当不起于座，接妙喜国铁围山川、溪谷江河、大海泉源、须弥诸山，及日月星宿、天龙鬼神、梵天等宫，并诸菩萨、声闻之众，城邑聚落、男女大小，乃至无动如来[一〇]，及菩提树、诸妙莲华，能于十方作佛事者[一一]。三道宝阶，从阎浮提至忉利天。以此宝阶，诸天来下，悉为礼敬无动如来，听受经法[一二]。阎浮提人亦登其阶，上升忉利，见彼诸天[一三]。妙喜世界成就如是无量功德，上至阿迦腻吒天，下至水际，以右手断取，如陶家轮[一四]。入此世界，犹持华鬘，示一切众。"作是念已，入于三昧，现神通力[一五]，以其右手断取妙喜世界[一六]，置于此土。

彼得神通菩萨及声闻众，并余天人，俱发声言："唯然，世尊，谁取我去？愿见救护[一七]。"

无动佛言："非我所为，是维摩诘神力所作。"其余未得神通者，不觉不知己之所往。妙喜世界虽入此土，而不增减，于是世界亦不迫隘，如本无异。

尔时，释迦牟尼佛告诸大众："汝等且观妙喜世界无动如来，其国严饰，菩萨行净，弟子清白。”皆曰：“唯然已见。”

佛言：“若菩萨欲得如是清净佛土，当学无动如来所行之道[一八]。”

现此妙喜国时，娑婆世界十四那由他人[一九]，发阿耨多罗三藐三菩提心，皆愿生于妙喜佛土。释迦牟尼佛即记之曰：“当生彼国。”

时妙喜世界于此国土所应饶益，其事讫已，还复本处，举众皆见。佛告舍利弗：“汝见此妙喜世界及无动佛不[二〇]？”

“唯然已见。世尊，愿使一切众生得清净土，如无动佛。获神通力，如维摩诘[二一]。世尊，我等快得善利，得见是人，亲近供养[二二]。其诸众生，若今现在，若佛灭后，闻此经者，亦得善利。况复闻已，信解受持，读诵解说，如法修行？若有手得是经典者，便为已得法宝之藏[二三]。若有读诵，解释其义，如说修行，则为诸佛之所护念[二四]。其有供养如是人者，当知则为供养于佛[二五]。其有书持此经卷者，当知其室则有如来[二六]。若闻是经能随喜者，斯人则为取一切智[二七]。若能信解此经，乃至一四句偈，为他说者，当知此人即是受阿耨多罗三藐三菩提记[二八]。”

【注释】

[一] 什曰：见其神德奇绝，来处必尊，故问其所从也。维摩恐人存没生，故下反问，以明无没生。亦云：或有谓维摩生分未尽，故问其没生。下答不尽善，不长恶，明生分尽也。不直答者，一欲屈声闻，二不欲自显所从之美也。

肇曰：上云如自观身实相，实相无生。而今现有生，将成其自观之义，故以没生问之也。

[二] 肇曰：逆问其所得，以证无没生也。所得法，即无为无相法也。三乘皆以无相得果也。

[三] 肇曰：以己所得，可知法相，复问奚为？

[四] 肇曰：生犹化存，死犹化往，物无不尔，独问何为？

[五] 肇曰：先定没生之相也。

生曰：是生死之理而不实也。

[六] 什曰：凡夫死时，起恶灭善。既生，则众恶增长。菩萨则不然。复次，凡夫善本尽，故命终，长颠倒恶心，然后受生。菩萨则不然，法化清净，随意所之，故无此一患。无此一患，则虽迹有去来，而非没生之谓也。上先以性空明无没生，今以法化自在明无没生。求之二门，则没生无寄，而问没生，失之远矣。

肇曰：善恶者，皆是虚诳相续败坏法耳。然凡夫生则长恶，没则尽善。菩萨生则长善，没则尽恶。没生虽同，长尽不一。然俱是虚诳败坏之相，何异幻化耶?

生曰:生死尚不实,不应致问,况都无之耶?生死没者,福德尽故也。生者,必长诸恶也。

[七]肇曰:上答无生。此出生处,应物而唱,未始无益。

[八]肇曰:此土方于余国,怒害最多。

[九]什曰:为下欲修净国及往生者现其刹也。不遥现而接来者,将显维摩神力故也。即事则情悦而悟深,故举令现此事耳。

肇曰:既睹大众渴仰之情,将显净名不思议德,故告令现本国。

[一〇]肇曰:屈尊为难,故言乃至。

[一一]什曰:华上或现化佛,或放光明及说法,种种变现,发悟众生也。

肇曰:彼菩提树及妙莲华,皆能放光明,于十方作佛事,及华上化佛菩萨,亦于十方作佛事,皆通取来也。

[一二]肇曰:欲天报通,足能凌虚。然彼土以宝阶严饰,为游戏之路,故同以往反也。

[一三]肇曰:严净之土,福庆所集。人天之报,相殊未几,故同路往反,有交游之欢娱也。

[一四]什曰:梵本云如断泥。今言如陶家轮,明就中央断取,如陶家轮,下不着地,四边相绝也。

[一五]肇曰:重为轻根,静为躁君,非三昧之力,无以运神足之动。

［一六］什曰：断取，明不尽来。

［一七］肇曰：大通菩萨逆见变端，为众而问。其余天人未了而问，恐畏未尽，故求救护。

［一八］肇曰：登高必由其本，求果必寻其因。

［一九］肇曰：十万为一那由他也。

［二〇］肇曰：将因舍利弗明圣集难遇，经道难闻，故别问汝见不。

［二一］肇曰：因其所见而生愿也。

［二二］肇曰：自庆之辞。

［二三］肇曰：手得经卷，虽未诵持，如人已得宝藏，未得用耳。上直以闻通况，今别结其德，品其升降也。

［二四］肇曰：行应于内，护念于外，理会冥感，自然之数耳。

［二五］肇曰：是人即佛所护念人。

［二六］肇曰：随所止之室书持此经，当知其室即有如来，书持重于手得也。

［二七］肇曰：若闻是经，能随义而喜者，斯人会得一切智，故言取。

［二八］肇曰：明一四句，为他人说，其福多于随喜，故言即是受记。前言取者，以会归为言耳，未及记耳。

注维摩诘经卷第九终

注维摩诘经卷第十

后秦释僧肇撰

法供养品第十三

尔时，释提桓因于大众中白佛言："世尊，我虽从佛及文殊师利闻百千经，未曾闻此不可思议自在神通决定实相经典[一]。如我解佛所说义趣，若有众生闻是经法，信解、受持、读诵之者，必得是法不疑[二]，何况如说修行[三]？斯人则为闭众恶趣[四]，开诸善门[五]，常为诸佛之所护念，降伏外学，摧灭魔怨[六]，修治菩提[七]，安处道场[八]，履践如来所行之迹[九]。世尊，若有受持读诵、如说修行者，我当与诸眷属供养给事，所在聚落城邑、山林旷野，有是经处，我亦与诸眷属听受法故，共到其所。其未信者，当令生信。其已信者，当为作护[一〇]。"

佛言："善哉！善哉！天帝，如汝所说，吾助尔喜。此经广说过去未来现在诸佛不可思议阿耨多罗三藐三菩提[一一]。是故，天帝，若善男子善女人受持读诵、供养是经者，则为供养去来今佛[一二]。天帝，正使三千大千世界，如来满中，譬如甘蔗竹苇、稻麻丛林，若有善男子善女人，或一劫或减一劫，恭敬尊重，赞叹供养，奉诸所安，至诸佛灭后，以一一全身舍利起七宝塔，纵广一四天下，高至梵天，表刹庄严，以一切华香璎珞、幢幡伎乐微妙第一，若一劫若减一劫，而供养之。天帝，于意云何，其人植福宁为多不？”

释提桓因言：“多矣，世尊，彼之福德，若以百千亿劫，说不能尽。”

佛告天帝：“当知是善男子善女人，闻是不可思议解脱经典，信解受持、读诵修行，福多于彼[一三]。所以者何？诸佛菩提皆从是生[一四]，菩提之相不可限量[一五]，以是因缘，福不可量[一六]。”

佛告天帝：“过去无量阿僧祇劫，时世有佛，号曰药王如来、应供、正遍知、明行足、善逝、世间解、无上士、调御丈夫、天人师、佛、世尊。世界名大庄严，佛寿二十小劫，其声闻僧三十六亿那由他，菩萨僧有十二亿。天帝，是时有转轮圣王，名曰宝盖，七宝具足，王四天下。王有千子，端正勇健，能伏怨敌。尔时，宝盖与其眷属供养药王如来，施诸所安，至满五劫。过五劫已,告其千子:‘汝等亦当如我以深心供养于佛。’于是,千子受父王命,供养药王如来,复满五劫,一切施安[一七]。其王一子,名曰月盖,独坐思惟:‘宁有供养殊过此者[一八]?’以佛神力,空中有天曰:‘善男子,法之供养,胜诸供养[一九]。’即问:‘何谓法之供养?’天曰:‘汝可往问药王如来,当广为汝说法之供养。’即时,月盖王子行诣药王如来,稽首佛足,却住一面,白佛言:‘世尊,诸供养中,法供养胜。云何名为法之供养?’佛言:‘善男子,法供养者,诸佛所说深经[二〇],一切世间,难信难受[二一],微妙难见[二二],清净无染[二三],非但分别思惟之所能得[二四]。菩萨法藏所摄[二五],陀罗尼印印之[二六],至不退转[二七],成就六度[二八],善分别义[二九],顺菩提法[三〇],众经之上[三一],入大慈悲[三二],离众魔事[三三],及诸邪见[三四]。顺因缘法[三五],无我、无人、无众生、无寿命,空、无相、无作、无起[三六]。能令众生坐于道场[三七],而转法轮[三八]。诸天、龙、神、乾闼婆等,所共叹誉[三九]。能令众生入佛法藏[四〇],摄诸贤圣一切智慧[四一],说众菩萨所行之道[四二]。依于诸法实相之义[四三],明宣无常、苦、空、无我、寂灭之法[四四],能救一切毁禁众生[四五]。诸魔外道及贪著者,能使怖畏[四六]。诸佛贤圣所共称叹[四七]。背生死苦[四八]，示涅槃乐[四九]。十方三世诸佛所说[五〇]。若闻如是等经[五一]，信解、受持、读诵，以方便力为诸众生分别解说，显示分明，守护法故，是名法之供养[五二]。又于诸法如说修行[五三]，随顺十二因缘[五四]，离诸邪见[五五]，得无生忍[五六]，决定无我，无有众生[五七]，而于因缘果报[五八]，无违无诤[五九]，离诸我所[六〇]。依于义，不依语[六一]。依于智，不依识[六二]。依了义经，不依不了义经[六三]。依于法，不依人[六四]。随顺法相，无所入，无所归[六五]。无明毕竟灭故，诸行亦毕竟灭，乃至生毕竟灭故，老死亦毕竟灭[六六]。作如是观十二因缘，无有尽相[六七]，不复起见[六八]，是名最上法之供养[六九]。"

【注释】

[一] 什曰：维摩诘接妙喜世界来入此境，及上来不思议事，皆昔来所见未有若此之奇也。《放光》等所明实相，广散难寻。此经略叙众经要义，明简易了，故叹未曾有也。亦云会我为妙，故叹未曾有也。

肇曰：说经将讫，舍利弗已庆美于上，帝释复欣其所遇而致叹也。此经言虽简约，而义包群典，坐不逾日，而备睹通变。大乘微远之言，神通感应之力，一时所遇，理无不尽。又以会我为妙，故叹未曾有也。

[二] 什曰：若累深信薄者，经涉生死，究竟必得。若善积而悟深者，随愿辄成之，久近不以劫数为限也。

[三] 肇曰：是法，即上不可思议自在神通决定实相法也。如我解佛义，深远难遇，若闻能诵持者，必得不疑，况如说修行者。斯人之德自列于下也。

[四] 肇曰：八难众趣。

[五] 肇曰：人天涅槃门也。

[六] 肇曰：四魔怨也。

[七] 什曰：梵本菩提下有“道”字。道，即趣菩提道也。

[八] 肇曰：在道场成佛道，名菩提。今虽未成，便为修治佛道，安置道场中。

[九] 肇曰：如说修行，则同佛行。

[一〇] 肇曰：天帝欣其所遇，故致未曾之叹，兼欲护养，以弘其道矣。

[一一] 什曰：梵本此菩提下有“法”字也。

生曰：经说佛慧，则慧在经矣。经苟有慧，则是佛之法身矣。

[一二] 肇曰：善其护持之意也。三世菩提不思议道，皆陈在此经。若受持护养，则为供养三世诸佛，故助汝喜。

生曰：夫以衣食供养者，存其四体而长之也。若受持读诵此经，既全其理，又使日增，于佛法身，不亦有供养义乎？

［一三］肇曰：供养之福，以方慧解，般若诸经类有成校。

生曰：衣食供养，本以施功致福，非求理之法。据此正可生人天之中，终不得成佛也。供养法身者，以佛所体为怀，至于大悟智慧而以相比，岂可同年而语其优劣哉？

［一四］生曰：体此经理，终成菩提，故从中生。

［一五］生曰：菩提无相，不可以意限量之矣。

［一六］肇曰：高木必起重壤，瑾瑜必生荆岫。所以无量之果，必由无量之因，诸佛菩提，皆从习此经而生。菩提之道，以无相为相。无相之相，不可限量。因是生福，福何可量也？

生曰：以无相为受持之福，福无尽者也。

［一七］肇曰：上以财供养校受持法供养也。如来将成法供养义，故引成事以为证焉。

［一八］什曰：冀或有大德诸天殊特供养，若有过此，慕欲及之。云虽尽已所珍，不能上悦圣心，冀所珍之外，有以畅其诚心，故发斯念，更惟胜供也。

肇曰：极世肴珍，无以摅其至到之情，冀所珍之外，别有妙养，以畅其诚心，又宿缘将会，故生斯念也。

生曰：引过去以验供养法身为胜也。

［一九］什曰：若财供养，则于佛无用，于众生无益，故非所欣也。如来积劫累功，本为众生，若奉顺经典，如说修行，则称悦圣心，乃真供养也。

肇曰：药王如来知其将化，故变为空神而告之。

生曰：法供养者，行法即为供养也。

［二〇］什曰：三藏及杂藏、菩萨藏，五藏经也。上四藏取中深义，说实相等，故得为深经也。从此至下十方三世诸佛所说，尽是广叹佛所说深经，未明受持修行法供养义也。

生曰：先明经也。深经者，谓佛说实相法，以为菩萨道也。

［二一］生曰：实相理均，岂有深浅哉？世间情与之反，信受甚难，非其所及，故为深也。

［二二］生曰：妙绝人心，见之难矣。

［二三］肇曰：深经，谓方等第一义经也。其旨深玄，非有心之所得。微妙无像，非明者之所睹。超绝尘境，无染若空。欲以有心有明而信受见者，不亦难乎？自此下，美深经之旨。诸佛所说深经，即佛法身也。夫财养养四体，法养养法身。若能护持斯经，令法身增广者，此供养之上也。

生曰：无相可取，故不得生垢。若能见之，垢亦除也。

［二四］什曰：要须禅定等诸功德，非但智慧分别之所能得也。一亦云：要用实智慧，然后能了，非分别取相所能解也。

肇曰：第一义经，微远无相，自非明哲，孰能分别？业之差别，虽由分别，然非分别之所能得。得之者，其唯无分别乎？故曰非但分别也。

生曰：要积功德，然后会矣。

［二五］什曰：凡为菩萨说法，能成就菩萨，皆是菩萨法藏所摄也。

生曰：是菩萨所体，而物莫能窥也。

［二六］什曰：总持有无量，实相即总持之一。若经中说实相，实相即是印。以实相印封此经，则为深经也。复次，印，梵本言相，实相也，以实相为经标相也。

肇曰：菩萨法藏之所摄，固非小乘之宝。总持印之所印，固非域中之道。总持所印，所印必真。法藏所摄，所摄必宝。既藏以法藏，印以总持，岂是常人所能开发？以明法宝深固，难可窥闚也。

生曰：陀罗尼者，持也。若持实相不失，于诸天人魔梵之中，不复畏有不通之义。譬若王印为信，关津诸禁莫能呵留。果是印持所印之经，则无有阂。

［二七］生曰：理无退处，从之必至。

［二八］什曰：言此经能令人不退，成六度也。

肇曰：不退所以至六度，六度所以成大乘。大乘之所出，莫不由斯典也。

生曰：非但不退而已，乃极诸法边涯焉。

［二九］生曰：义，谓言中之理也，而此经善分别之。

［三〇］什曰：深经所说，于理无差，故言善分别。善分别，故顺菩提也。

肇曰：善分别实相之义，顺菩提无相之法也。

生曰：正以载菩提法为经，故无乖矣。

［三一］什曰：举其深者，于众经为上也。

肇曰：三藏十二部，方等为第一。

生曰：九十六种众经之上。

［三二］什曰：深经能令人入也。

肇曰：深经所以建，慈悲所以弘，入之者必以大慈大悲乎？是以方等深经，皆入大慈大悲，合为一体也。

生曰：明见法理，必能示诸不达。

［三三］什曰：凡非法缘，悉魔之事。

［三四］肇曰：魔，四魔。见，六十二见也。正教既弘，众邪自息。

生曰：魔邪皆起于惑，若体此经，则离之矣。

［三五］什曰：若法定有，则不生灭。若法全无，亦不生灭。不生灭，则与因缘相违。深经所说，非有非无。非有非无，故顺因缘法也。

生曰：说不违因缘理也。

［三六］肇曰：法从因缘生，缘则无自性。无自性则无主，无主则无我、人、寿命，唯空、无相、无作、无起，此深经之所顺也。

生曰：此则因缘法矣。

［三七］生曰：坐道场时，思惟十二因缘如此，故得成佛。

［三八］肇曰：深经之所能也。

生曰：既成佛，复能使人悟斯法。

［三九］什曰：以深经能成佛道，转法轮，则天人蒙度，所以群圣共叹深经也。

肇曰：既有此能，故有此誉。

生曰：叹誉法轮。

［四〇］肇曰：未有舍背深经而能入佛法藏者。

生曰：体此经者，入佛法藏也。

［四一］肇曰：一切贤圣之智，无离深经也。

生曰：三乘皆同以其理为悟，故无不摄。

［四二］肇曰：菩萨所行，其道无方，八万众行，皆陈之深经也。

生云：虽曰总摄贤圣智慧，而二乘不尽其理，唯是菩萨所行之道而已。

［四三］什曰：经说实相，故经依于实相也。

生曰：言不远宗也。

［四四］肇曰：不依实相辩四非常者，非平等教也。依实相，乃曰明也。

生曰：依诸法实相之义则尽然，表不得不无常，而无无常相也。

［四五］什曰：小乘法中，五逆罪及犯四重禁，则皆弃而不救。大乘深法，则无不救也。

生曰：体之则出毁禁罪之境也。

［四六］肇曰：毁四禁，犯五逆，小乘法所不能救。众魔外道，贪着豪恣，小乘法所不能灭。能救能灭者，其唯大乘方等深经乎？

生曰：恐失其有。

［四七］肇曰：诸佛共称，以明其法必真也。

生曰：唯诸佛贤圣得其为美，故叹之。

[四八] 生曰：体之则结尽泥洹也。

[四九] 肇曰：生死虽苦，背之至难。涅槃虽乐，识之者寡。自非深经，孰启其路？

生曰：既达因缘法，则知息之为乐矣。

[五〇] 肇曰：诸佛虽殊，其道不二。古今虽异，其道不改。以明第一义经，常一不差也。美深经，讫于是也。

生曰：十方三世诸佛，无不必同也。

[五一] 肇曰：大乘深经，其部无量，故言等也。

[五二] 什曰：上来赞叹深经，今始更明受持宣行，行法供养也。

肇曰：如是等经，尽诸佛法身也。若闻斯经，能信解护持，宣示分别，令大法增广者，名法之供养，养成法身也。

生曰：以受持读诵是守护之义，故名法供养。

[五三] 什曰：上章明奉顺经典，真法供养也。如说修行，通举六度也。十二因缘以下，明得无生忍，以实智慧随顺实法也。

肇曰：上以信解护持，宣示弘布，以为法养。今明内行应顺，为法供养也。诸法，即深经所说六度诸法也。

生曰：如经说而修行者，最深者也，故别明之焉。

[五四] 生曰：情不复乖因缘理也。

[五五] 生曰：既顺因缘理，则离有无诸邪见。

［五六］生曰：顺因缘理，无复邪见者，无生法忍也。

［五七］肇曰：不悟缘起，故有邪见之迷，封我之惑。若如说行，则得明慧，明见十二因缘根源所由，故能离诸邪见，得无生忍，无复吾我众生之想也。见缘如缘，谓之随顺。明白有无，谓之决定。皆智用之别称也。

［五八］生曰：无生忍之为见也，则决定矣。虽无我无众生，而非无受报之主也。

［五九］什曰：见法如法，故无违，无违故无诤也。

［六〇］肇曰：无违无诤，即随顺义也。五受阴身及家属所有因缘果报，即我所也。若能明见因缘果报之性，顺而无违，则离诸我所也。上直观因缘，知无造者，故离我见。今观因缘果报，知无属者，故离我所见也。

生曰：亦离我所。

［六一］肇曰：至义非言宣，寻言则失至。且妙理常一，语应无方，而欲以无方之语，定常一之理者，不亦谬哉？是以依义不依语者，见之明也。

生曰：不复逐语取相而昧其理也。

［六二］肇曰：六识，识六尘而已，不能分别是非。分别是非，其唯正智乎？是以行者依智不依识也。

生曰：若识以着相为情，智以达理为用，终不复从识乖智也。

［六三］肇曰：佛所说经，自有义旨分明，尽然易了者，应依。亦有应时之经，诡言合道，圣意难知，自未了者，不

可依也。

生曰：辨理者，为了义经也。虽曰巧辞，而无理者，为不了义也。

［六四］什曰：佛言，我泥洹后，当依止四法以为大师，所谓四依法也。明此四法可依止，可信受也。依于法不依人者，法谓经教也，当依经法，不可以人胜故背法依人也。法有二种：一文字语言，二义法，莫依语也。义亦有二种：一识所知义，二智所知义。识则唯求虚妄五欲，不求实利。智能求实利，弃五欲。故依智所知义，不依识所知义。为求智所知义，故依智也。智所知义亦有二种：一了义经，二不了义经。不了义经，如佛说杀父母无罪，未分别，是不了义也。若言无明是父，爱是母，生死根本故名父母。断其本，则生死尽，故言杀之无罪。既分别，是了义经也。复次，若佛言，佛是人中第一，涅槃是法中第一，如是等皆名了义也。是故当依了义经，莫依不了义经。

肇曰：法虽由人弘，而人不必尽应于法。法有定楷，人无常则，所以行者依法不依人也。

生曰：人行理无，非法为法也。苟曰有法，不遗下贱。若无法者，虽复极贵极高，亦不从之。

［六五］肇曰：法即下因缘法也。上顺因缘，知法无生。今顺因缘，知法无尽也。法从缘而有，从缘而无。其有不从未来来，其无不归入过去，故曰无入无归也。

生曰：复随顺法相，无入无归之义也。无入无归，尽不为实也。

［六六］什曰：此即四依中如实法也。上十二因缘明如说修行，随顺因缘，故得无生法忍。今明行四依，依十二因缘如实相也。

肇曰：无明，十二之根本。无明既灭，余缘亦灭也。毕竟，谓始终常灭，不复更灭。始终常灭，不复更灭，乃所以成无尽灭义也。

生曰：毕竟灭者，终要然也。终既要灭，生岂有哉？生若不有，其谁有灭耶？则无入无归也。

［六七］肇曰：灭尽义一，既曰毕竟灭，而曰无尽者，何耶？夫灭生于不灭，毕竟常灭则无不灭。无不灭，则灭无所灭。灭无所灭，即是无尽义也。

［六八］肇曰：上观因缘无生，离常我等诸见。今观因缘无尽，离断灭等诸见。

［六九］肇曰：若能顺行深经，明见缘起，具足四依，离诸见者，法养之上也。上直明诵持，此内行应顺，故言最上也。

生曰：讽诵读说已，上于衣食供养，此又最上也。

佛告天帝："王子月盖从药王佛闻如是法，得柔顺忍［一］，即解宝衣严身之具，以供养佛。白佛言：'世尊，如来灭后，我当行法供养，守护正法，愿以威神加哀建立，令我得降魔怨，修菩萨行[二]。’佛知其深心所念，而记之曰[三]：‘汝于末后守护法城。’天帝，时王子月盖见法清净，闻佛授记，以信出家[四]，修集善法，精进不久，得五神通，具菩萨道[五]，得陀罗尼[六]，无断辩才[七]。于佛灭后，以其所得神通、总持、辩才之力[八]，满十小劫，药王如来所转法轮随而分布[九]。月盖比丘以守护法，勤行精进，即于此身化百万亿人，于阿耨多罗三藐三菩提立不退转。十四那由他人，深发声闻、辟支佛心，无量众生得生天上。天帝，时王宝盖岂异人乎？今现得佛，号宝炎如来。其王千子，即贤劫中千佛是也。从迦罗鸠孙驮为始得佛，最后如来，号曰楼至。月盖比丘，则我身是。如是，天帝，当知此要，以法供养，于诸供养为上为最，第一无比[一〇]。是故，天帝，当以法之供养恭敬于佛[一一]。”

【注释】

[一] 什曰：柔谓软钝也。于实相法未能深入，软智软信，随顺不违，故名柔顺忍也。

肇曰：心柔智顺，堪受实相，未及无生，名柔顺忍。

[二] 什曰：四魔合为三怨：一烦恼，二天魔，三外道也。如来灭后，月盖道力未具，若不加威神，则为魔所

坏，不能降伏，故请加威神。

肇曰：闻法供养，欣欲行之。然经道深远，非己力所弘，故愿加威神也。

[三]什曰：欲令后人信伏，故记其守护法藏也。

[四]什曰：若俗秽自缠，乖于净法，知非处秽之所弘道，故出家修净，以弘净法矣。

[五]什曰：明其无阂，如通达佛道中说也。

[六]什曰：是闻持也。

[七]什曰：辩才无尽，随其说之久近，不中断也。

[八]什曰：以神通力故，能现变知心。闻持力故，不失所闻。辩才力故，能等为人说。有此三力，故能宣布遗法者也。

[九]肇曰：分布法轮，即弘法养也。

[一〇]肇曰：吾成正觉，由法供养，以是可知法养为上矣。

[一一]肇曰：行法养即恭敬佛也。

嘱累品第十四

于是,佛告弥勒菩萨言:“弥勒,我今以是无量亿阿僧祇劫所集阿耨多罗三藐三菩提法[一],付嘱于汝[二]。如是辈经,于佛灭后末世之中,汝等当以神力广宣流布[三],于阎浮提无令断绝[四]。所以者何?未来世中,当有善男子善女人,及天、龙、鬼、神、乾闼婆、罗刹等,发阿耨多罗三藐三菩提心,乐于大法。若使不闻如是等经,则失善利[五]。如此辈人闻是等经,必多信乐,发希有心。当以顶受,随诸众生所应得利而为广说[六]。弥勒,当知菩萨有二相[七]。何谓为二?一者,好于杂句文饰之事[八]。二者,不畏深义,如实能入[九]。若好杂句文饰事者,当知是为新学菩萨。若于如是无染无着甚深经典,无有恐畏,能入其中,闻已心净,受持读诵,如说修行,当知是为久修道行[一〇]。弥勒,复有二法,名新学者[一一],不能决定于甚深法。何等为二?一者,所未闻深经,闻之惊怖生疑[一二],不能随顺,毁谤不信,而作是言:‘我初不闻,从何所来?’二者,若有护持解说如是深经者,不肯亲近供养恭敬,或时于中说其过恶[一三]。有此二法,当知是新学菩萨，为自毁伤，不能于深法中调伏其心。弥勒，复有二法，菩萨虽信解深法，犹自毁伤，而不能得无生法忍[一四]。何等为二？一者，轻慢新学菩萨而不教诲[一五]。二者，虽解深法而取相分别。是为二法[一六]。"

弥勒菩萨闻说是已，白佛言："世尊，未曾有也。如佛所说[一七]，我当远离如斯之恶[一八]，奉持如来无数阿僧祇劫所集阿耨多罗三藐三菩提法。若未来世，善男子善女人求大乘者，当令手得如是等经，与其念力[一九]，使受持读诵，为他广说。世尊，若后末世，有能受持读诵，为他人说者，当知是弥勒神力之所建立[二〇]。"

佛言："善哉！善哉！弥勒，如汝所说，佛助尔喜。"

于是，一切菩萨合掌白佛言："我等亦于如来灭后，十方国土广宣流布阿耨多罗三藐三菩提法。复当开导诸说法者，令得是经。"

尔时，四天王白佛言："世尊，在在处处，城邑聚落、山林旷野，有是经卷，读诵解说者，我当率诸官属，为听法故，往诣其所，拥护其人。面百由旬，令无伺求得其便者。"

是时，佛告阿难："受持是经，广宣流布。"

阿难言："唯然，我已受持要者。世尊，当何名斯经？"

佛言："阿难，是经名为《维摩诘所说》，亦名《不可思议解脱法门》，如是受持。"

佛说是经已，长者维摩诘、文殊师利、舍利弗、阿难等，及诸天、人、阿修罗，一切大众，闻佛所说，皆大欢喜，信受奉行。

【注释】

[一] 什曰：言此经是菩提之因。

[二] 什曰：不付阿难，以其无有神力，不能广宣，故不付也。维摩非此土菩萨，故不嘱也。文殊游无定方，故不嘱。嘱弥勒者，以于此成佛故也。佛自以神力宣布，欲成弥勒功业故也。

肇曰：不思议经，即佛无上菩提之道。其道深远，难可克成。吾无量劫，不惜身命，肉施逾须弥，血施过江海，勤苦积集，今始得就。哀彼长迷，故垂之竹帛。然群生薄德，魔事炽盛，吾道多难，非汝不弘。嗣正之弟，所以重嘱累之也。

[三] 什曰：用神通则能消伏魔怨，广宣无碍矣。

[四] 肇曰：城高则冲[①]生，道尊则魔盛。自非神力，无以制持，故劝以神力矣。

① "冲"，《大正藏》本作"卫"。

［五］什曰：若不闻此经，或坠二乘，则失大乘善利也。

［六］肇曰：法之通塞损益若是，故劝弥勒顶受广说者矣。

［七］什曰：若好杂句，应受之以文。若好深法，即诲之以义。要宜知其相，故为辩二相也。

肇曰：行之深浅，各有异相。得失两陈，以厉护持法者也。

［八］肇曰：文者何耶？妙旨之蹄筌耳。而新学智浅，未能忘言求理，舍本寻末，唯文饰是好。

［九］肇曰：妙旨幽深，微言反俗，自非智勇，孰能深入耶？

［一〇］肇曰：无染无着，经之深者，自非久行，孰能无畏？

［一一］什曰：将欲令人信乐深经，慎新学之过，故广记新学过也。

［一二］什曰：始闻则惊，寻之则疑，疑则起谤。

［一三］肇曰：一毁法，二毁人。

［一四］肇曰：上虽闻深经，不能信解。今虽信解，不能行应。历明诸失，以试后学也。

［一五］什曰：自恃深解，故生慢也。

肇曰：虽解深义，未为心用，尊己慢人，不能诲益，此学者之外患也。

［一六］什曰：虽不生慢，而有取相之累也。

肇曰：因其所解而取相分别，虽曰为解，未合真解，此学者之内患也。

［一七］什曰：叹佛上来所说经，及辩菩萨异相也。

［一八］肇曰：一生大士，岂有如斯之恶咎，闻而后离耶？发

斯言者，为未离者耳。

［一九］什曰：以神通加其念力，令不忘也。问曰："昔时魔常来下，坏乱学人，今何因不来？"答曰："优波掘恩力故。"佛在世时，有外道萨遮尼犍，大聪明，能论议，心大高慢。知佛法尊妙，意欲出家。问佛言："我若出家，智德名闻如佛不？"佛言："不得。"又问："得如舍利弗不？"佛言："不得。"如是一一问五百弟子，乃至问："得如罗睺罗不？"答言："不得。"于是尼犍言："我出家，既不得如佛，又不得如弟子，何用出家？"又问："后当得不？"佛言："后世无诸大人，然后当得。"尼犍命终已，佛泥洹后百年，阿育王时生。出家学道，得阿罗汉，有大名声，教化国人，令得阿罗汉。除度夫不度妇，度妇不度夫，不在数中，但取夫妇俱时得阿罗汉者，以算子数之，积算满屋。后泥洹时，以算子烧身，不假余物。未泥洹时，尝于林中坐禅，见一饿狗饥羸将死，常减食与之。诸比丘各分食而与，狗遂腹胀欲死。时诸比丘各各坐绳床，围绕守视，诵经说法。狗以善心视诸比丘，又闻法音，命终已，生第六天，有大威德，与魔王共坐。时狗已臭烂，彼魔心念："何因有此大人与我共坐？"观其本缘，乃知是狗，即大瞋恚："是优波掘比丘使是臭狗与我共坐，当作方便，令其毁辱。"时优波掘林中坐禅，入灭尽定。魔即以天上严饰华鬘系额上已，广语四众，将共视之："此比丘于空闲处严饰如

是，云何名为清净有德？”须臾，优波掘从定起，觉头有华鬘，知是魔为，即指云：“汝是魔王。”即取死狗，变为华鬘，极大严饰，语魔言：“汝以鬘供养我，我还以鬘报汝。汝可着之。”便以神力系鬘着魔王颈。系已，还成死狗，膖胀蛆烂，甚大臭恶。魔以神力去之，而不能得。至帝释所，帝释不受。自还六天，乃至梵天，皆悉不受，无能为解，语言：“汝自还去，求彼比丘。”即至优波掘所，求解臭鬘。优波掘即与要誓：“汝从今日乃至法尽，莫复来下，坏乱学人。又我虽见佛法身，不见色身，汝今为我变作佛形。若能如是，当解汝鬘。”魔即受其誓，便语比丘言：“我作佛时，莫向我礼。”于大林中变为佛身，相好具足，放大光明，作诸弟子皆如舍利弗等，大众围绕，从林间来。优波掘欢喜踊跃，忘其要誓，即为作礼。魔言：“云何违要而向我礼？”优波掘言：“我自作佛意礼耳。”于是臭鬘自然得解。魔言：“佛真大慈悲。我种种恼佛，佛不报我，而今比丘见报如是之甚。”比丘言：“佛大慈大悲，自能容忍。我小乘之人，不能如是。”魔不来因缘，略说之也。

肇曰：冥启其心，增其善念也。

［二〇］肇曰：定己功于未然，息众魔之候却。

注维摩诘经卷第十终

新雕维摩经后序

推诚保德翊戴功臣、金紫光禄大夫、行尚书左丞、上柱国、清河郡开国侯、食邑一千七百户、食实封肆佰户张齐贤述

壬午岁冬首，余自右补阙直史馆江南转运使诏还，聚族乘舟，顺流而下。时十月九日，泊于湖口之侧。将夕，有一人年可五十许，衣服状貌类于渔者，拜于岸次，自陈累世水居，南中有居牌筏舟船之上，号名水居。预知风水，袖中出水行图子以献，且言十四日当有大风事，备录异记。又数日，昼梦一人衣皂衣，水中出其半身，自称江饶，要《维摩经》十卷，觉而异之。十四日，果于荻港之上遇大风暴起，船将覆没者数四，仅而获全。即先言风水之日，梦中称曰江饶，举家脱鱼腹之葬，不亦幸乎！届于京师，遍令求访《维摩经》十卷者，咸曰无之。不数月，余于所亲处睹一经函，发而视之，即《维摩经》一部十卷。懿夫！金文玉偈之殊胜，海藏龙宫之守护，功德之力，其昭昭乎！其昭昭乎！愚冥之徒不能起信，深可悲

矣。因择工人,俾之雕刻,志愿散施,贵广传布。用标灵异,直纪岁时。

圣宋淳化四年八月十五日道德里序

#《国学典藏》从书已出书目

周易［明］来知德 集注
诗经［宋］朱熹 集传
尚书 曾运乾 注
周礼［清］方苞 集注
仪礼［汉］郑玄 注［清］张尔岐 句读
礼记［元］陈澔 注
论语·大学·中庸［宋］朱熹 集注
孟子［宋］朱熹 集注
左传［战国］左丘明 著［晋］杜预 注
孝经［唐］李隆基 注［宋］邢昺 疏
尔雅［晋］郭璞 注
说文解字［汉］许慎 撰

战国策［汉］刘向 辑录
［宋］鲍彪 注［元］吴师道 校注
国语［战国］左丘明 著
［三国吴］韦昭 注
史记菁华录［汉］司马迁 著
［清］姚苧田 节评
徐霞客游记［明］徐弘祖 著

孔子家语［三国魏］王肃 注
（日）太宰纯 增注
荀子［战国］荀况 著［唐］杨倞 注
近思录［宋］朱熹 吕祖谦 编
［宋］叶采［清］茅星来等 注
传习录［明］王阳明 撰
（日）佐藤一斋 注评
老子［汉］河上公 注［汉］严遵 指归
［三国魏］王弼 注
庄子［清］王先谦 集解
列子［晋］张湛 注［唐］卢重玄 解
［唐］殷敬顺［宋］陈景元 释文
孙子［春秋］孙武 著［汉］曹操 等注

墨子［清］毕沅 校注
韩非子［清］王先慎 集解
吕氏春秋［汉］高诱 注［清］毕沅 校
管子［唐］房玄龄 注［明］刘绩 补注
淮南子［汉］刘安 著［汉］许慎 注
金刚经［后秦］鸠摩罗什 译 丁福保 笺注
维摩诘经［后秦］僧肇等 注
楞伽经［南朝宋］求那跋陀罗 译
［宋］释正受 集注
坛经［唐］惠能 著 丁福保 笺注
世说新语［南朝宋］刘义庆 著
［南朝梁］刘孝标 注
山海经［晋］郭璞 注［清］郝懿行 笺疏
颜氏家训［北齐］颜之推 著
［清］赵曦明 注［清］卢文弨 补注
三字经·百家姓·千字文
［宋］王应麟等 著
龙文鞭影［明］萧良有等 编撰
幼学故事琼林［明］程登吉 原编
［清］邹圣脉 增补
梦溪笔谈［宋］沈括 著
容斋随笔［宋］洪迈 著
困学纪闻［宋］王应麟 著
［清］阎若璩 等注

楚辞［汉］刘向 辑
［汉］王逸 注［宋］洪兴祖 补注
曹植集［三国魏］曹植 著
［清］朱绪曾 考异［清］丁晏 铨评
陶渊明全集［晋］陶渊明 著
［清］陶澍 集注
王维诗集［唐］王维 著［清］赵殿成 笺注
杜甫诗集［唐］杜甫 著［清］钱谦益 笺注
李贺诗集［唐］李贺 著［清］王琦等 评注

李商隐诗集［唐］李商隐 著
［清］朱鹤龄 笺注
杜牧诗集［唐］杜牧 著［清］冯集梧 注
李煜词集（附李璟词集、冯延巳词集）
［南唐］李煜 著
柳永词集［宋］柳永 著
晏殊词集·晏幾道词集
［宋］晏殊 晏幾道 著
苏轼词集［宋］苏轼 著［宋］傅幹 注
黄庭坚词集·秦观词集
［宋］黄庭坚 著［宋］秦观 著
李清照诗词集［宋］李清照 著
辛弃疾词集［宋］辛弃疾 著
纳兰性德词集［清］纳兰性德 著
六朝文絜［清］许梿 评选
［清］黎经诰 笺注
古文辞类纂［清］姚鼐 纂集
乐府诗集［宋］郭茂倩 编撰
玉台新咏［南朝陈］徐陵 编
［清］吴兆宜 注［清］程琰 删补
古诗源 ［清］沈德潜 选评
千家诗 ［宋］谢枋得 编
［清］王相 注 ［清］黎恂 注
瀛奎律髓［元］方回 选评
花间集 ［后蜀］赵崇祚 集
［明］汤显祖 评
绝妙好词［宋］周密 选辑
［清］项絪 笺 ［清］查为仁 厉鹗 笺

词综［清］朱彝尊 汪森 编
花庵词选［宋］黄昇 选编
阳春白雪［元］杨朝英 选编
唐宋八大家文钞［清］张伯行 选编
宋诗精华录［清］陈衍 评选
古文观止［清］吴楚材 吴调侯 选注
唐诗三百首［清］蘅塘退士 编选
［清］陈婉俊 补注
宋词三百首［清］朱祖谋 编选
文心雕龙［南朝梁］刘勰 著
［清］黄叔琳 注 纪昀 评
李详 补注 刘咸炘 阐说
诗品［南朝梁］锺嵘 著
古直 笺 许文雨 讲疏
人间词话·王国维词集 王国维 著

戏曲系列

西厢记［元］王实甫 著
［清］金圣叹 评点
牡丹亭［明］汤显祖 著
［清］陈同 谈则 钱宜 合评
长生殿［清］洪昇 著［清］吴人 评点
桃花扇［清］孔尚任 著
［清］云亭山人 评点

小说系列

儒林外史［清］吴敬梓 著
［清］卧闲草堂等 评

部分将出书目

公羊传
穀梁传
史记
汉书
后汉书
三国志
水经注
史通
日知录
文史通义
心经
文选
古诗笺
李白全集
孟浩然诗集
白居易诗集
唐诗别裁集
明诗别裁集
清诗别裁集
博物志
温庭筠词集
封神演义
聊斋志异